宪法及宪法相关法学习问答

主 编

许安标

中国法治出版社
CHINA LEGAL PUBLISHING HOUSE

第三版前言

中国特色社会主义进入新时代以来，以习近平同志为核心的党中央团结带领全国各族人民毫不动摇坚持和发展中国特色社会主义，高举改革大旗，推动党和国家事业取得历史性成就、发生历史性变革，中国特色社会主义伟大事业由此步入崭新境界。以习近平同志为核心的党中央高度重视宪法和法治在治国理政中的重要地位和作用，强调坚持依法治国首先要坚持依宪治国，坚持依法执政首先要坚持依宪执政。党的二十大报告提出，完善以宪法为核心的中国特色社会主义法律体系。坚持依法治国首先要坚持依宪治国，坚持依法执政首先要坚持依宪执政，坚持宪法确定的中国共产党领导地位不动摇，坚持宪法确定的人民民主专政的国体和人民代表大会制度的政体不动摇。加强宪法实施和监督，健全保证宪法全面实施的制度体系，更好发挥宪法在治国理政中的重要作用，维护宪法权威。2020年，中央全面依法治国工作会议召开，习近平总书记强调，要坚持依宪治国、依宪执政。2021年首次召开中央人大工作会议，习近平总书记强调，全国人大及其常委会要完善宪法相关法律制度，保证宪法确立的制度、原则、规则得到全面实施。

2018年，现行宪法进行了第五次修改，宪法相关法律制度在此前后也进行了系统性修改和重塑。2014年设立宪法日，2015年建立宪法宣誓制度，2015年和2023年立法法两次修改，

2018年修改宪法后制定了监察法并于2024年进行了修正，2018年"两院"组织法修订，2021年全国人大组织法和全国人民代表大会议事规则修改，2022年地方组织法和全国人大常委会议事规则修改，2024年国务院组织法修改，2025年代表法修改等。为了便于读者学习我国宪法文本、宪法制度，我们在此前版本的基础上，重新修订了《宪法及宪法相关法学习问答》一书。

本书通过问答的形式，对我国宪法和我国的选举制度、立法制度、代表制度、监督制度等系列宪法性制度作了解读，力求使读者更好理解我国的宪法制度，从而更好树立忠于宪法、遵守宪法、维护宪法的意识，成为宪法的忠实崇尚者、自觉遵守者、坚定捍卫者。

由于水平有限，书中难免有不足之处，恳请读者批评指正。

编　者

2025年7月

再版前言

2018年3月11日，第十三届全国人民代表大会第一次会议高票通过《中华人民共和国宪法修正案》，这是现行宪法公布施行以来的第五次修改，全面体现了党和人民在实践中取得的重大理论创新成果、实践创新成果、制度创新成果。

党的十八大以来，以习近平同志为核心的党中央团结带领全国各族人民毫不动摇坚持和发展中国特色社会主义，推动党和国家事业取得历史性成就、发生历史性变革，中国特色社会主义进入了新时代。以习近平同志为核心的党中央高举改革大旗，中国特色社会主义伟大事业由此步入崭新境界。国家监察体制改革、立法制度改革、宪法宣誓制度、全面"二孩"政策、国家民族和外交政策等多项改革举措都与我国宪法制度息息相关。与全面深化改革相伴相生的是，全面依法治国在各领域各环节深入推进，一系列重大举措有力展开，展现出建设社会主义法治国家的宏伟气象。

党中央高度重视宪法和法治在治国理政中的重要地位和作用。党的第十八届四中全会通过《中共中央关于全面推进依法治国若干重大问题的决定》，提出依法治国是坚持和发展中国特色社会主义的本质要求和重要保障，是实现国家治理体系和治理能力现代化的必然要求。坚持依法治国首先要坚持依宪治国，坚持依法执政首先要坚持依宪执政。我国宪法必须随着党领导人民建设中国特色社会主义实践的发展而不断完善发展。2018年宪法修正案通过后，中央要求在全社会开展深入学习宣传和贯彻实施宪法活动，普及宪法知识，弘扬宪法精神。为便于读者学习我国宪法文本、宪法制度，我们在2014年版本的基础上，重新修订了本书。

  本书通过问答的形式，对我国宪法和我国的选举制度、立法制度、代表制度、监督制度等宪法性制度作了解读，力求使读者更好地理解我国的宪法制度，从而更好树立忠于宪法、遵守宪法、维护宪法的意识，成为宪法的忠实崇尚者、自觉遵守者、坚定捍卫者。全书由许安标同志统稿。李菲菲同志对本书再版亦有贡献。

  由于水平有限，书中难免有不足之处，恳请读者批评指正。

编　者
2019 年 7 月

前　言

党的十八届四中全会通过了《中共中央关于全面推进依法治国若干重大问题的决定》,提出依法治国是坚持和发展中国特色社会主义的本质要求和重要保障,是实现国家治理体系和治理能力现代化的必然要求。宪法是国家的根本法,坚持依法治国首先要坚持依宪治国,坚持依法执政首先要坚持依宪执政。为了贯彻四中全会精神,在全社会加强宪法宣传教育,全国人大常委会于 2014 年 11 月 1 日通过了关于设立国家宪法日的决定,将 12 月 4 日设立为国家宪法日,每年 12 月 4 日,国家通过多种形式开展宪法宣传教育活动。国家以立法的形式确立宪法日,昭示了依宪治国、依法治国的决心,有利于进一步弘扬宪法精神、维护宪法权威、捍卫宪法尊严、保证宪法实施,在全社会树立忠于宪法、遵守宪法、维护宪法的意识。今年 12 月 4 日是我国首个宪法日,为了将学习贯彻党的十八届四中全会精神与学习宪法、宣传宪法有机结合起来,我们编写了本书。

本书的雏形形成于 2012 年,当年是现行宪法公布施行 30 周年,也是党的十八大召开之年。为了将学习贯彻党的十八大精神与学习宪法、宣传宪法有机结合起来,全国人大机关举办了"全国人大机关中国共产党章程和宪法知识竞赛"。为便于各单位和同志们组织学习和准备参赛,全国人大常委会法制工作委员会办公室主任许安标带领王曙光、胡健等同志,编写了《宪法及宪法相关法学习问答》，作为内部资料供同志们使用。两年时间过去了，党中央召开了三中、四中全会，就维护宪法权威、加强宪法贯彻实施，全面推进依法治国等提出了新的要求，作出了新的部署。今年，我们在2012年学习问答的基础上，紧密结合三中、四中全会精神和习近平总书记系列讲话的精神进行补充完善形成本书。本书仍然采用问答的形式，力求将宪法的基础知识、公民的基本权利、国家运行的基本制度，以及在新形势下如何加强宪法实施等问题全面、准确地介绍给读者。全书由许安标同志统稿、审定，参与撰稿的有王曙光、胡健、张晶、陈亦超、黄宇菲等同志。

由于水平有限，书中难免有不足之处，恳请读者批评指正。

编　者
2014年11月

目 录

中华人民共和国宪法 ………………………………………… 1

一、宪法及宪法相关法的基本知识

1. 宪法是什么，有什么特征？ ……………………………… 34
2. 宪法有什么作用？ ………………………………………… 36
3. 宪法在人类历史上是怎样产生的？ ……………………… 37
4. 宪法的类型有哪几种？ …………………………………… 39
5. 什么是制宪权？ …………………………………………… 40
6. 如何理解我国宪法是中国共产党领导中国人民长期奋斗重大成就和历史经验在国家法治上的最高体现？ ……… 41
7. 1954 年宪法是在什么历史条件下制定的？ …………… 43
8. 我国宪法发展经历了怎样的历程？ ……………………… 45
9. 为什么说 1982 年宪法是一部好宪法？ ………………… 47
10. 为什么说我国宪法是党的主张和人民意志的高度集中统一？ ………………………………………………… 48
11. 为什么说宪法具有最高的法律效力？ …………………… 49
12. 我国宪法的制定和修改程序与一般法律有什么不同？ … 50
13. 什么是宪法解释？ ………………………………………… 52
14. 宪法解释的原则是什么？ ………………………………… 54
15. 什么是宪法实施监督制度？ ……………………………… 55

16. 我国实行什么样的宪法监督制度？ …………………… 56
17. 怎样看待宪法的稳定和发展之间的关系？ …………… 58
18. 现行宪法进行过几次修改？修改了哪些内容？ ……… 60
19. 新时代我国宪法制度有哪些创新发展？ ……………… 63
20. 我国宪法序言的主要内容是什么？ …………………… 65
21. 我国宪法序言的法律效力是怎样的？ ………………… 67
22. 什么是宪法相关法？哪些法律属于宪法相关法？ …… 68
23. 我国宪法相关法经历了怎样的发展历程？ …………… 69

二、国家性质、国家形式与国家标志

1. 我国的国体是什么？ …………………………………… 77
2. 如何理解国家的一切权力属于人民？ ………………… 78
3. 全过程人民民主的内涵和意义什么？ ………………… 79
4. 我国的政体是什么？ …………………………………… 81
5. 如何理解我国的爱国统一战线？ ……………………… 82
6. 什么是国家结构形式？国家结构形式主要有哪几种？ … 84
7. 我国的国家结构形式是什么？ ………………………… 85
8. 什么是行政区划？我国的行政区划分为几个层级？ … 86
9. 我国"一国两制"法律制度经历了怎样的发展？ ……… 87
10. 我国的国家标志有哪些？ ……………………………… 91
11. 国旗应当怎样升挂和使用？ …………………………… 91
12. 国徽应当怎样使用？ …………………………………… 93
13. 国歌的使用有什么规定？ ……………………………… 95

三、国家基本制度

（一）国家经济制度 …………………………………… 96
1. 我国的基本经济制度有哪些内容？ …………………… 96
2. 为什么说国有经济是国民经济中的主导力量？ ……… 97
3. 农村集体经济的组织形式和经营体制是什么？ ……… 98
4. 我国实行什么样的分配制度？ ………………………… 99
5. 我国自然资源所有权有哪些形式？ …………………… 100
6. 宪法对我国的土地所有制度是如何规定的？ ………… 101
7. 国家在什么条件下可以对土地进行征收或者征用？ … 102
8. 非公有制经济的地位如何？ …………………………… 103
9. 如何理解社会主义公共财产神圣不可侵犯？ ………… 106
10. 如何理解公民的合法的私有财产不受侵犯？ ………… 107
11. 国家在什么条件下可以对公民的私有财产进行征收征用？ … 108
12. 社会主义市场经济体制的主要特点有哪些？ ………… 109
13. 国有、集体企业的经营和管理方式是什么？ ………… 110
14. 外国经济组织或者个人怎样在中国从事经济活动？ … 112

（二）国家政治制度 …………………………………… 113
1. 政治制度与宪法的关系是什么？ ……………………… 113
2. 为什么说人民代表大会制度是我国的根本政治制度？ … 114
3. 新形势下如何坚持和完善人民代表大会制度？ ……… 116
4. 人民代表大会制度的基本内容包括哪几个方面？ …… 119
5. 人民管理国家事务的方式有哪些？ …………………… 120
6. 我国国家机构组织原则是什么？ ……………………… 121
7. 我国国家机关的工作原则是什么？ …………………… 123

8. 我国中央与地方的国家机构职权划分的原则是什么？ ……… 125
9. 我国的多党合作和政治协商制度的内涵是什么？ ……… 126
10. 中国人民政治协商会议的组织机构和职能有哪些？ ……… 128
11. 我国宪法规定的民族平等原则包括哪些内容？ ……… 129
12. 基层群众自治组织的形式及任务是什么？ ……… 131
13. 村民委员会和居民委员会的组成、产生和任期是怎样的？ ……… 134
14. 如何理解基层群众自治组织与基层人民政府的关系？ ……… 135

（三）国家文化制度 ……… 135

1. 我国宪法对发展教育事业是如何规定的？ ……… 135
2. 我国宪法对发展科学、医疗卫生、体育和文化事业是如何规定的？ ……… 137
3. 国家对待知识分子的基本政策是什么？ ……… 138
4. 社会主义公民应具有的公德主要有哪些？ ……… 139

（四）国家社会制度 ……… 141

1. 为什么要建立健全同经济发展水平相适应的社会保障制度？ ……… 141
2. 为什么说计划生育是我国的基本国策？ ……… 142
3. 我国宪法对于保护环境是如何规定的？ ……… 143

（五）依法治国原则 ……… 146

1. 什么是依法治国？其基本要求是什么？ ……… 146
2. 为什么说党的领导是全面依法治国的根本保证？ ……… 147
3. 我国宪法是怎样确立依法治国的基本原则的？ ……… 150
4. 在建设中国特色社会主义强国的新时代如何全面推进依法治国？ ……… 151
5. 为什么说实现中华民族伟大复兴必须全面推进依法治国？ ……… 152

6. 全面推进依法治国的总目标是什么？ ……………… 153
7. 什么是社会主义法治体系？ ……………………… 154
8. 为什么说坚持依法治国首先要坚持依宪治国？ …… 155
9. 什么是依法行政？ ………………………………… 156
10. 新形势下如何推进依法行政，建设法治政府？ …… 157
11. 怎样维护社会主义法制统一？ …………………… 159
12. 如何在全社会树立法治意识？ …………………… 161
13. 什么是法治工作队伍？如何建设一支高素质的法治专门队伍？ …………………………………………… 162

四、公民的基本权利和义务

1. 公民的含义是什么？ ……………………………… 165
2. 如何理解公民在法律面前一律平等？ …………… 166
3. 什么是人权？ ……………………………………… 167
4. 国家如何尊重和保障人权？ ……………………… 170
5. 国家尊重和保障人权入宪的历史意义是什么？ …… 173
6. 什么是公民权利？ ………………………………… 175
7. 我国公民权利有什么特点？ ……………………… 176
8. 什么是公民义务？ ………………………………… 177
9. 公民的权利和义务是什么关系？ ………………… 178
10. 什么是政治权利？ ………………………………… 179
11. 为什么说公民有平等的选举权和被选举权？ …… 180
12. 什么是剥夺政治权利？ …………………………… 181
13. 公民的宗教信仰自由包括哪些方面？ …………… 183
14. 我国法律是如何保护公民的宗教信仰自由的？ …… 184

15. 司法、行政如何保障公民的宗教信仰自由？ ……………… 185
16. 宪法为什么要规定宗教团体和宗教事务不受外国势力的支配？ ………………………………………………… 185
17. 少数民族宗教信仰自由如何得到保障？ ………………… 186
18. 我国宪法如何保护公民的人身自由？ …………………… 187
19. 我国宪法如何保护公民的人格尊严？ …………………… 188
20. 我国宪法为什么要规定公民的住宅不受侵犯？ ………… 189
21. 法律如何保护公民的通信自由和通信秘密？ …………… 191
22. 公民如何行使批评、申诉、控告以及检举国家机关和国家工作人员的权利？ ………………………………… 193
23. 公民如何依法取得国家赔偿？ …………………………… 194
24. 国家赔偿的范围是什么？ ………………………………… 194
25. 公民如何申请行政赔偿？ ………………………………… 196
26. 公民如何申请刑事赔偿？ ………………………………… 197
27. 国家赔偿的方式和标准是什么？ ………………………… 199
28. 为什么说劳动既是公民的权利又是公民的义务？ ……… 200
29. 劳动者享有哪些权利？ …………………………………… 202
30. 我国劳动法律制度的构成及主要内容有哪些？ ………… 204
31. 劳动者的休息权如何实现和保护？ ……………………… 206
32. 我国的退休制度包括哪些内容？ ………………………… 207
33. 公民如何从国家和社会获得物质帮助？ ………………… 209
34. 为什么说受教育既是公民权利又是公民义务？ ………… 211
35. 国家如何保障公民进行科学文化活动的自由？ ………… 212
36. 我国宪法如何保护妇女与男子的平等权？ ……………… 213
37. 国家如何保护婚姻、家庭、母亲和儿童？ ……………… 214
38. 我国实行怎样的计划生育政策？ ………………………… 217

39. 华侨、归侨和侨眷的哪些权利和利益受国家保护？ ……… 219
40. 公民行使自由和权利的底线是什么？ ……………… 221
41. 为什么说维护国家统一和全国各民族团结是公民的一项基本义务？ ……………………………………… 221
42. 公民如何履行保守国家秘密的义务？ ……………… 222
43. 公民如何履行爱护公共财产的义务？ ……………… 223
44. 公民如何履行遵守劳动纪律的义务？ ……………… 223
45. 公民如何履行遵守公共秩序的义务？ ……………… 224
46. 宪法为什么要求公民必须尊重社会公德？ ………… 225
47. 公民如何履行维护祖国安全、荣誉和利益的义务？ …… 226
48. 公民如何履行保卫祖国和服兵役的义务？ ………… 226
49. 公民为什么必须依法纳税？ ………………………… 227

五、国家机构

（一）全国人民代表大会及其常务委员会 ……………… 230
1. 全国人大及其常委会的地位是什么？ ……………… 230
2. 全国人大及其常委会是怎样产生的？ ……………… 231
3. 全国人大有哪些职权？ ……………………………… 233
4. 全国人大常委会有哪些职权？ ……………………… 235
5. 全国人大常委会委员长会议的职责是什么？ ……… 237
6. 全国人大及其常委会的工作方式是什么？ ………… 238
7. 全国人大专门委员会的性质和职责是什么？ ……… 240
8. 全国人大常委会有哪些办事机构和工作机构？ …… 242
9. 全国人大代表和常委会组成人员提出议案的程序是什么？ … 245

（二）中华人民共和国主席 ·············· 246
1. 国家主席的性质和职权是什么？ ·············· 246
2. 国家主席是怎样产生的？ ·············· 247

（三）国务院 ·············· 248
1. 国务院的性质是什么，它的地位如何？ ·············· 248
2. 国务院是如何组成的，任期如何？ ·············· 249
3. 总理负责制、部长主任负责制是什么？ ·············· 250
4. 国务院采用怎样的会议制度？ ·············· 251
5. 国务院行使哪些职权？ ·············· 252
6. 国务院的机构有哪几类，具体包含哪些机构？ ·············· 254
7. 国务院行政机构的设立需要经过怎样的程序？ ·············· 256
8. 国务院行政机构的内设机构如何设置？ ·············· 257
9. 审计机关的职能和地位是什么？ ·············· 258

（四）中央军事委员会 ·············· 260
1. 为什么要设立中央军事委员会？ ·············· 260
2. 中央军事委员会的性质、地位如何？ ·············· 261
3. 中央军事委员会是如何组成的，任期如何？ ·············· 262
4. 中央军事委员会的职权是什么？ ·············· 262
5. 中央军事委员会实行什么样的领导体制？ ·············· 263

（五）地方各级人民代表大会和地方各级人民政府 ·············· 264
1. 我国实行什么样的地方政权体制？ ·············· 264
2. 地方各级人大如何产生？ ·············· 265
3. 地方各级人大的职权是什么？ ·············· 266
4. 地方各级人大多久开一次会？ ·············· 267
5. 地方各级人民代表大会会议如何召集？ ·············· 268
6. 县级以上地方各级人大常委会如何设立，其职权是什么？ ······ 269

7. 地方各级人民政府的职权是什么？ ··············· 270
8. 地方人民政府的设置经历了怎样的历史变化？ ······ 272
9. 地方各级人民政府的性质和地位是什么？ ·········· 275
10. 地方各级人民政府如何组成？ ······················ 277
11. 地方各级人民政府的工作制度是怎样的？ ············ 278
12. 县级以上地方各级人民政府采用什么会议制度？ ······ 279
13. 地方各级人民政府如何设立工作部门？ ·············· 280
14. 县级以上各级人民政府工作部门与本级政府和上一级政府相应工作部门之间的关系是怎样的？ ·············· 281
15. 县级以上地方各级人民政府怎样设立派出机关？ ······ 283

(六) 民族自治地方的自治机关 ·············· 284

1. 什么是民族自治地方？ ···························· 284
2. 民族自治地方的自治机关有哪些？ ·················· 285
3. 民族自治地方的立法权与一般的地方立法权有何不同？ ····· 286
4. 民族自治地方的自治机关还具有哪些职权？ ··········· 287

(七) 监察委员会 ·············· 289

1. 监察委员会是如何建立的？ ························ 289
2. 监察委员会如何设置？ ···························· 292
3. 监察委员会的组成人员有哪些？ ···················· 293
4. 监察委员会的领导体制是怎样的？ ·················· 294
5. 各级监察委员会怎样对同级人大负责？ ·············· 297
6. 监察委员会如何独立行使监察权？ ·················· 297
7. 监察机关如何与其他国家机关互相配合？ ············ 299
8. 监察机关如何与其他国家机关互相制约？ ············ 302
9. 监察委员会的职责是什么？ ························ 303

（八）人民法院和人民检察院 ·················· 305
1. 人民法院的性质和地位是什么？ ············· 305
2. 人民法院是怎样产生和组织的？ ············· 307
3. 人民法院审理案件的原则是什么？ ············ 309
4. 审判委员会的性质是什么？ ················· 311
5. 法官有什么职责、义务？ ··················· 312
6. 担任法官需要什么条件？ ··················· 312
7. 哪些情况下法官应当被免职？ ··············· 313
8. 人民检察院的性质和地位是什么？ ············ 314
9. 人民检察院的组织体系是怎样的？ ············ 315
10. 人民检察院由哪些人员组成？ ··············· 316
11. 检察委员会的职责是什么？ ················· 317
12. 检察官的职责、义务、权利是什么？ ·········· 318
13. 担任检察官需要什么条件？ ················· 319
14. 检察官如何被任免？ ······················· 319
15. 人民法院、人民检察院与公安机关的相互关系是什么？ ··· 321
16. 如何确保人民法院、人民检察院依法独立行使审判权和检察权？ ·················· 322

（九）特别行政区机关 ························ 324
1. 中央与特别行政区的关系是什么？ ············ 324
2. 特别行政区怎样维护国家安全？ ·············· 325
3. 特别行政区的性质是什么？ ·················· 327
4. 特别行政区有哪些权力？ ···················· 328
5. 香港特别行政区的政治体制架构是怎样的？ ····· 329
6. 澳门特别行政区的政治体制架构是怎样的？ ····· 331

六、选举制度

1. 我国选举制度经历了怎样的发展完善过程？ …………… 334
2. 我国选举制度的基本原则是什么？ ………………………… 337
3. 选举机构的职责是什么？ …………………………………… 340
4. 各级人大代表名额怎样确定？ ……………………………… 340
5. 对少数民族的选举有什么特别规定？ ……………………… 342
6. 怎样进行选区划分？ ………………………………………… 343
7. 怎样进行选民登记？ ………………………………………… 345
8. 流动人口如何参选？ ………………………………………… 345
9. 如何提名、确定代表候选人？ ……………………………… 346
10. 怎样进行投票选举？ ………………………………………… 347
11. 如何进行代表资格审查？ …………………………………… 349
12. 代表的罢免及辞职、补选程序是怎样的？ ………………… 349
13. 香港、澳门特别行政区的人大代表如何产生？ …………… 350
14. 全国人大台湾省代表团的代表如何产生？ ………………… 351

七、立法制度

1. 中国特色社会法律体系是如何形成的？ …………………… 352
2. 中国特色社会主义法律体系由哪几个层次构成？ ………… 354
3. 如何理解宪法是中国特色社会主义法律体系的统帅？ …… 356
4. 中国特色社会主义法律体系由哪些法律部门构成？ ……… 357
5. 中国特色社会主义法律体系的特征是什么？ ……………… 359
6. 立法应遵循的基本原则是什么？ …………………………… 359

7. 我国的立法体制是怎样的？ ……………………………… 362
8. 国家立法权是如何界定的？ …………………………… 364
9. 全国人大的立法程序是怎样的？ ……………………… 365
10. 全国人大常委会的立法程序是怎样的？ …………… 366
11. 哪些地方人大有立法权？ ……………………………… 367
12. 如何在立法中发挥人大及其常委会的主导作用？ …… 368
13. 如何深入推进科学立法、民主立法？ ……………… 370
14. 法律解释的程序是怎样的？ ………………………… 371
15. 法律规范的适用规则是什么？ ……………………… 372
16. 法律规范之间冲突的裁决机制是什么？ …………… 373
17. 行政法规的制定程序是怎样的？ …………………… 374

八、人大监督制度

1. 人大监督工作的地位和作用是什么？ ………………… 376
2. 人大常委会行使监督权应当遵循哪些原则？ ………… 378
3. 各级人大常委会怎样听取和审议专项工作报告？ …… 381
4. 人大常委会的财政经济监督有哪些内容？ …………… 383
5. 各级人大常委会怎样对计划和预算执行情况进行监督？ …… 384
6. 各级人大常委会怎样选择执法检查的具体项目？ …… 385
7. 怎样组织执法检查？ …………………………………… 386
8. 执法检查结束后如何提出相关报告？ ………………… 386
9. 什么是规范性文件备案审查制度？ …………………… 387
10. 各级人大常委会还有哪些监督形式？ ……………… 390

九、人大代表制度

1. 人大代表的性质和地位是什么？ ……………………… 393

2. 我国人大代表与西方议员的本质区别是什么？ ……………… 395
3. 人大代表如何处理好权利与义务的关系？ ……………… 396
4. 人大代表如何处理好集体行使职权与发挥代表作用的
   关系？ ……………… 398
5. 人大代表如何处理好行使职权与接受监督的关系？ ……… 399
6. 人大代表如何处理好执行代表职务与从事本职工作的
   关系？ ……………… 400
7. 人大代表如何处理好整体利益和局部利益的关系？ ………… 401
8. 宪法和法律为人大代表执行职务提供什么保障？ …………… 401

十、议事制度

1. 什么是议事制度？ ……………… 405
2. 全国人民代表大会主要有哪些会议形式？ ……………… 405
3. 全国人大会议主席团常务主席如何产生，有哪些职权？ …… 406
4. 哪些主体可以向全国人大会议提出议案？ ……………… 406
5. 委员长会议主要行使哪些职权？ ……………… 407
6. 全国人大及其常委会如何进行表决？ ……………… 408
7. 全国人大常委会对列入会议议程的法律草案如何审议？ …… 408
8. 如何向全国人大常委会提出质询案，对质询案的处理
   程序是什么？ ……………… 409

中华人民共和国宪法

（1982年12月4日第五届全国人民代表大会第五次会议通过 1982年12月4日全国人民代表大会公告公布施行

根据1988年4月12日第七届全国人民代表大会第一次会议通过的《中华人民共和国宪法修正案》、1993年3月29日第八届全国人民代表大会第一次会议通过的《中华人民共和国宪法修正案》、1999年3月15日第九届全国人民代表大会第二次会议通过的《中华人民共和国宪法修正案》、2004年3月14日第十届全国人民代表大会第二次会议通过的《中华人民共和国宪法修正案》和2018年3月11日第十三届全国人民代表大会第一次会议通过的《中华人民共和国宪法修正案》修正）

目　　录

序　言
第一章　总　　纲
第二章　公民的基本权利和义务
第三章　国家机构
　第一节　全国人民代表大会
　第二节　中华人民共和国主席
　第三节　国务院

第四节　中央军事委员会

第五节　地方各级人民代表大会和地方各级人民政府

第六节　民族自治地方的自治机关

第七节　监察委员会

第八节　人民法院和人民检察院

第四章　国旗、国歌、国徽、首都

序　言

中国是世界上历史最悠久的国家之一。中国各族人民共同创造了光辉灿烂的文化，具有光荣的革命传统。

一八四〇年以后，封建的中国逐渐变成半殖民地、半封建的国家。中国人民为国家独立、民族解放和民主自由进行了前仆后继的英勇奋斗。

二十世纪，中国发生了翻天覆地的伟大历史变革。

一九一一年孙中山先生领导的辛亥革命，废除了封建帝制，创立了中华民国。但是，中国人民反对帝国主义和封建主义的历史任务还没有完成。

一九四九年，以毛泽东主席为领袖的中国共产党领导中国各族人民，在经历了长期的艰难曲折的武装斗争和其他形式的斗争以后，终于推翻了帝国主义、封建主义和官僚资本主义的统治，取得了新民主主义革命的伟大胜利，建立了中华人民共和国。从此，中国人民掌握了国家的权力，成为国家的主人。

中华人民共和国成立以后，我国社会逐步实现了由新民主主义到社会主义的过渡。生产资料私有制的社会主义改造已经完成，人剥削人的制度已经消灭，社会主义制度已经确立。工人阶级领导的、以工农联盟为基础的人民民主专政，实质上即无产阶级专政，得到巩固和发展。中国人民和中国人民解放军战胜了帝国主义、霸权主义的侵略、破坏和武装挑衅，维护了国家的独立和安全，增强了国防。经济建设取得了重大的成就，独立的、比较完整的社会主义工业体系已经基本形成，农业生产显著提高。教育、科学、文化等事业有了很大的发展，社会主义思想教育取得了明显的成效。广大人民的生活有了较大的改善。

中国新民主主义革命的胜利和社会主义事业的成就，是中国共产党领导中国各族人民，在马克思列宁主义、毛泽东思想的指引下，坚持真理，修正错误，战胜许多艰难险阻而取得的。我国将长期处于社会主义初级阶段。国家的根本任务是，沿着中国特色社会主义道路，集中力量进行社会主义现代化建设。中国各族人民将继续在中国共产党领导下，在马克思列宁主义、毛泽东思想、邓小平理论、"三个代表"重要思想、科学发展观、习近平新时代中国特色社会主义思想指引下，坚持人民民主专政，坚持社会主义道路，坚持改革开放，不断完善社会主义的各项制度，发展社会主义市场经济，发展社会主义民主，健全社会主义法治，贯彻新发展理念，自力更生，艰苦奋斗，逐步实现工业、农业、国防和科学技术的现代化，推动物质文明、政治文明、精神文明、社会文明、生态文明协调发展，把我国建设成为富强民主文明和谐美丽的社会主义现代化强国，实现中华民族伟大复兴。

在我国，剥削阶级作为阶级已经消灭，但是阶级斗争还将在一定范围内长期存在。中国人民对敌视和破坏我国社会主义制度的国内外的敌对势力和敌对分子，必须进行斗争。

台湾是中华人民共和国的神圣领土的一部分。完成统一祖国的大业是包括台湾同胞在内的全中国人民的神圣职责。

社会主义的建设事业必须依靠工人、农民和知识分子，团结一切可以团结的力量。在长期的革命、建设、改革过程中，已经结成由中国共产党领导的，有各民主党派和各人民团体参加的，包括全体社会主义劳动者、社会主义事业的建设者、拥护社会主义的爱国者、拥护祖国统一和致力于中华民族伟大复兴的爱国者的广泛的爱国统一战线，这个统一战线将继续巩固和发展。中国人民政治协商会议是有广泛代表性的统一战线组织，过去发挥了重要的历史作用，今后在国家政治生活、社会生活和对外友好活动中，在进行社会主义现代化建设、维护国家的统一和团结的斗争中，将进一步发挥它的重要作用。中国共产党领导的多党合作和政治协商制度将长期存在和发展。

中华人民共和国是全国各族人民共同缔造的统一的多民族国家。平等团结互助和谐的社会主义民族关系已经确立，并将继续加强。在维护民族团结的斗争中，要反对大民族主义，主要是大汉族主义，也要反对地方民族主义。国家尽一切努力，促进全国各民族的共同繁荣。

中国革命、建设、改革的成就是同世界人民的支持分不开的。中国的前途是同世界的前途紧密地联系在一起的。中国坚持独立自主的对外政策，坚持互相尊重主权和领土完整、互不侵犯、互不干涉内政、平等互利、和平共处的五项原则，坚持和平发展道路，坚持互利共赢开放战略，发展同各国的外交关系和经济、文化交流，推动构建人类命运共同体；坚持反对帝国主义、霸权主义、殖民主义，加强同世界各国人民的团结，支持被压迫民族和发展中国家争取和维护民族独立、发展民族经济的正义斗争，为维护世界和平和促进人类进步事业而努力。

本宪法以法律的形式确认了中国各族人民奋斗的成果，规定了国家的根本制度和根本任务，是国家的根本法，具有最高的法律效力。全国各族人民、一切国家机关和武装力量、各政党和各社会团体、各企业事业组织，都必须以宪法为根本的活动准则，并且负有维护宪法尊严、保证宪法实施的职责。

第一章　总　　纲

第一条　中华人民共和国是工人阶级领导的、以工农联盟为基础的人民民主专政的社会主义国家。

社会主义制度是中华人民共和国的根本制度。中国共产党领导是中国特色社会主义最本质的特征。禁止任何组织或者个人破坏社会主义制度。

第二条　中华人民共和国的一切权力属于人民。

人民行使国家权力的机关是全国人民代表大会和地方各级人民代表大会。

人民依照法律规定，通过各种途径和形式，管理国家事务，管理经济和文化事业，管理社会事务。

第三条　中华人民共和国的国家机构实行民主集中制的原则。

全国人民代表大会和地方各级人民代表大会都由民主选举产生，对人民负责，受人民监督。

国家行政机关、监察机关、审判机关、检察机关都由人民代表大会产生，对它负责，受它监督。

中央和地方的国家机构职权的划分，遵循在中央的统一领导下，充分发挥地方的主动性、积极性的原则。

第四条　中华人民共和国各民族一律平等。国家保障各少数民族的合法的权利和利益，维护和发展各民族的平等团结互助和谐关系。禁止对任何民族的歧视和压迫，禁止破坏民族团结和制造民族分裂的行为。

国家根据各少数民族的特点和需要，帮助各少数民族地区加速经济和文化的发展。

各少数民族聚居的地方实行区域自治，设立自治机关，行使自治权。各民族自治地方都是中华人民共和国不可分离的部分。

各民族都有使用和发展自己的语言文字的自由，都有保持或者改革自己的风俗习惯的自由。

第五条 中华人民共和国实行依法治国，建设社会主义法治国家。

国家维护社会主义法制的统一和尊严。

一切法律、行政法规和地方性法规都不得同宪法相抵触。

一切国家机关和武装力量、各政党和各社会团体、各企业事业组织都必须遵守宪法和法律。一切违反宪法和法律的行为，必须予以追究。

任何组织或者个人都不得有超越宪法和法律的特权。

第六条 中华人民共和国的社会主义经济制度的基础是生产资料的社会主义公有制，即全民所有制和劳动群众集体所有制。社会主义公有制消灭人剥削人的制度，实行各尽所能、按劳分配的原则。

国家在社会主义初级阶段，坚持公有制为主体、多种所有制经济共同发展的基本经济制度，坚持按劳分配为主体、多种分配方式并存的分配制度。

第七条 国有经济，即社会主义全民所有制经济，是国民经济中的主导力量。国家保障国有经济的巩固和发展。

第八条 农村集体经济组织实行家庭承包经营为基础、统分结合的双层经营体制。农村中的生产、供销、信用、消费等各种形式的合作经济,是社会主义劳动群众集体所有制经济。参加农村集体经济组织的劳动者,有权在法律规定的范围内经营自留地、自留山、家庭副业和饲养自留畜。

城镇中的手工业、工业、建筑业、运输业、商业、服务业等行业的各种形式的合作经济,都是社会主义劳动群众集体所有制经济。

国家保护城乡集体经济组织的合法的权利和利益,鼓励、指导和帮助集体经济的发展。

第九条 矿藏、水流、森林、山岭、草原、荒地、滩涂等自然资源,都属于国家所有,即全民所有;由法律规定属于集体所有的森林和山岭、草原、荒地、滩涂除外。

国家保障自然资源的合理利用,保护珍贵的动物和植物。禁止任何组织或者个人用任何手段侵占或者破坏自然资源。

第十条 城市的土地属于国家所有。

农村和城市郊区的土地,除由法律规定属于国家所有的以外,属于集体所有;宅基地和自留地、自留山,也属于集体所有。

国家为了公共利益的需要,可以依照法律规定对土地实行征收或者征用并给予补偿。

任何组织或者个人不得侵占、买卖或者以其他形式非法转让土地。土地的使用权可以依照法律的规定转让。

一切使用土地的组织和个人必须合理地利用土地。

第十一条 在法律规定范围内的个体经济、私营经济等非公有制经济,是社会主义市场经济的重要组成部分。

国家保护个体经济、私营经济等非公有制经济的合法的权利和利益。国家鼓励、支持和引导非公有制经济的发展,并对非公有制经济依法实行监督和管理。

第十二条 社会主义的公共财产神圣不可侵犯。

国家保护社会主义的公共财产。禁止任何组织或者个人用任何手段侵占或者破坏国家的和集体的财产。

第十三条 公民的合法的私有财产不受侵犯。

国家依照法律规定保护公民的私有财产权和继承权。

国家为了公共利益的需要,可以依照法律规定对公民的私有财产实行征收或者征用并给予补偿。

第十四条 国家通过提高劳动者的积极性和技术水平,推广先进的科学技术,完善经济管理体制和企业经营管理制度,实行各种形式的社会主义责任制,改进劳动组织,以不断提高劳动生产率和经济效益,发展社会生产力。

国家厉行节约,反对浪费。

国家合理安排积累和消费,兼顾国家、集体和个人的利益,在发展生产的基础上,逐步改善人民的物质生活和文化生活。

国家建立健全同经济发展水平相适应的社会保障制度。

第十五条 国家实行社会主义市场经济。

国家加强经济立法,完善宏观调控。

国家依法禁止任何组织或者个人扰乱社会经济秩序。

第十六条 国有企业在法律规定的范围内有权自主经营。

国有企业依照法律规定,通过职工代表大会和其他形式,实行民主管理。

第十七条 集体经济组织在遵守有关法律的前提下,有独立进行经济活动的自主权。

集体经济组织实行民主管理,依照法律规定选举和罢免管理人员,决定经营管理的重大问题。

第十八条　中华人民共和国允许外国的企业和其他经济组织或者个人依照中华人民共和国法律的规定在中国投资，同中国的企业或者其他经济组织进行各种形式的经济合作。

在中国境内的外国企业和其他外国经济组织以及中外合资经营的企业，都必须遵守中华人民共和国的法律。它们的合法的权利和利益受中华人民共和国法律的保护。

第十九条　国家发展社会主义的教育事业，提高全国人民的科学文化水平。

国家举办各种学校，普及初等义务教育，发展中等教育、职业教育和高等教育，并且发展学前教育。

国家发展各种教育设施，扫除文盲，对工人、农民、国家工作人员和其他劳动者进行政治、文化、科学、技术、业务的教育，鼓励自学成才。

国家鼓励集体经济组织、国家企业事业组织和其他社会力量依照法律规定举办各种教育事业。

国家推广全国通用的普通话。

第二十条　国家发展自然科学和社会科学事业，普及科学和技术知识，奖励科学研究成果和技术发明创造。

第二十一条　国家发展医疗卫生事业，发展现代医药和我国传统医药，鼓励和支持农村集体经济组织、国家企业事业组织和街道组织举办各种医疗卫生设施，开展群众性的卫生活动，保护人民健康。

国家发展体育事业，开展群众性的体育活动，增强人民体质。

第二十二条　国家发展为人民服务、为社会主义服务的文学艺术事业、新闻广播电视事业、出版发行事业、图书馆博物馆文化馆和其他文化事业，开展群众性的文化活动。

国家保护名胜古迹、珍贵文物和其他重要历史文化遗产。

第二十三条 国家培养为社会主义服务的各种专业人才，扩大知识分子的队伍，创造条件，充分发挥他们在社会主义现代化建设中的作用。

第二十四条 国家通过普及理想教育、道德教育、文化教育、纪律和法制教育，通过在城乡不同范围的群众中制定和执行各种守则、公约，加强社会主义精神文明的建设。

国家倡导社会主义核心价值观，提倡爱祖国、爱人民、爱劳动、爱科学、爱社会主义的公德，在人民中进行爱国主义、集体主义和国际主义、共产主义的教育，进行辩证唯物主义和历史唯物主义的教育，反对资本主义的、封建主义的和其他的腐朽思想。

第二十五条 国家推行计划生育，使人口的增长同经济和社会发展计划相适应。

第二十六条 国家保护和改善生活环境和生态环境，防治污染和其他公害。

国家组织和鼓励植树造林，保护林木。

第二十七条 一切国家机关实行精简的原则，实行工作责任制，实行工作人员的培训和考核制度，不断提高工作质量和工作效率，反对官僚主义。

一切国家机关和国家工作人员必须依靠人民的支持，经常保持同人民的密切联系，倾听人民的意见和建议，接受人民的监督，努力为人民服务。

国家工作人员就职时应当依照法律规定公开进行宪法宣誓。

第二十八条 国家维护社会秩序，镇压叛国和其他危害国家安全的犯罪活动，制裁危害社会治安、破坏社会主义经济和其他犯罪的活动，惩办和改造犯罪分子。

第二十九条　中华人民共和国的武装力量属于人民。它的任务是巩固国防，抵抗侵略，保卫祖国，保卫人民的和平劳动，参加国家建设事业，努力为人民服务。

国家加强武装力量的革命化、现代化、正规化的建设，增强国防力量。

第三十条　中华人民共和国的行政区域划分如下：

（一）全国分为省、自治区、直辖市；

（二）省、自治区分为自治州、县、自治县、市；

（三）县、自治县分为乡、民族乡、镇。

直辖市和较大的市分为区、县。自治州分为县、自治县、市。

自治区、自治州、自治县都是民族自治地方。

第三十一条　国家在必要时得设立特别行政区。在特别行政区内实行的制度按照具体情况由全国人民代表大会以法律规定。

第三十二条　中华人民共和国保护在中国境内的外国人的合法权利和利益，在中国境内的外国人必须遵守中华人民共和国的法律。

中华人民共和国对于因为政治原因要求避难的外国人，可以给予受庇护的权利。

第二章　公民的基本权利和义务

第三十三条　凡具有中华人民共和国国籍的人都是中华人民共和国公民。

中华人民共和国公民在法律面前一律平等。

国家尊重和保障人权。

任何公民享有宪法和法律规定的权利,同时必须履行宪法和法律规定的义务。

第三十四条 中华人民共和国年满十八周岁的公民,不分民族、种族、性别、职业、家庭出身、宗教信仰、教育程度、财产状况、居住期限,都有选举权和被选举权;但是依照法律被剥夺政治权利的人除外。

第三十五条 中华人民共和国公民有言论、出版、集会、结社、游行、示威的自由。

第三十六条 中华人民共和国公民有宗教信仰自由。

任何国家机关、社会团体和个人不得强制公民信仰宗教或者不信仰宗教,不得歧视信仰宗教的公民和不信仰宗教的公民。

国家保护正常的宗教活动。任何人不得利用宗教进行破坏社会秩序、损害公民身体健康、妨碍国家教育制度的活动。

宗教团体和宗教事务不受外国势力的支配。

第三十七条 中华人民共和国公民的人身自由不受侵犯。

任何公民,非经人民检察院批准或者决定或者人民法院决定,并由公安机关执行,不受逮捕。

禁止非法拘禁和以其他方法非法剥夺或者限制公民的人身自由,禁止非法搜查公民的身体。

第三十八条 中华人民共和国公民的人格尊严不受侵犯。禁止用任何方法对公民进行侮辱、诽谤和诬告陷害。

第三十九条 中华人民共和国公民的住宅不受侵犯。禁止非法搜查或者非法侵入公民的住宅。

第四十条 中华人民共和国公民的通信自由和通信秘密受法律的保护。除因国家安全或者追查刑事犯罪的需要,由公安机关或者检察机关依照法律规定的程序对通信进行检查外,任何组织或者个人不得以任何理由侵犯公民的通信自由和通信秘密。

第四十一条 中华人民共和国公民对于任何国家机关和国家工作人员,有提出批评和建议的权利;对于任何国家机关和国家工作人员的违法失职行为,有向有关国家机关提出申诉、控告或者检举的权利,但是不得捏造或者歪曲事实进行诬告陷害。

对于公民的申诉、控告或者检举,有关国家机关必须查清事实,负责处理。任何人不得压制和打击报复。

由于国家机关和国家工作人员侵犯公民权利而受到损失的人,有依照法律规定取得赔偿的权利。

第四十二条 中华人民共和国公民有劳动的权利和义务。

国家通过各种途径,创造劳动就业条件,加强劳动保护,改善劳动条件,并在发展生产的基础上,提高劳动报酬和福利待遇。

劳动是一切有劳动能力的公民的光荣职责。国有企业和城乡集体经济组织的劳动者都应当以国家主人翁的态度对待自己的劳动。国家提倡社会主义劳动竞赛,奖励劳动模范和先进工作者。国家提倡公民从事义务劳动。

国家对就业前的公民进行必要的劳动就业训练。

第四十三条 中华人民共和国劳动者有休息的权利。

国家发展劳动者休息和休养的设施,规定职工的工作时间和休假制度。

第四十四条 国家依照法律规定实行企业事业组织的职工和国家机关工作人员的退休制度。退休人员的生活受到国家和社会的保障。

第四十五条 中华人民共和国公民在年老、疾病或者丧失劳动能力的情况下,有从国家和社会获得物质帮助的权利。国家发展为公民享受这些权利所需要的社会保险、社会救济和医疗卫生事业。

国家和社会保障残废军人的生活，抚恤烈士家属，优待军人家属。

国家和社会帮助安排盲、聋、哑和其他有残疾的公民的劳动、生活和教育。

第四十六条 中华人民共和国公民有受教育的权利和义务。

国家培养青年、少年、儿童在品德、智力、体质等方面全面发展。

第四十七条 中华人民共和国公民有进行科学研究、文学艺术创作和其他文化活动的自由。国家对于从事教育、科学、技术、文学、艺术和其他文化事业的公民的有益于人民的创造性工作，给以鼓励和帮助。

第四十八条 中华人民共和国妇女在政治的、经济的、文化的、社会的和家庭的生活等各方面享有同男子平等的权利。

国家保护妇女的权利和利益，实行男女同工同酬，培养和选拔妇女干部。

第四十九条 婚姻、家庭、母亲和儿童受国家的保护。

夫妻双方有实行计划生育的义务。

父母有抚养教育未成年子女的义务，成年子女有赡养扶助父母的义务。

禁止破坏婚姻自由，禁止虐待老人、妇女和儿童。

第五十条 中华人民共和国保护华侨的正当的权利和利益，保护归侨和侨眷的合法的权利和利益。

第五十一条 中华人民共和国公民在行使自由和权利的时候，不得损害国家的、社会的、集体的利益和其他公民的合法的自由和权利。

第五十二条 中华人民共和国公民有维护国家统一和全国各民族团结的义务。

第五十三条 中华人民共和国公民必须遵守宪法和法律，保守国家秘密，爱护公共财产，遵守劳动纪律，遵守公共秩序，尊重社会公德。

第五十四条 中华人民共和国公民有维护祖国的安全、荣誉和利益的义务，不得有危害祖国的安全、荣誉和利益的行为。

第五十五条 保卫祖国、抵抗侵略是中华人民共和国每一个公民的神圣职责。

依照法律服兵役和参加民兵组织是中华人民共和国公民的光荣义务。

第五十六条 中华人民共和国公民有依照法律纳税的义务。

第三章 国家机构

第一节 全国人民代表大会

第五十七条 中华人民共和国全国人民代表大会是最高国家权力机关。它的常设机关是全国人民代表大会常务委员会。

第五十八条 全国人民代表大会和全国人民代表大会常务委员会行使国家立法权。

第五十九条 全国人民代表大会由省、自治区、直辖市、特别行政区和军队选出的代表组成。各少数民族都应当有适当名额的代表。

全国人民代表大会代表的选举由全国人民代表大会常务委员

会主持。

全国人民代表大会代表名额和代表产生办法由法律规定。

第六十条 全国人民代表大会每届任期五年。

全国人民代表大会任期届满的两个月以前,全国人民代表大会常务委员会必须完成下届全国人民代表大会代表的选举。如果遇到不能进行选举的非常情况,由全国人民代表大会常务委员会以全体组成人员的三分之二以上的多数通过,可以推迟选举,延长本届全国人民代表大会的任期。在非常情况结束后一年内,必须完成下届全国人民代表大会代表的选举。

第六十一条 全国人民代表大会会议每年举行一次,由全国人民代表大会常务委员会召集。如果全国人民代表大会常务委员会认为必要,或者有五分之一以上的全国人民代表大会代表提议,可以临时召集全国人民代表大会会议。

全国人民代表大会举行会议的时候,选举主席团主持会议。

第六十二条 全国人民代表大会行使下列职权:

(一)修改宪法;

(二)监督宪法的实施;

(三)制定和修改刑事、民事、国家机构的和其他的基本法律;

(四)选举中华人民共和国主席、副主席;

(五)根据中华人民共和国主席的提名,决定国务院总理的人选;根据国务院总理的提名,决定国务院副总理、国务委员、各部部长、各委员会主任、审计长、秘书长的人选;

(六)选举中央军事委员会主席;根据中央军事委员会主席的提名,决定中央军事委员会其他组成人员的人选;

(七)选举国家监察委员会主任;

（八）选举最高人民法院院长；

（九）选举最高人民检察院检察长；

（十）审查和批准国民经济和社会发展计划和计划执行情况的报告；

（十一）审查和批准国家的预算和预算执行情况的报告；

（十二）改变或者撤销全国人民代表大会常务委员会不适当的决定；

（十三）批准省、自治区和直辖市的建置；

（十四）决定特别行政区的设立及其制度；

（十五）决定战争和和平的问题；

（十六）应当由最高国家权力机关行使的其他职权。

第六十三条 全国人民代表大会有权罢免下列人员：

（一）中华人民共和国主席、副主席；

（二）国务院总理、副总理、国务委员、各部部长、各委员会主任、审计长、秘书长；

（三）中央军事委员会主席和中央军事委员会其他组成人员；

（四）国家监察委员会主任；

（五）最高人民法院院长；

（六）最高人民检察院检察长。

第六十四条 宪法的修改，由全国人民代表大会常务委员会或者五分之一以上的全国人民代表大会代表提议，并由全国人民代表大会以全体代表的三分之二以上的多数通过。

法律和其他议案由全国人民代表大会以全体代表的过半数通过。

第六十五条 全国人民代表大会常务委员会由下列人员组成：

委员长，

副委员长若干人，

秘书长，

委员若干人。

全国人民代表大会常务委员会组成人员中，应当有适当名额的少数民族代表。

全国人民代表大会选举并有权罢免全国人民代表大会常务委员会的组成人员。

全国人民代表大会常务委员会的组成人员不得担任国家行政机关、监察机关、审判机关和检察机关的职务。

第六十六条 全国人民代表大会常务委员会每届任期同全国人民代表大会每届任期相同，它行使职权到下届全国人民代表大会选出新的常务委员会为止。

委员长、副委员长连续任职不得超过两届。

第六十七条 全国人民代表大会常务委员会行使下列职权：

（一）解释宪法，监督宪法的实施；

（二）制定和修改除应当由全国人民代表大会制定的法律以外的其他法律；

（三）在全国人民代表大会闭会期间，对全国人民代表大会制定的法律进行部分补充和修改，但是不得同该法律的基本原则相抵触；

（四）解释法律；

（五）在全国人民代表大会闭会期间，审查和批准国民经济和社会发展计划、国家预算在执行过程中所必须作的部分调整方案；

（六）监督国务院、中央军事委员会、国家监察委员会、最高人民法院和最高人民检察院的工作；

（七）撤销国务院制定的同宪法、法律相抵触的行政法规、决定和命令；

（八）撤销省、自治区、直辖市国家权力机关制定的同宪法、法律和行政法规相抵触的地方性法规和决议；

（九）在全国人民代表大会闭会期间，根据国务院总理的提名，决定部长、委员会主任、审计长、秘书长的人选；

（十）在全国人民代表大会闭会期间，根据中央军事委员会主席的提名，决定中央军事委员会其他组成人员的人选；

（十一）根据国家监察委员会主任的提请，任免国家监察委员会副主任、委员；

（十二）根据最高人民法院院长的提请，任免最高人民法院副院长、审判员、审判委员会委员和军事法院院长；

（十三）根据最高人民检察院检察长的提请，任免最高人民检察院副检察长、检察员、检察委员会委员和军事检察院检察长，并且批准省、自治区、直辖市的人民检察院检察长的任免；

（十四）决定驻外全权代表的任免；

（十五）决定同外国缔结的条约和重要协定的批准和废除；

（十六）规定军人和外交人员的衔级制度和其他专门衔级制度；

（十七）规定和决定授予国家的勋章和荣誉称号；

（十八）决定特赦；

（十九）在全国人民代表大会闭会期间，如果遇到国家遭受武装侵犯或者必须履行国际间共同防止侵略的条约的情况，决定战争状态的宣布；

（二十）决定全国总动员或者局部动员；

（二十一）决定全国或者个别省、自治区、直辖市进入紧急状态；

（二十二）全国人民代表大会授予的其他职权。

第六十八条　全国人民代表大会常务委员会委员长主持全国人民代表大会常务委员会的工作，召集全国人民代表大会常务委员会会议。副委员长、秘书长协助委员长工作。

委员长、副委员长、秘书长组成委员长会议，处理全国人民代表大会常务委员会的重要日常工作。

第六十九条　全国人民代表大会常务委员会对全国人民代表大会负责并报告工作。

第七十条　全国人民代表大会设立民族委员会、宪法和法律委员会、财政经济委员会、教育科学文化卫生委员会、外事委员会、华侨委员会和其他需要设立的专门委员会。在全国人民代表大会闭会期间，各专门委员会受全国人民代表大会常务委员会的领导。

各专门委员会在全国人民代表大会和全国人民代表大会常务委员会领导下，研究、审议和拟订有关议案。

第七十一条　全国人民代表大会和全国人民代表大会常务委员会认为必要的时候，可以组织关于特定问题的调查委员会，并且根据调查委员会的报告，作出相应的决议。

调查委员会进行调查的时候，一切有关的国家机关、社会团体和公民都有义务向它提供必要的材料。

第七十二条　全国人民代表大会代表和全国人民代表大会常务委员会组成人员，有权依照法律规定的程序分别提出属于全国人民代表大会和全国人民代表大会常务委员会职权范围内的议案。

第七十三条　全国人民代表大会代表在全国人民代表大会开会期间，全国人民代表大会常务委员会组成人员在常务委员会开会期间,有权依照法律规定的程序提出对国务院或者国务院各部、各委员会的质询案。受质询的机关必须负责答复。

第七十四条　全国人民代表大会代表,非经全国人民代表大会会议主席团许可,在全国人民代表大会闭会期间非经全国人民代表大会常务委员会许可,不受逮捕或者刑事审判。

第七十五条　全国人民代表大会代表在全国人民代表大会各种会议上的发言和表决,不受法律追究。

第七十六条　全国人民代表大会代表必须模范地遵守宪法和法律,保守国家秘密,并且在自己参加的生产、工作和社会活动中,协助宪法和法律的实施。

全国人民代表大会代表应当同原选举单位和人民保持密切的联系,听取和反映人民的意见和要求,努力为人民服务。

第七十七条　全国人民代表大会代表受原选举单位的监督。原选举单位有权依照法律规定的程序罢免本单位选出的代表。

第七十八条　全国人民代表大会和全国人民代表大会常务委员会的组织和工作程序由法律规定。

第二节　中华人民共和国主席

第七十九条　中华人民共和国主席、副主席由全国人民代表大会选举。

有选举权和被选举权的年满四十五周岁的中华人民共和国公民可以被选为中华人民共和国主席、副主席。

中华人民共和国主席、副主席每届任期同全国人民代表大会每届任期相同。

第八十条　中华人民共和国主席根据全国人民代表大会的决定和全国人民代表大会常务委员会的决定,公布法律,任免国务院总理、副总理、国务委员、各部部长、各委员会主任、审计长、秘书长，授予国家的勋章和荣誉称号，发布特赦令，宣布进入紧急状态，宣布战争状态，发布动员令。

第八十一条　中华人民共和国主席代表中华人民共和国，进行国事活动，接受外国使节；根据全国人民代表大会常务委员会的决定，派遣和召回驻外全权代表，批准和废除同外国缔结的条约和重要协定。

第八十二条　中华人民共和国副主席协助主席工作。

中华人民共和国副主席受主席的委托，可以代行主席的部分职权。

第八十三条　中华人民共和国主席、副主席行使职权到下届全国人民代表大会选出的主席、副主席就职为止。

第八十四条　中华人民共和国主席缺位的时候，由副主席继任主席的职位。

中华人民共和国副主席缺位的时候，由全国人民代表大会补选。

中华人民共和国主席、副主席都缺位的时候，由全国人民代表大会补选；在补选以前，由全国人民代表大会常务委员会委员长暂时代理主席职位。

第三节　国　务　院

第八十五条　中华人民共和国国务院，即中央人民政府，是最高国家权力机关的执行机关，是最高国家行政机关。

第八十六条　国务院由下列人员组成：

总理，

副总理若干人，

国务委员若干人,

各部部长,

各委员会主任,

审计长,

秘书长。

国务院实行总理负责制。各部、各委员会实行部长、主任负责制。

国务院的组织由法律规定。

第八十七条 国务院每届任期同全国人民代表大会每届任期相同。

总理、副总理、国务委员连续任职不得超过两届。

第八十八条 总理领导国务院的工作。副总理、国务委员协助总理工作。

总理、副总理、国务委员、秘书长组成国务院常务会议。

总理召集和主持国务院常务会议和国务院全体会议。

第八十九条 国务院行使下列职权:

(一)根据宪法和法律,规定行政措施,制定行政法规,发布决定和命令;

(二)向全国人民代表大会或者全国人民代表大会常务委员会提出议案;

(三)规定各部和各委员会的任务和职责,统一领导各部和各委员会的工作,并且领导不属于各部和各委员会的全国性的行政工作;

(四)统一领导全国地方各级国家行政机关的工作,规定中央和省、自治区、直辖市的国家行政机关的职权的具体划分;

(五)编制和执行国民经济和社会发展计划和国家预算;

（六）领导和管理经济工作和城乡建设、生态文明建设；

（七）领导和管理教育、科学、文化、卫生、体育和计划生育工作；

（八）领导和管理民政、公安、司法行政等工作；

（九）管理对外事务，同外国缔结条约和协定；

（十）领导和管理国防建设事业；

（十一）领导和管理民族事务，保障少数民族的平等权利和民族自治地方的自治权利；

（十二）保护华侨的正当的权利和利益，保护归侨和侨眷的合法的权利和利益；

（十三）改变或者撤销各部、各委员会发布的不适当的命令、指示和规章；

（十四）改变或者撤销地方各级国家行政机关的不适当的决定和命令；

（十五）批准省、自治区、直辖市的区域划分，批准自治州、县、自治县、市的建置和区域划分；

（十六）依照法律规定决定省、自治区、直辖市的范围内部分地区进入紧急状态；

（十七）审定行政机构的编制，依照法律规定任免、培训、考核和奖惩行政人员；

（十八）全国人民代表大会和全国人民代表大会常务委员会授予的其他职权。

第九十条 国务院各部部长、各委员会主任负责本部门的工作；召集和主持部务会议或者委员会会议、委务会议，讨论决定本部门工作的重大问题。

各部、各委员会根据法律和国务院的行政法规、决定、命令,在本部门的权限内,发布命令、指示和规章。

第九十一条　国务院设立审计机关,对国务院各部门和地方各级政府的财政收支,对国家的财政金融机构和企业事业组织的财务收支,进行审计监督。

审计机关在国务院总理领导下,依照法律规定独立行使审计监督权,不受其他行政机关、社会团体和个人的干涉。

第九十二条　国务院对全国人民代表大会负责并报告工作;在全国人民代表大会闭会期间,对全国人民代表大会常务委员会负责并报告工作。

第四节　中央军事委员会

第九十三条　中华人民共和国中央军事委员会领导全国武装力量。

中央军事委员会由下列人员组成:

主席,

副主席若干人,

委员若干人。

中央军事委员会实行主席负责制。

中央军事委员会每届任期同全国人民代表大会每届任期相同。

第九十四条　中央军事委员会主席对全国人民代表大会和全国人民代表大会常务委员会负责。

第五节　地方各级人民代表大会和地方各级人民政府

第九十五条　省、直辖市、县、市、市辖区、乡、民族乡、镇设立人民代表大会和人民政府。

地方各级人民代表大会和地方各级人民政府的组织由法律规定。

自治区、自治州、自治县设立自治机关。自治机关的组织和工作根据宪法第三章第五节、第六节规定的基本原则由法律规定。

第九十六条 地方各级人民代表大会是地方国家权力机关。

县级以上的地方各级人民代表大会设立常务委员会。

第九十七条 省、直辖市、设区的市的人民代表大会代表由下一级的人民代表大会选举；县、不设区的市、市辖区、乡、民族乡、镇的人民代表大会代表由选民直接选举。

地方各级人民代表大会代表名额和代表产生办法由法律规定。

第九十八条 地方各级人民代表大会每届任期五年。

第九十九条 地方各级人民代表大会在本行政区域内，保证宪法、法律、行政法规的遵守和执行；依照法律规定的权限，通过和发布决议，审查和决定地方的经济建设、文化建设和公共事业建设的计划。

县级以上的地方各级人民代表大会审查和批准本行政区域内的国民经济和社会发展计划、预算以及它们的执行情况的报告；有权改变或者撤销本级人民代表大会常务委员会不适当的决定。

民族乡的人民代表大会可以依照法律规定的权限采取适合民族特点的具体措施。

第一百条 省、直辖市的人民代表大会和它们的常务委员会，在不同宪法、法律、行政法规相抵触的前提下，可以制定地方性法规，报全国人民代表大会常务委员会备案。

设区的市的人民代表大会和它们的常务委员会，在不同宪法、法律、行政法规和本省、自治区的地方性法规相抵触的前提下，可以依照法律规定制定地方性法规，报本省、自治区人民代表大会常务委员会批准后施行。

第一百零一条 地方各级人民代表大会分别选举并且有权罢免本级人民政府的省长和副省长、市长和副市长、县长和副县长、区长和副区长、乡长和副乡长、镇长和副镇长。

县级以上的地方各级人民代表大会选举并且有权罢免本级监察委员会主任、本级人民法院院长和本级人民检察院检察长。选出或者罢免人民检察院检察长,须报上级人民检察院检察长提请该级人民代表大会常务委员会批准。

第一百零二条 省、直辖市、设区的市的人民代表大会代表受原选举单位的监督;县、不设区的市、市辖区、乡、民族乡、镇的人民代表大会代表受选民的监督。

地方各级人民代表大会代表的选举单位和选民有权依照法律规定的程序罢免由他们选出的代表。

第一百零三条 县级以上的地方各级人民代表大会常务委员会由主任、副主任若干人和委员若干人组成,对本级人民代表大会负责并报告工作。

县级以上的地方各级人民代表大会选举并有权罢免本级人民代表大会常务委员会的组成人员。

县级以上的地方各级人民代表大会常务委员会的组成人员不得担任国家行政机关、监察机关、审判机关和检察机关的职务。

第一百零四条 县级以上的地方各级人民代表大会常务委员会讨论、决定本行政区域内各方面工作的重大事项;监督本级人民政府、监察委员会、人民法院和人民检察院的工作;撤销本级人民政府的不适当的决定和命令;撤销下一级人民代表大会的不适当的决议;依照法律规定的权限决定国家机关工作人员的任免;在本级人民代表大会闭会期间,罢免和补选上一级人民代表大会的个别代表。

第一百零五条 地方各级人民政府是地方各级国家权力机关的执行机关，是地方各级国家行政机关。

地方各级人民政府实行省长、市长、县长、区长、乡长、镇长负责制。

第一百零六条 地方各级人民政府每届任期同本级人民代表大会每届任期相同。

第一百零七条 县级以上地方各级人民政府依照法律规定的权限，管理本行政区域内的经济、教育、科学、文化、卫生、体育事业、城乡建设事业和财政、民政、公安、民族事务、司法行政、计划生育等行政工作，发布决定和命令，任免、培训、考核和奖惩行政工作人员。

乡、民族乡、镇的人民政府执行本级人民代表大会的决议和上级国家行政机关的决定和命令，管理本行政区域内的行政工作。

省、直辖市的人民政府决定乡、民族乡、镇的建置和区域划分。

第一百零八条 县级以上的地方各级人民政府领导所属各工作部门和下级人民政府的工作，有权改变或者撤销所属各工作部门和下级人民政府的不适当的决定。

第一百零九条 县级以上的地方各级人民政府设立审计机关。地方各级审计机关依照法律规定独立行使审计监督权，对本级人民政府和上一级审计机关负责。

第一百一十条 地方各级人民政府对本级人民代表大会负责并报告工作。县级以上的地方各级人民政府在本级人民代表大会闭会期间，对本级人民代表大会常务委员会负责并报告工作。

地方各级人民政府对上一级国家行政机关负责并报告工作。全国地方各级人民政府都是国务院统一领导下的国家行政机关，都服从国务院。

第一百一十一条 城市和农村按居民居住地区设立的居民委员会或者村民委员会是基层群众性自治组织。居民委员会、村民委员会的主任、副主任和委员由居民选举。居民委员会、村民委员会同基层政权的相互关系由法律规定。

居民委员会、村民委员会设人民调解、治安保卫、公共卫生等委员会，办理本居住地区的公共事务和公益事业，调解民间纠纷，协助维护社会治安，并且向人民政府反映群众的意见、要求和提出建议。

第六节　民族自治地方的自治机关

第一百一十二条 民族自治地方的自治机关是自治区、自治州、自治县的人民代表大会和人民政府。

第一百一十三条 自治区、自治州、自治县的人民代表大会中，除实行区域自治的民族的代表外，其他居住在本行政区域内的民族也应当有适当名额的代表。

自治区、自治州、自治县的人民代表大会常务委员会中应当有实行区域自治的民族的公民担任主任或者副主任。

第一百一十四条 自治区主席、自治州州长、自治县县长由实行区域自治的民族的公民担任。

第一百一十五条 自治区、自治州、自治县的自治机关行使宪法第三章第五节规定的地方国家机关的职权，同时依照宪法、民族区域自治法和其他法律规定的权限行使自治权，根据本地方实际情况贯彻执行国家的法律、政策。

第一百一十六条 民族自治地方的人民代表大会有权依照当地民族的政治、经济和文化的特点，制定自治条例和单行条例。自治区的自治条例和单行条例，报全国人民代表大会常务委员会批准后生效。自治州、自治县的自治条例和单行条例，报省或者自治区的人民代表大会常务委员会批准后生效，并报全国人民代表大会常务委员会备案。

第一百一十七条 民族自治地方的自治机关有管理地方财政的自治权。凡是依照国家财政体制属于民族自治地方的财政收入，都应当由民族自治地方的自治机关自主地安排使用。

第一百一十八条 民族自治地方的自治机关在国家计划的指导下，自主地安排和管理地方性的经济建设事业。

国家在民族自治地方开发资源、建设企业的时候，应当照顾民族自治地方的利益。

第一百一十九条 民族自治地方的自治机关自主地管理本地方的教育、科学、文化、卫生、体育事业，保护和整理民族的文化遗产，发展和繁荣民族文化。

第一百二十条 民族自治地方的自治机关依照国家的军事制度和当地的实际需要，经国务院批准，可以组织本地方维护社会治安的公安部队。

第一百二十一条 民族自治地方的自治机关在执行职务的时候，依照本民族自治地方自治条例的规定，使用当地通用的一种或者几种语言文字。

第一百二十二条 国家从财政、物资、技术等方面帮助各少数民族加速发展经济建设和文化建设事业。

国家帮助民族自治地方从当地民族中大量培养各级干部、各种专业人才和技术工人。

第七节　监察委员会

第一百二十三条　中华人民共和国各级监察委员会是国家的监察机关。

第一百二十四条　中华人民共和国设立国家监察委员会和地方各级监察委员会。

监察委员会由下列人员组成：

主任，

副主任若干人，

委员若干人。

监察委员会主任每届任期同本级人民代表大会每届任期相同。国家监察委员会主任连续任职不得超过两届。

监察委员会的组织和职权由法律规定。

第一百二十五条　中华人民共和国国家监察委员会是最高监察机关。

国家监察委员会领导地方各级监察委员会的工作，上级监察委员会领导下级监察委员会的工作。

第一百二十六条　国家监察委员会对全国人民代表大会和全国人民代表大会常务委员会负责。地方各级监察委员会对产生它的国家权力机关和上一级监察委员会负责。

第一百二十七条　监察委员会依照法律规定独立行使监察权，不受行政机关、社会团体和个人的干涉。

监察机关办理职务违法和职务犯罪案件，应当与审判机关、检察机关、执法部门互相配合，互相制约。

第八节　人民法院和人民检察院

第一百二十八条　中华人民共和国人民法院是国家的审判机关。

第一百二十九条　中华人民共和国设立最高人民法院、地方各级人民法院和军事法院等专门人民法院。

最高人民法院院长每届任期同全国人民代表大会每届任期相同，连续任职不得超过两届。

人民法院的组织由法律规定。

第一百三十条　人民法院审理案件，除法律规定的特别情况外，一律公开进行。被告人有权获得辩护。

第一百三十一条　人民法院依照法律规定独立行使审判权，不受行政机关、社会团体和个人的干涉。

第一百三十二条　最高人民法院是最高审判机关。

最高人民法院监督地方各级人民法院和专门人民法院的审判工作，上级人民法院监督下级人民法院的审判工作。

第一百三十三条　最高人民法院对全国人民代表大会和全国人民代表大会常务委员会负责。地方各级人民法院对产生它的国家权力机关负责。

第一百三十四条　中华人民共和国人民检察院是国家的法律监督机关。

第一百三十五条　中华人民共和国设立最高人民检察院、地方各级人民检察院和军事检察院等专门人民检察院。

最高人民检察院检察长每届任期同全国人民代表大会每届任期相同，连续任职不得超过两届。

人民检察院的组织由法律规定。

第一百三十六条　人民检察院依照法律规定独立行使检察

权,不受行政机关、社会团体和个人的干涉。

第一百三十七条 最高人民检察院是最高检察机关。

最高人民检察院领导地方各级人民检察院和专门人民检察院的工作,上级人民检察院领导下级人民检察院的工作。

第一百三十八条 最高人民检察院对全国人民代表大会和全国人民代表大会常务委员会负责。地方各级人民检察院对产生它的国家权力机关和上级人民检察院负责。

第一百三十九条 各民族公民都有用本民族语言文字进行诉讼的权利。人民法院和人民检察院对于不通晓当地通用的语言文字的诉讼参与人,应当为他们翻译。

在少数民族聚居或者多民族共同居住的地区,应当用当地通用的语言进行审理;起诉书、判决书、布告和其他文书应当根据实际需要使用当地通用的一种或者几种文字。

第一百四十条 人民法院、人民检察院和公安机关办理刑事案件,应当分工负责,互相配合,互相制约,以保证准确有效地执行法律。

第四章　国旗、国歌、国徽、首都

第一百四十一条 中华人民共和国国旗是五星红旗。

中华人民共和国国歌是《义勇军进行曲》。

第一百四十二条 中华人民共和国国徽,中间是五星照耀下的天安门,周围是谷穗和齿轮。

第一百四十三条 中华人民共和国首都是北京。

一、宪法及宪法相关法的基本知识

1. 宪法是什么,有什么特征?

近代意义上的"宪法"不仅是法的一种表现形式,而且在一国法律体系中居于最高地位,是国家的根本法。

1954年6月14日,毛泽东同志在中央人民政府委员会第三十次会议上的讲话中指出:"一个团体要有一个章程,一个国家也要有一个章程,宪法就是一个总章程,是根本大法。"① 我国现行宪法是1982年12月4日第五届全国人民代表大会第五次会议通过的,它以法律的形式确认了我国各族人民奋斗的成果,规定了国家的根本制度、根本任务和国家生活的基本原则,是国家的根本法,是治国安邦的总章程,是国家长治久安、民族团结、经济发展、社会进步的根本保障。习近平总书记指出:"宪法是国家的根本法,是治国安邦的总章程,具有最高的法律地位、法律权威、法律效力,具有根本性、全局性、稳定性、长期性。全国各族人民、一切国家机关和武装力量、各政党和各社会团体、各企业事业组织,都必须以宪法为根本的活动准则,并且负有维护

---

① 毛泽东:《关于中华人民共和国宪法草案》(一九五四年六月十四日),载中共中央文献研究室编:《建国以来重要文献选编》(第五册),中央文献出版社2011年版,第253页。

宪法尊严、保证宪法实施的职责。任何组织或者个人，都不得有超越宪法和法律的特权。一切违反宪法和法律的行为，都必须予以追究。"[1]

作为国家的根本法，宪法既具有一切法律的共同特点，又具有与一般法律不同的特征，主要是：

第一，宪法的内容不同于一般法律。一般法律的内容只涉及社会生活的某一个方面、某一个领域。宪法的内容涉及国家和社会生活的根本问题，它规定国家的根本制度和根本任务、公民的基本权利和义务，是一切组织和个人的根本活动准则。

第二，宪法是制定一般法律的依据。一切法律都要以宪法为依据。正如人们通常所说的，宪法是母法，其他法律都是子法。

第三，宪法具有最高的法律效力，一切法律、行政法规、地方性法规的制定都必须以宪法为依据，遵循宪法的基本原则，不得与宪法相抵触。

正因为宪法是国家的根本法，宪法的制定和修改程序比制定、修改一般法律更严格。我国宪法第六十四条规定："宪法的修改，由全国人民代表大会常务委员会或者五分之一以上的全国人民代表大会代表提议，并由全国人民代表大会以全体代表的三分之二以上的多数通过。法律和其他议案由全国人民代表大会以全体代表的过半数通过。"此外，在党中央领导下，通过历次宪法修改实践，已经形成了符合宪法精神、行之有效的修宪工作程序和机制。先形成《中共中央关于修改宪法部分内容的建议（草案）》，经党中央全会审议和通过；再依法形成《中华人民共和

---

[1] 《习近平在首都各界纪念现行宪法公布施行 30 周年大会上的讲话》，载中国共产党新闻网，https://jhsjk.people.cn/article/19793598，最后访问时间：2025 年 5 月 27 日。

国宪法修正案（草案）》，由全国人大常委会提请全国人民代表大会审议和通过。

2. 宪法有什么作用？

宪法是国家的根本法，具有最高的法律效力。宪法的作用主要表现在以下几个方面：

第一，保障国家权力有序运行，规范和保证国家治理的稳定性和连续性。宪法通过赋予立法、行政、军事、监察、司法等国家机关权力，使国家权力在宪法设定的轨道上有序运行，依法选举或者任命各级各类国家工作人员，避免国家权力缺位、越位和错位。

第二，确认和保障公民基本权利。党领导人民制定的宪法，在人民主权原则下，集中了人民智慧，体现了全体人民共同意志，人民通过宪法使自己的基本权利得到最明确的确认和最有效的保障。

第三，调整国家最重要的社会关系，维护社会稳定和国家长治久安。实现国家发展和民族复兴是我国宪法的重要使命。在国家的各种社会关系中，最重要的关系是由宪法来规范和调整的，如国家与公民的关系、国家机关之间的关系、中央与地方的关系以及其他最重要的政治、经济、文化等方面的关系。在这个意义上，可以说宪法是社会稳定的调节器和安全阀，对于解决各种重大社会矛盾和冲突，保持社会稳定，维护国家长治久安，具有十分重要的作用。新时代国家各项事业和各方面工作取得的历史性成就、发生的历史性变革，是宪法原则、宪法要求、宪法精神的充分彰显，同时是宪法得到有效实施的生动体现。

3. 宪法在人类历史上是怎样产生的?

宪法不是从来就有的,正如毛泽东同志指出:"讲到宪法,资产阶级是先行的。英国也好,法国也好,美国也好,资产阶级都有过革命时期,宪法就是他们在那个时候开始搞起的。"① 作为国家的根本法,宪法是近代资产阶级革命的产物。

宪法之所以产生于资本主义社会,这是人类社会发展的历史必然。只有到了资本主义社会,宪法产生所需要的主要条件才会具备,包括:(1) 经济条件。资本主义生产关系的确立,是宪法产生的经济条件。(2) 政治条件。资产阶级掌握国家政权,实现对社会的统治,确立资产阶级民主制度,是宪法产生的政治条件。(3) 思想条件。资产阶级民主、自由、平等等思想观念,是宪法产生的思想条件。(4) 法律条件。法律制度的逐步完善,是宪法产生的法律条件。

17世纪中期到18世纪末期,资产阶级革命在欧美几个国家先后取得了胜利。最早的资产阶级宪法就是在这个时期出现的。(1) 17世纪中期发生的英国资产阶级革命是最早的资产阶级革命。当时,由于工业还不是很发达,资产阶级的力量还不够强大,这场革命以资产阶级、新贵族和封建贵族间的妥协而告终。这种妥协在立宪方面的表现就是资产阶级同新贵族结成联盟,不断迫使国王签署一系列限制王权和扩大资产阶级权力的宪法性文

---

① 毛泽东:《关于中华人民共和国宪法草案》(一九五四年六月十四日),载中共中央文献研究室编:《建国以来重要文献选编》(第五册),中央文献出版社2011年版,第251页。

件，如1628年的《权利请愿书》、1679年的《人身保护法》、1689年的《权利法案》以及1701年的《王位继承法》等。这些宪法性文件以及长期形成的宪法惯例是英国宪法的重要组成部分。（2）世界上第一部成文宪法是《美利坚合众国宪法》。17世纪末到18世纪初，由于科技的发展与商业的繁荣，在大西洋沿岸的北美北部形成了市场经济体制，促进了生产力的发展。但是，英国殖民者对13个殖民地的残酷奴役和掠夺，严重阻碍了商业与贸易的发展。因此，北美人民奋起抗争，于1776年在第二届殖民地大陆会议上通过了《独立宣言》，并于1787年制定了美国联邦宪法。这是世界上最早的成文宪法。（3）在法国，1789年国民议会通过《人权与公民权利宣言》。两年以后，这个宣言作为序言被写入1791年的法国宪法。1791年宪法是法国第一部资产阶级宪法，是欧洲第一部成文宪法，也是继美国联邦宪法之后的世界上第二部成文宪法。

宪法产生以后，迅速在资本主义国家传播。1918年苏俄宪法的颁布，标志着社会主义宪法的产生。从此，世界上便出现了两种不同类型的宪法。两者经历了不同的发展历程，有着不同的性质和特征。

我国最早的宪法产生于清朝末年。100多年来，与复杂的政治斗争形势相适应，曾产生过三种不同政治势力所要求的三种不同的宪法：一是清政府、北洋军阀政府和国民党政府的宪法；二是资产阶级民主共和国的宪法；三是人民革命根据地的宪法性文件和中华人民共和国宪法。这几种宪法反映了不同阶级的利益和要求，有着不同的特点。

4. 宪法的类型有哪几种？

根据不同的标准，可以将宪法划分和归纳为不同类型。宪法的分类标准多种多样，主要有：

第一，马克思主义的宪法分类标准。按照历史唯物主义的基本原理，经济基础决定上层建筑。当今世界存在两种不同的经济制度，一种是资本主义经济制度，另一种是社会主义经济制度。同这两种性质不同的经济制度相适应，也有两种不同类型的国家制度，一种是资本主义类型的国家制度，另一种是社会主义类型的国家制度。宪法是国家的根本法，属于一定经济基础的上层建筑。因此，划分宪法类型的基本标准应该是其赖以存在的经济基础和构成上层建筑核心的国家制度。根据这一基本标准，宪法分为两种最基本的类型，一种是资本主义类型的宪法，另一种是社会主义类型的宪法。这种分类一目了然地揭示了宪法的本质属性。

第二，资产阶级学者传统的宪法分类标准。根据宪法的不同外部特征，资产阶级学者对宪法从形式上进行了以下几种分类：（1）根据宪法的表现形式，将宪法分为成文宪法和不成文宪法。成文宪法，是指具有统一法典形式的宪法。不成文宪法，是指不具有统一法典形式，对国家的根本事项的规定散见于不同时期颁布施行的宪法性法律、自然形成的宪法性惯例和宪法性判例。（2）根据创制宪法与创制普通法律在形式和程序方面的差异，将宪法分为刚性宪法与柔性宪法。刚性宪法，是指宪法的修改机关或者修改程序不同于普通法律的宪法。柔性宪法，是指仅由立法机关以一般立法程序修改的宪法。（3）根据宪法制定主体的不同，将宪法分为钦定宪法、协定宪法与民定宪法。钦定宪法，是指按照君主的意志制定的宪法。协定宪法，是指由君主与国民或者国民代表机关协商制定的宪法。民定宪法，是指由国民直接制定或者由其选出的代表机关制定的宪法。

5. 什么是制宪权？

制宪权，亦称宪法制定权，是指制宪主体按照一定的原则创制作为国家根本法的宪法的权力。制宪权理论起源于古希腊、罗马的法治思想以及中世纪的国家根本法思想，但最早系统提出制宪权概念及其理论体系的是法国大革命时期的著名学者西耶斯。此后，随着宪法实践的发展，人们对制宪权的价值给予高度重视，在不同程度上肯定了制宪权的合理性。第二次世界大战以后，随着制宪高潮的兴起，制宪权从一般理论形态演变为具有操作性的概念，从而得到了进一步发展。

制宪权具有以下几个基本特征：（1）正当性。制宪权的行使要服从一定的制宪目的，遵循宪法发展的客观规律。（2）统一性。制宪权作为一种力量或者权限，它的存在形态具有完整性和统一性，不可分割和转让。（3）自律性。制宪权是主权国家独立意志的体现，它的具体运用过程与制宪内容，体现特定民族意志的自律性，不受除本民族意志外的其他意志制约。从一定意义上说，制宪权的自律性是国家独立性的必然要求。（4）阶级性与公共性。一方面，在特定社会发展中，制宪权反映特定统治阶级的意志，具有明显的阶级性；另一方面，制宪权作为人类治理国家经验的总结和升华，在客观上反映着社会公共职能，具有公共性。

制宪权并非绝对的权力，制宪权本身是有界限的。具体说来，制宪权受到以下几个因素的制约：（1）受到宪法目的的制约。一般说来，制宪目的是确定国家权力活动的组织体系与原则，规定公民的权利与义务，以形成社会的统一意志，使宪法具有正当性。具有正当性的宪法，必须正确反映制宪当时的历史、社会和政治情况，反映民众的政治要求。（2）受到法的理念的制约。制宪是在法的领域内进行的，制宪活动当然会受到法的原理的制约。比如，法的理性、平等原则、正义原则等因素都会对制宪过程产生影响。（3）在一定条件下，制宪权受到国际法的制约。这种制约主要表现在战败国制宪权受到战胜国宪法的影响或者制宪当时的国际法的影响。上述三个方面的因素，从不同程度上制约着特定国家制宪权的运用过程与程序，以保证制宪权与制宪目的的一致性。

在我国，宪法没有明确、直接规定制宪权主体。实践中，制宪权是由第一届全国人民代表大会行使的。全国人民代表大会是最高国家权力机关，它不仅行使一般意义上的立法权，即制定和修改法律，还有修改宪法的权力。此外，它还有权监督宪法的实施。

6. 如何理解我国宪法是中国共产党领导中国人民长期奋斗重大成就和历史经验在国家法治上的最高体现？

中国共产党在领导中国人民进行新民主主义革命的伟大斗争中，就开始对人民民主政权的总章程进行探索和实践。先后制定了《中华苏维埃共和国宪法大纲》（1931年）、《陕甘宁边区宪法原则》（1946年）等，在局部地区取得了宝贵的实践经验；毛泽东的《新民主主义论》（1940年）和《论人民民主专政》（1949年）。这些重要实践和思想理论成果，对新中国国家制度、宪法制度的创建和发展，产生了重大而深远的影响。

中华人民共和国的成立，开辟了中国人民当家作主的历史新纪元。1949年9月，中国人民政治协商会议第一届全体会议执行全国人民代表大会的职权，通过了具有临时宪法性质的《中国人民政治协商会议共同纲领》（以下简称共同纲领）。1954年9月，第一届全国人民代表大会第一次会议通过了《中华人民共和国宪法》。这些宪法性文献，确认了近代100多年来中国人民为反对内外敌人、争取民族独立和人民自由幸福进行的英勇斗争和中国共产党领导中国人民夺取新民主主义革命胜利、掌握国家权力的伟大历史变革，确立了新型国家制度和宪法制度的基本架构、根本原则和活动准则，为新中国一切发展进步奠定了根本政治前提和制度基础。

1978年12月，党的十一届三中全会实现历史性转折，开启了改革开放历史新时期，确立了发展社会主义民主、健全社会主义法制的基本方针。我国现行宪法，是根据党的十一届三中全会的路线方针政策，适应改革开放和社会主义现代化建设历史新时期的需要，于1982年12月4日由第五届全国人民代表大会第五次会议通过并公布施行的。1982年宪法确立的许多重要制度、原则和规则，都源于1954年宪法和1949年共同纲领，是在新的历史条件下对它们的继承、完善和发展。1982年宪法公布施行后，根据改革开放和社会主义现代化建设的实践和发展，在党中央领导下，全国人大分别于1988年、1993年、1999年、2004年和2018年，先后五次对1982年宪法的个别条款和部分内容作出必要的修正。五次宪法修改，体现和反映了中国共产党领导全国各族人民进行改革开放和社会主义现代化建设的成功经验,体现和反映了中国特色社会主义道路、理论、制度、文化的发展成果。通过宪法修改,我国宪法在中国特色社会主义伟大实践中紧跟时代步伐,不断与时俱进、完善发展。

中国共产党领导中国人民百年奋斗重大成就和历史经验在国家法治上的最高体现就是宪法。只有紧密结合我们党团结带领人民长期奋斗的光辉历史和辉煌成就,才能深刻认识我国宪法形成和发展的政治基础、社会条件、制度原理、重大原则和实践内涵。新中国成立 70 多年特别是改革开放 40 多年的历程充分证明,我国宪法有力坚持了中国共产党领导,有力保障了人民当家作主,有力促进了改革开放和社会主义现代化建设,有力推动了社会主义法治国家建设进程,有力促进了人权事业发展,有力维护了国家统一、民族团结、社会和谐稳定,是符合国情、符合实际、符合时代发展要求的好宪法。

7. 1954 年宪法是在什么历史条件下制定的?

1949 年 9 月,在全国人民代表大会还未选出的情况下,中国人民政治协商会议代行全国人民代表大会职权,制定了起临时宪法作用的共同纲领。新中国成立初期,大陆地区尚未全部解放,国内战争还在继续,敌对势力十分猖獗,一些地方的社会秩序还不够安定。在这种情况下,召开全国人民代表大会、制宪条件尚不成熟。到 1953 年,国家的政治、经济、文化生活发生了重大变化,召开全国人民代表大会并制定宪法的时机基本成熟。这些变化主要表现在以下几个方面。

第一,社会秩序基本稳定。新中国成立后的两年间,迅速解放了中国的绝大部分领土，基本完成了祖国统一。从1950年冬到1953年春，我国成功地进行了土地改革，彻底摧毁了延续几千年的封建土地制度，解放了农村生产力，巩固了工农联盟和人民民主专政。从1950年10月到1953年秋，在全国范围内进行了镇压反革命运动，基本上清除了国民党逃窜后潜伏下来的特务以及土匪、恶霸、反动党团骨干和反动会道门头子，巩固了新生的人民政权，安定了社会秩序。1953年7月，抗美援朝战争胜利，消除了国际敌对势力对我国新生政权的重大威胁。至此，我国完全具备了制宪所需的环境条件。

第二，人民民主政权建设取得巨大成就。共同纲领颁布后，人民民主政权在全国范围内普遍建立并逐步巩固。中央人民政府委员会、政务院、最高人民法院、最高人民检察署先后成立，地方各级人民政府陆续建立。在人民民主政权建立过程中，各地人民通过直接或者间接选举、推选或者特邀的方式产生自己的代表，组成人民代表会议，管理国家事务和各项社会事务。至1952年年底，全国各省、直辖市和三分之二以上的市，三分之一以上的县和绝大部分的乡，都由人民代表会议代行人民代表大会的职权。全国普选的条件基本成熟。召开全国人民代表大会，以宪法的形式确认人民民主政权，被紧迫地提上了国家议事日程。

第三，社会主义经济制度逐步建立。新中国成立后，经过努力，遭受战争破坏的国民经济迅速得到全面恢复，对农业、手工业和资本主义工商业的社会主义改造取得了很大的成就，全国进入了有计划的经济建设时期。从新民主主义社会过渡到社会主义社会的道路已清晰可循。

第四，制宪理论基本成熟。早在抗日战争时期，毛泽东同志在《新民主主义论》一文中就提出了民主政治的理念，指出中国革命的目的就是要建立一个政治上自由、经济上繁荣和文化上文明先进的中国。中国可以实行人民代表大会制度，并通过真正普遍平等的选举制度，使政权机关包括由人民代表大会选举政府适应各革命阶级在国家中的地位。解放战争后期，毛泽东同志发表了《论人民民主专政》，系统地论述了人民民主专政的国家制度。1954年，毛泽东同志在关于《中华人民共和国宪法草案》的报告中提出了宪法是国家的总章程的论断。他认为，宪法是国家的总章程，是根本大法；搞宪法是搞科学；宪法一经制定就必须实行。毛泽东同志的宪法理论为1954年宪法的制定奠定了理论基础。[①]

1953年1月13日，中央人民政府委员会召开会议，认为召开全国人民代表大会制定宪法的条件已经具备，并决定成立以毛泽东同志为主席的宪法起草委员会。1954年3月，毛泽东同志向宪法起草委员会提交了中共中央拟订的宪法草案初稿，以此作为宪法草案的基础。1954年9月9日，中央人民政府委员会第三十四次会议决定，将宪法起草委员会拟订的宪法草案提交即将召开的全国人民代表大会会议审议。1954年9月20日，第一届全国人民代表大会第一次会议通过了《中华人民共和国宪法》。

8. 我国宪法发展经历了怎样的历程？

1954年宪法颁布后，宪法和宪法的实施普遍受到尊重。1954年宪法颁布后仅两年，我国就完成了宪法规定的过渡时期的总任

[①] 毛泽东：《关于中华人民共和国宪法草案》（一九五四年六月十四日），载中共中央文献研究室编：《建国以来重要文献选编》（第五册），中央文献出版社2011年版，第249—255页。

务。但是，从1957年下半年反右扩大化起到"文化大革命"，宪法实施遭受曲折。1975年1月17日，第四届全国人民代表大会第一次会议对1954年宪法进行了大幅度修改，形成1975年宪法。从形式上看，1975年宪法的条文数量从1954年宪法的106条锐减为30条，各部分比例很不合理，总纲就占了15条，而公民的基本权利和义务仅有4条，全国人民代表大会有3条，国务院有2条，审判机关和检察机关只有1条。1975年宪法以"无产阶级专政下继续革命"的理论为指导思想，是在国家政治生活很不正常的情况下产生的，反映了"文化大革命"中很多错误的观点，抛弃了1954年宪法中很多正确的内容。

"文化大革命"结束以后，国家开始在政治、思想、组织和经济方面进行全面的拨乱反正。1978年3月5日，第五届全国人民代表大会第一次会议通过了我国的第三部宪法。这部宪法除序言外，共4章60条，条文数量比1975年宪法增加了一倍，基本上恢复了1954年宪法关于人民代表大会制度、公民基本权利和义务的规定，但又承袭了1975年宪法关于"无产阶级专政下继续革命"的指导思想，肯定了"文化大革命"，带有明显的缺陷。随着改革开放形势的发展，1978年宪法越来越表现出与客观实际的不适应性。第五届全国人民代表大会第二次会议、第三次会议分别于1979年和1980年对它进行了两次部分修改。

我国现行宪法于1982年公布施行。党的十一届三中全会以后，党和国家领导全国人民全面清理"文化大革命"的错误，恢复并根据新形势制定了一系列正确的方针政策，1978年宪法显然已经不能适应当时的政治经济生活和人民对于建设现代化国家的需要，有必要对它进行系统修正。1982年12月4日，第五届全国人民代表大会第五次会议通过了现行宪法。

9. 为什么说1982年宪法是一部好宪法？

"法者，天下之程式也，万事之仪表也。"我国现行宪法是1982年12月4日在第五届全国人民代表大会第五次会议上通过的，它以国家根本法的形式，确立了一系列制度、原则和规则，制定了一系列大政方针，反映了我国各族人民共同意志和根本利益。现行宪法公布施行以来，我国宪法以其至上的法制地位和强大的法制力量，有力保障了人民当家作主，有力促进了改革开放和社会主义现代化建设，有力推动了社会主义法治国家进程，有力促进了人权事业发展，有力维护了国家统一、民族团结、社会稳定，对我国政治、经济、文化、社会生活产生了极为深刻的影响。

实践充分证明，我国现行宪法是一部好宪法，好就好在符合国情、符合实际、符合时代发展要求，好就好在充分体现人民共同意志、充分保障人民民主权利、充分维护人民根本利益，好就好在推动国家发展进步、保证人民创造幸福生活、保障中华民族实现伟大复兴，好就好在为我们国家和人民经受住各种困难和风险考验、始终沿着中国特色社会主义道路前进提供了根本法治保障。实践充分证明，我国现行宪法具有显著优势、坚实基础、强大生命力，必须坚决维护、长期坚持、全面贯彻。修改宪法部分内容，把党和人民在实践中取得的重大理论创新、实践创新、制度创新成果上升为宪法规定，由宪法及时确认党和人民创造的伟大成就和宝贵经验，是为了更好发挥宪法的规范、引领、推动、保障作用，是实践发展的必然要求。

10. 为什么说我国宪法是党的主张和人民意志的高度集中统一？

我国宪法是在党的领导下充分发扬民主制定的，反映了党的路线和方针政策，反映了全国各族人民的意志和利益，是党的主张和人民意志的高度集中统一。

宪法体现了党的路线和方针政策。我国宪法是在中国共产党的领导下制定的，是党的正确主张的制度化、法律化。宪法的修改，从启动到修改建议的形成，始终都是在党中央的直接领导下进行的。宪法体现了党的正确主张，也体现了广大人民群众的共同意愿。人民的整体意志和根本利益需要由党来进行概括和表达。

宪法反映了全国各族人民的愿望和要求。人民的意志是制定和修改宪法的根据，宪法的制定和修改是根据人民的意愿和要求进行的。宪法修改是严格按照法定程序通过的。严格依法按程序修改宪法，有利于广泛凝聚共识，让宪法更好体现党和人民意志。现行宪法的五次修改，每一次都得到广大人民群众衷心拥护，成为全国各族人民共同遵循，就是因为做到了坚持党的领导，坚持严格依法按程序办事，充分体现了人民的意志，实现了党的主张和人民意志的有机统一。宪法是治国安邦的总章程，在宪法中体现人民的共同意志是人民当家作主最根本的体现。

党的主张与人民共同意志在本质上是统一的。党领导人民制定和修改宪法，把党的主张通过制宪修宪成为国家意志，就是反映人民的意志，因为党的路线和方针政策是广大人民群众愿望、要求、利益的体现。而人民的意志写入宪法的过程又是在党的领导下完成的。离开人民的意志，党的主张就会成为无本之木、无源之水；离开了党的领导，人民的意志就难以集中、上升为宪法的规定。二者相互依存、不可分割。宪法是党的正确主张和人民意志相统一的法律体现。

11. 为什么说宪法具有最高的法律效力？

法律效力，是指法律的强制性和约束力。由于宪法所规定的内容是国家生活中带有全局性、根本性的问题，是国家立法活动的基础，因此它在国家法律体系中具有最高的法律地位和法律效力。我国宪法序言中规定："本宪法以法律的形式确认了中国各族人民奋斗的成果，规定了国家的根本制度和根本任务，是国家的根本法，具有最高的法律效力。"宪法具有最高法律效力，主要表现在以下几个方面。

第一，宪法是其他法律的立法依据。宪法第五条第一款规定："中华人民共和国实行依法治国，建设社会主义法治国家。"依法治国首先是依宪治国，而依宪治国的内在要求是宪法至上。这就意味着宪法在国家和社会生活中具有至高的法律地位。同时，我国实行社会主义市场经济，市场经济需要统一的市场规则，更需要统一的法律制度。而保持法律体系的统一，最根本的就是要统一到宪法。宪法所确立的原则和内容是其他法律的立法基础和立法依据。

第二，宪法是国家的根本法，在中国特色社会主义法律体系中居于统帅地位，与法律相比，具有最高的法律效力。宪法第五条第三款规定："一切法律、行政法规和地方性法规都不得同宪法相抵触。"宪法在法律体系中具有最高的权威，法律、法规的内容和精神都不得与宪法的规定、原则和精神相抵触、相违背。

第三，宪法是一切组织和个人的根本活动准则。我国宪法序言中规定："全国各族人民、一切国家机关和武装力量、各政党和各社会团体、各企业事业组织，都必须以宪法为根本的活动准则，并且负有维护宪法尊严、保证宪法实施的职责。"宪法第五条第四款、第五款规定："一切国家机关和武装力量、各政党和各社会团体、各企业事业组织都必须遵守宪法和法律。一切违反宪法和法律的行为，必须予以追究。任何组织或者个人都不得有超越宪法和法律的特权。"

12. 我国宪法的制定和修改程序与一般法律有什么不同？

宪法是国家的根本法，在中国特色社会主义法律体系中居于统帅地位，是国家长治久安、民族团结、经济发展、社会进步的根本保障。为了维护宪法的权威和尊严，宪法的制定与修改程序均不同于一般法律。

按照宪法第六十二条的规定，只有全国人民代表大会才有权修改宪法，其他任何机关和组织都没有这项权力。1953年1月13日，中央人民政府委员会第二十次会议通过的《关于召开全国人民代表大会及地方各级人民代表大会的决议》提出，于1953年召开由普选产生的地方各级人民代表大会，并在此基础上召开全国人民代表大会，以制定宪法。这表明，制宪权和修宪权在我国从一开始就是统一的。之所以由全国人民代表大会统一行使制宪权和修宪权，这是因为：（1）我国国家的性质要求由全国人民代表大会统一行使这两项权力。我国是人民民主专政的社会主义国家，人民代表大会制度最直接、最全面地体现和反映了这一性质。全国人民通过民主选举产生全国人民代表大会，统一行使最高国家权力，当然包括制定宪法和修改宪法的权力。（2）从形成过程来看，人民代表大会制度是在长期的革命斗争中逐步发展起来的政权组织形式。人民代表大会制度一经产生，就具有历史和逻辑的合法性。最高国家权力机关的制宪权和修宪权是人民直接授予的。

由宪法的特殊重要性所决定，大多数国家的宪法都规定了特殊的宪法修改程序。我国宪法也规定了不同于一般法律的特殊修改程序。（1）提议修改宪法的主体不同。根据宪法第六十四条的规定，宪法的修改，由全国人民代表大会常务委员会或者五分之一以上的全国人民代表大会代表提议。而依据宪法、全国人民代表大会组织法和立法法的有关规定，全国人大主席团、全国人大常委会、国务院、中央军委、最高人民法院、最高人民检察院、全国人大各专门委员会、一个代表团或者三十名以上全国人大代表联名，都可以向全国人大提出法律案；委员长会议、国务院、中央军委、国家监察委员会、最高人民法院、最高人民检察院、全国人大各专门委员会、全国人大常委会组成人员十人以上联名，都可以向全国人大常委会提出法律案。由全国人大常委会或者五分之一以上全国人大代表提议修改宪法，可以保证宪法修改的严肃性，保证宪法修改的提议更加符合人民的意愿和我国的实际。（2）通过的比例要求不同。根据宪法第六十四条的规定，宪法的修改由全国人大以全体代表的三分之二以上的多数通过。全国人民代表大会议事规则还特别规定，宪法的修改，采用投票方式表决。而依据宪法和立法法的规定，法律和其他议案由全国人大以全体代表的过半数通过,或者由全国人大常委会组成人员的过半数通过;对于普通法律案和其他议案的表决方式,法律没有作出规定。(3)公布的机关不同。宪法没有明确规定宪法的修改由谁公布。实践中,四部宪法和现行宪法的五个宪法修正案都是由全国人大以公告方式公布的。而依据宪法和立法法的规定,法律由国家主席公布。关于宪法修改的工作程序和机制,宪法法律中没有进一步详细规定,但在党中央领导下,通过历次宪法修改实践,已经形成了符合宪法精神、行之有效的做法。即先形成《中共中央关于修改宪法部分内容的建议(草案)》,经党中央全会审议和通过;再依法形成《中华人民共和国宪法修正案(草案)》,由全国人大常委会提请全国人民代表大会审议和通过。在党中央领导下,通过历次宪法修改实践,已经形成了符合宪法精神、行之有效的修宪工作程序和机制。先形成《中共中央关于修改宪法部分内容的建议(草案)》,经党中央全会审议和通过;再由全国人大常委会依法形成《中华人民共和国宪法修正案(草案)》,提请全国人民代表大会审议和通过。

13. 什么是宪法解释?

宪法解释,是指宪法制定者或者根据宪法规定享有宪法解释权的国家机关,依据宪法精神对宪法规范的内容、含义和界限所作的说明。宪法解释具有宪法效力。根据宪法精神对宪法规定的内容、含义和界限作出解释,对于保证和监督宪法全面贯彻实施至关重要。面对错综复杂的国际局势和艰巨繁重的国内任务,特别是在全面建成小康社会的决定性阶段,依法解决改革发展所面临的新情况、新问题,都需要注重运用宪法解释。具体来说,宪法解释具有阐释宪法精神，补充宪法缺漏，适应社会发展，保障宪法权威，维护法制统一的作用。

根据不同的标准，可以将宪法解释分为不同种类：（1）根据解释的目的和意义不同，可以将宪法解释分为补充解释与合宪解释；（2）根据解释的方法不同，可以将宪法解释分为文法解释、逻辑解释、历史解释与系统解释；（3）根据解释的尺度不同，可以将宪法解释分为字面解释、扩充解释与限制解释。

根据我国宪法第六十七条的规定，全国人大常委会负责解释宪法。宪法解释制度在我国的建立，经历了一个发展过程。1954年宪法对宪法解释问题没有作出明确规定，只规定全国人大监督宪法的实施，全国人大常委会有权解释法律。1978年宪法总结了以往的经验教训，不仅明确规定全国人大有权监督宪法和法律的实施，而且把解释宪法和法律作为全国人大常委会的一项职权明确规定下来。1982年宪法在确认1978年宪法规定的同时，增加规定全国人大常委会也有监督宪法实施的权力，从而使我国宪法解释制度进一步具体化和完善化。

当前，我国宪法解释的程序还不明确，机制还不具体。党的十八届四中全会强调"健全宪法解释程序机制"；党的十九届四中全会强调"落实宪法解释程序机制"。贯彻党中央要求，就要在实践中探索建立宪法解释制度，包括提请的主体、条件，宪法解释请求的提起、受理程序，以及宪法解释的形式、审议程序等具体规定，保证宪法解释制度的贯彻落实，同宪法修改等优势互补，与法律解释等同步推进，使我国宪法在保持稳定性和权威性的基础上与时俱进。

14. 宪法解释的原则是什么？

宪法解释，必须遵循一定的原则。概括起来，各国普遍采用的宪法解释原则主要有以下四条。

第一，恪守宪法精神原则。宪法解释活动必须始终恪守并维护宪法的根本精神和基本原则，而不能与之相悖。否则，宪法的权威、法制的统一就无法维护。宪法精神是宪法的灵魂，是维系国家宪法制度的基础。因此，恪守宪法精神是宪法解释的首要原则。

第二，适应社会需要原则。宪法解释制度存在的逻辑基础在于解决宪法规范与社会现实之间的矛盾。因此，宪法解释必须适应社会发展的需要。否则宪法解释将丧失其存在的正当性。当然，适应社会需要必须在恪守宪法精神的前提下进行。特别是对于宪法有关制度中具有广泛共识的发展，又不必修改宪法的，可以通过宪法解释予以明确。

第三，遵循法定程序原则。一切国家公共权力的行使都必须遵循法定程序，这是现代法治的基本要求。宪法解释作为宪法解释主体行使宪法解释权的专门活动，同样需要遵守法定程序。宪法解释程序的设定，不仅能够规范、制约宪法解释权的行使，也是确保宪法解释权合理运作的有效措施。

第四，系统整体解释原则。任何一部宪法都是一个有机整体，其内容、条文、结构之间互相联系、密不可分。因此，宪法解释主体在对一项宪法规范进行解释时，不能孤立地进行，而要将这项规范置于宪法系统之下，综合考虑宪法的原则、精神以及这项规范与其他规范的联系，以整体的观点来阐明这一宪法规范的内涵。系统整体解释原则的功能就在于维护宪法规范之间的统一，避免宪法规范相互矛盾。

15. 什么是宪法实施监督制度？

宪法实施监督制度是为保证宪法正确实施进行监督的制度。它是维护宪法权威和尊严的一项重要制度，是现代民主政治的重要组成部分。

宪法监督有广义和狭义之分。广义的宪法监督，是指对有关涉宪活动实行的全面监督。就监督主体来说，除宪法监督的专门机关外，还包括其他国家机关、政党、人民团体、群众组织以及公民。就监督对象来说，既包括国家机关的活动，也包括公民个人的活动以及政党、人民团体、群众组织的活动。狭义的宪法监督，是指负有宪法监督职能的机关按照法定程序对特定事项的合宪性进行审查和监督。

宪法监督的范围，各国有所不同。首先是要解决法律及其他法律文件的合宪性问题；其次是监督国家机关及其工作人员行为的合宪性，审查国家机关之间的权限纠纷等。在联邦制国家，宪法监督制度还明确了中央与地方权限，防止一方权力滥用。

由于历史和现实条件不同，不同国家的宪法监督机关各有不同，主要有以下三种类型：(1)由立法机关（议会）监督宪法的实施。这些国家由立法机关解释宪法和法律，监督宪法的实施，审查法律、法规和行政措施是否合宪。(2)由司法机关监督宪法的实施。这些国家一般由最高法院解释宪法，审查法律是否合宪。(3)由专门机构监督宪法的实施。这些国家设立专门机构，如宪法委员会、宪法法院等，履行解释宪法、监督宪法实施的职责。

宪法监督机关不同，监督方式也相应地有所不同。由立法机关监督宪法实施的，主要采取书面审查和规范审查的方式。在这种体制下，立法机关可以自己主动审查，也可以应请求进行审查，主要是审查法律规范的内容是否合乎宪法。由司法机关监督宪法实施的，宪法监督方式与普通法院的诉讼方式相同，既是依请求的被动式审查，又是个案审查。由专门机构监督宪法实施的，宪法委员会或者宪法法院的监督方式各有不同，有的实行事后监督制，有的实行事前监督制。

16. 我国实行什么样的宪法监督制度？

宪法的生命在于实施，宪法的权威也在于实施。全面贯彻实施宪法，是建设社会主义法治国家的首要任务和基础性工作。我国是人民当家作主的国家，国家的一切权力属于人民。人民通过选举自己的代表组成人民代表大会来行使当家作主的权力，人民代表大会制度是我国的根本政治制度。因此，在宪法监督制度的设计上，我国既不像多数普通法系国家那样，由司法机关行使宪法监督权，也不同于大多数大陆法系国家，由专门的宪法监督机构来行使宪法监督权。我国实行的是由最高国家权力机关，即全国人大及其常委会监督宪法实施的体制。这体现了全国人大是最高国家权力机关，代表人民统一行使国家权力，实践证明符合我国国情。

根据宪法的规定，全国人大及其常委会对宪法实施的监督主要包括以下几个方面：（1）全面发挥宪法在立法中的核心地位功能，每一个立法环节都把好宪法关，在工作机制上主要是通过全国人大宪法和法律委员会的相关工作，确保全国人大及其常委会通过的法律和作出的决定决议符合宪法精神、体现宪法权威、保证宪法实施；同时，全国人大有权改变或者撤销全国人大常委会制定的不适当的法律和决定。（2）对国务院的行政法规、决定和命令进行监督，全国人大常委会有权撤销国务院制定的同宪法、法律相抵触的行政法规、决定和命令。（3）对国家监察委员会、最高人民法院和最高人民检察院的工作进行监督，对监察法规、司法解释进行备案审查监督。（4）对省级国家权力机关制定的地方性法规和决议进行监督，全国人大常委会有权撤销省、自治区、直辖市国家权力机关制定和批准的同宪法、法律、行政法规相抵触的地方性法规和决议。宪法和地方各级人民代表大会和地方各级人民政府组织法（以下简称地方组织法）还规定，地方各级人民代表大会在本行政区域内，保证宪法的遵守和执行。

新时代以来，以习近平同志为核心的党中央一直重视宪法监督制度和工作。党的十八届四中全会决定强调，完善全国人大及其常委会宪法监督制度，既突出了全国人大及其常委会具有最高的宪法监督权，又指明了推进宪法监督制度化的努力方向。制度化最主要的内容，是健全宪法监督的机制和程序，明确宪法监督的对象、范围、方式，将宪法的原则性要求具体化、程序化，使宪法监督更规范、更有力。党的十九大报告进一步提出："加强宪法实施和监督，推进合宪性审查工作，维护宪法权威。"党的十九届四中全会提出："健全保证宪法全面实施的体制机制……加强宪法实施和监督，落实宪法解释程序机制，推进合宪性审查工作，加强备案审查制度和能力建设，依法撤销和纠正违宪违法的规范性文件。坚持宪法法律至上，健全法律面前人人平等保障机制，维护国家法制统一、尊严、权威，一切违反宪法法律的行为都必须予以追究。"党的二十大提出:"加强宪法实施和监督,健全保证宪法全面实施的制度体系,更好发挥宪法在治国理政中的重要作用,维护宪法权威。"

2018年宪法修改,将全国人大法律委员会更名为宪法和法律委员会。全国人大常委会通过《关于宪法和法律委员会职责问题的决定》,规定宪法和法律委员会在继续承担统一审议法律草案等工作的基础上,增加推动宪法实施、开展宪法解释、推进合宪性审查、加强宪法监督、配合宪法宣传等工作职责。

17. 怎样看待宪法的稳定和发展之间的关系?

宪法的稳定,是指宪法确立的指导思想、根本制度、基本原则等内容保持不变。宪法的发展,是指由于政治、经济、社会形势发生重大变化,出现宪法的内容与现实生活不相适应的情况时,依照法定程序对宪法有关内容和条款进行修改、删除和补充。宪法是国家的根本法,必须保持稳定,但宪法又不能不随着社会生活的发展而发展,宪法的稳定和发展之间是辩证统一的关系,并且是在社会实践中统一起来的。

第一,维护宪法的稳定是由宪法的特殊地位所决定的。宪法是国家根本法,它规定国家的根本制度和基本原则,确立符合政治、经济方面占主导地位的阶级或者阶层的政治价值观念,组织国家政权机关,确认国家权力来源,规定国家与公民之间的关系、中央与地方之间的关系。从效力看,宪法是母法,具有最高法律效力。国家的一切权力都来源于宪法,否则便不具有合法性。宪法规定国家生活各个方面最重要、最根本的问题,决定了宪法必然成为国家生活一切重要方面的基础。从这个意义上说,国家是否稳定,取决于宪法是否稳定。

第二,宪法的性质和特点决定了宪法必须与时俱进。首先,宪法体现制宪者的治国理念和基本国策,规定国家的根本任务和发展目标。制宪者指导思想的发展,国家发展目标的调整,往往成为修改宪法的重要理由。其次,受历史条件和认识水平的限制,制宪者不可能在制宪时就事先预见未来的一切,宪法应当通过一定的制度和机制不断发展和完善。宪法作为上层建筑中的顶层环节,是以社会生活为基础的,社会生活发展变化,要求宪法随之发展。宪法是为解决特定时期社会面临的根本问题而制定的,它的内容取决于当时的社会物质生活条件。因此,宪法赖以存在和发挥作用的基础是宪法与社会生活的一致性。社会生活发生变化,宪法赖以存在和发挥作用的基础也就发生了变化。如果不通过一定的制度和机制将变化了的现实反映到宪法中去,就难以保证新的历史条件下宪法与社会生活的一致性。宪法只有不断适应新形势、吸纳新经验、确认新成果,才能具有持久生命力。

第三,宪法的稳定和发展是辩证统一的关系。马克思主义认为,任何事物都有两面性,都是对立的统一。宪法的稳定和发展就是对立统一的关系。一方面,宪法文本的任何修改都会或多或少地影响宪法的稳定性。另一方面,宪法的稳定又依赖于宪法的发展。因为,宪法稳定的价值在于宪法与社会生活的一致性,如果宪法与现实生活发生脱节,制宪者又不采取措施协调宪法与变化后的社会生活不相一致的关系,那么宪法的权威就会受到损害。从这种意义上说,宪法的发展增强了宪法的稳定性。宪法的稳定不是说宪法一成不变,宪法的发展也不是任意的、不必要的频繁变更,它必须遵循法定的程序,不改变宪法确立的根本制度和基本原则。

1988年、1993年、1999年、2004年、2018年，全国人大分别对我国宪法个别条款和部分内容作出必要的也是十分重要的修正，使我国宪法在保持稳定性和权威性的基础上紧跟时代前进步伐，不断与时俱进。现行宪法公布施行以来的发展历程充分证明，我国宪法是符合国情、符合实际、符合时代发展要求的好宪法，是充分体现人民共同意志、充分保障人民民主权利、充分维护人民根本利益的好宪法，是推动国家发展进步、保证人民创造幸福生活、保障中华民族实现伟大复兴的好宪法，是我们国家和人民经受住各种困难和风险考验、始终沿中国特色社会主义道路前进的根本法制保证。基于我国现行宪法是一部好宪法的前提，历次修宪都遵循保证宪法稳定性和适应性相统一的原则，对各方面普遍要求修改、实践证明成熟、具有广泛共识、需要在宪法上予以体现和规范、非改不可的，进行必要的、适当的修改；对不成熟、有争议、有待进一步研究的，不作修改；对可改可不改、可以通过有关法律或者宪法解释予以明确的，原则上不作修改，保持宪法的连续性、稳定性、权威性。

18. 现行宪法进行过几次修改？修改了哪些内容？

1982年宪法实施以来，改革开放不断深化，社会主义现代化建设蓬勃发展，社会生活发生了深刻变化，宪法的有些规定已不能完全适应社会实践发展的客观要求。根据社会经济生活发生的变化，对宪法有关规定进行相应的修改是完全必要的。1982年宪法通过以后，全国人大对宪法作过五次修改，共形成52条修正案。

1988年对现行宪法进行了第一次修改。1988年4月12日，第七届全国人民代表大会第一次会议通过了宪法修正案，共2条，内容是：（1）国家允许私营经济在法律规定的范围内存在和发展。（2）对土地不得出租的规定作了修改，规定土地的使用权可以依照法律的规定转让。

1993年对现行宪法进行了第二次修改。1993年3月29日，第八届全国人民代表大会第一次会议通过了宪法修正案，共9条，主要内容是：（1）在宪法序言第七自然段中更加完整地表述党的基本路线，增加了"我国正处于社会主义初级阶段""建设有中国特色社会主义的理论""坚持改革开放"等内容。（2）将宪法第十五条关于国家实行计划经济的规定修改为："国家实行社会主义市场经济。""国家加强经济立法，完善宏观调控。"并相应地将宪法第十六条关于"国营企业在服从国家的统一领导和全面完成国家计划的前提下，在法律规定的范围内，有经营管理的自主权"的规定修改为"国有企业在法律规定的范围内有权自主经营"；将宪法第十七条关于"集体经济组织在接受国家计划指导和遵守有关法律的前提下，有独立进行经济活动的自主权"的规定修改为"集体经济组织在遵守有关法律的前提下，有独立进行经济活动的自主权"。（3）删去宪法第八条中的"农村人民公社"，增加规定家庭联产承包责任制的内容。（4）将宪法有关条文中的"国营经济"改为"国有经济"。（5）在宪法序言第十自然段中增加规定："中国共产党领导的多党合作和政治协商制度将长期存在和发展。"（6）将县级人民代表大会的任期由3年改为5年。

1999年对现行宪法进行了第三次修改。1999年3月15日，第九届全国人民代表大会第二次会议通过了宪法修正案，共6条，主要内容是：（1）确立了邓小平理论的指导思想地位。（2）增加规定"中华人民共和国实行依法治国,建设社会主义法治国家"。(3)增加规定社会主义初级阶段的基本经济制度和分配制度。(4)规定"农村集体经济组织实行家庭承包经营为基础、统分结合的双层经营体制"。(5)增加规定"在法律规定范围内的个体经济、私营经济等非公有制经济,是社会主义市场经济的重要组成部分"。(6)将镇压"反革命的活动",修改为镇压"危害国家安全的犯罪活动"。

2004年对现行宪法进行了第四次修改。2004年3月14日,第十届全国人民代表大会第二次会议通过了宪法修正案,共14条,主要内容是:(1)确立"三个代表"重要思想在国家政治和社会生活中的指导地位;(2)增加"推动物质文明、政治文明和精神文明协调发展"的内容;(3)在统一战线的表述中增加"社会主义事业的建设者";(4)进一步明确国家对发展非公有制经济的方针;(5)完善私有财产保护制度;(6)完善土地征用制度;(7)增加建立健全社会保障制度的规定;(8)增加尊重和保障人权的规定;(9)在全国人民代表大会组成的规定中增加"特别行政区";(10)完善紧急状态制度;(11)在国家主席职权的规定中增加"进行国事活动";(12)将乡镇人民代表大会的任期由3年改为5年;(13)增加关于国歌的规定。

2018年对现行宪法进行了第五次修改。2018年3月11日,第十三届全国人民代表大会第一次会议通过了宪法修正案,共21条,主要内容是:(1)确立科学发展观、习近平新时代中国特色社会主义思想在国家政治和社会生活中的指导地位;(2)调整充实中国特色社会主义事业总体布局和第二个百年奋斗目标的内容;(3)完善依法治国和宪法实施举措;(4)充实完善我国革命和建设发展历程的内容;(5)充实完善爱国统一战线和民族关系的内容；（6）充实和平外交政策方面的内容；（7）充实坚持和加强中国共产党全面领导的内容；（8）增加倡导社会主义核心价值观的内容；（9）修改国家主席任期方面的有关规定；（10）增加设区的市制定地方性法规的规定；（11）增加有关监察委员会的各项规定。

19. 新时代我国宪法制度有哪些创新发展？

党的十八大以来，以习近平同志为核心的党中央把宪法摆在全面依法治国战略布局的突出位置，高度重视发挥宪法的国家根本法作用，推动宪法制度实践创新和与时俱进，取得一系列新成效、新经验。

一是通过完备的法律保证宪法实施，通过推进国家各项事业和各方面工作实施宪法确定的大政方针和基本政策。

二是设立国家宪法日。为增强全社会宪法意识，弘扬宪法精神，全国人大常委会2014年作出决定，将12月4日设立为国家宪法日。通过国家宪法日，集中开展宪法宣传教育，使宪法精神深入人心，以宪法精神凝心聚力，推动宪法全面贯彻实施。

三是实行宪法宣誓制度。全国人大常委会2015年作出相关决定，2018年进行修订并在修宪时写入宪法，规定国家工作人员就职时应当依照法律规定公开进行宪法宣誓，集中体现了国家工作人员对祖国对人民应有的忠诚、担当和庄严承诺，具有重要教育和激励意义。

四是实施宪法规定的有关制度。宪法中有一些规定具有直接实施、直接适用的性质。例如，我国宪法规定了特赦制度，全国人大常委会于2015年、2019年先后两次依据宪法有关规定作出关于对部分服刑罪犯实施特赦的决定，国家主席发布特赦令。

五是根据宪法精神作出创制性安排。例如，2016年，全国人大常委会根据宪法精神和有关法律原则，对以前未曾遇到过的新情况、新问题进行研究，采取创制性办法，及时妥善处理拉票贿选案，保证有关地方人大及其常委会正常运行和履职。

六是运用宪法精神凝聚立法共识。例如，2024年，在制定修改国务院组织法、各级人民代表大会常务委员会监督法（以下简称监督法）、监察法、突发事件应对法、学前教育法、文物保护法和关于实施渐进式延迟法定退休年龄的决定等过程中，针对有关方面提出的合宪性问题进行审查，全国人大宪法法律委、常委会法工委研究提出合宪性、涉宪性问题研究意见，阐释草案实施宪法的重要意义，遵循宪法规定和宪法原则作出适当处理，确保宪法得到完整准确全面贯彻实施。全年形成20余件合宪性、涉宪性问题研究意见，并通过全国人民代表大会、全国人大常委会会议参阅文件和参阅资料、全国人民代表大会年鉴等多种形式予以刊载，为全国人大代表、常委会组成人员及其他有关方面提供参考，推动在宪法框架内统一认识、凝聚共识。

七是开展合宪性审查工作。党的二十届三中全会强调，"完善合宪性审查、备案审查制度"。全国人大及其常委会扎实推进合宪性审查工作，在每一个立法环节都把好宪法关，努力使每一项立法都符合宪法精神、体现宪法权威、保证宪法实施。对立法中涉及宪法的问题，有关方面都进行了合宪性审查，遵循宪法规定和宪法原则作出适当处理，在备案审查工作中认真研究和妥善处理合宪性、涉宪性问题。

八是创制性运用宪法制度和宪法规定应对治国理政中遇到的重大风险挑战，全面准确、坚定不移贯彻"一国两制"方针的重大举措,根据宪法和香港特别行政区基本法作出的具有重要宪制意义的新制度安排,推动香港局势实现由乱到治的重大转折。

20. 我国宪法序言的主要内容是什么?

我国宪法的序言具有丰富的历史和现实内涵,是宪法的重要组成部分,是正确理解宪法、准确适用宪法,指导和推进社会主义现代化建设各项事业的重要依据。

第一,宪法序言如实记载了1840年以来中国革命、建设、改革的历史及其成果,真实地反映了中国近代史发展的客观规律和基本经验。这是全国各族人民具有的共同认识,是理解我国国体、政体、国家结构形式、民族政策等一系列重大宪法问题的基础。

第二,序言总结了历史上正反两方面的经验,规定了国家在社会主义初级阶段的根本任务。序言确定"我国将长期处于社会主义初级阶段",这是对我国所处发展阶段的正确判断和科学定位。序言正确分析了我国现阶段的阶级状况和阶级斗争形势,指出"在我国,剥削阶级作为阶级已经消灭,但是阶级斗争还将在一定范围内长期存在。中国人民对敌视和破坏我国社会主义制度的国内外的敌对势力和敌对分子,必须进行斗争"。这表明,阶级斗争已经不是主要矛盾。正是在对上述问题作出正确判断的基础上,序言规定国家的根本任务是,沿着中国特色社会主义道路,集中力量进行社会主义现代化建设。中国各族人民将继续在中国共产党领导下,在马克思列宁主义、毛泽东思想、邓小平理论、"三个代表"重要思想、科学发展观、习近平新时代中国特色社会主义思想指引下,坚持人民民主专政,坚持社会主义道路，坚持改革开放，不断完善社会主义的各项制度，发展社会主义市场经济，发展社会主义民主，健全社会主义法治，贯彻新发展理念，自力更生，艰苦奋斗，逐步实现工业、农业、国防和科学技术的现代化，推动物质文明、政治文明、精神文明、社会文明、生态文明协调发展，把我国建设成为富强民主文明和谐美丽的社会主义现代化强国，实现中华民族伟大复兴。

第三，序言明确了实现国家根本任务的基本原则。（1）把四项基本原则肯定下来。这是我国近代史最基本的经验总结，是全国各族人民团结奋斗的共同政治基础，是我国社会主义现代化建设取得成功的根本保证。（2）规定坚持改革开放，不断完善社会主义的各项制度。这是保持社会主义制度的生机和活力，推动国家各项改革事业顺利发展的重要保证。（3）规定国家发展社会主义市场经济。这将极大地推动生产的发展和经济的繁荣。（4）规定国家发展社会主义民主，健全社会主义法治。这有利于实现人民当家作主的民主权利，维护人民的权利和自由。（5）规定国家巩固和发展爱国统一战线，坚持和完善中国共产党领导的多党合作和政治协商制度，确立和加强平等团结互助和谐的社会主义民族关系，推动构建人类命运共同体，加强同世界各国人民的团结。这些规定将极大地调动各方面建设社会主义国家的积极性、主动性和创造性，集中全国各族人民的智慧和力量，发展同各国的外交关系和经济、文化交流，更快、更好地实现建设富强民主文明和谐美丽的社会主义国家的目标。

第四，序言规定，宪法具有最高法律效力，是一切组织和个人的根本活动准则。在宪法中确认宪法的最高法律地位，确认宪法的法律性和规范性，对于保证宪法的贯彻实施具有十分重要的意义。

21. 我国宪法序言的法律效力是怎样的？

宪法序言具有最高法律效力，是我国宪法最重要的特征之一，也是我国宪法与其他许多国家宪法的重大区别。宪法序言是我国宪法的灵魂，是宪法的重要组成部分，同现行宪法各章节一样具有最高法律效力。

其一，我国宪法序言明确规定："本宪法以法律的形式确认了中国各族人民奋斗的成果，规定了国家的根本制度和根本任务，是国家的根本法，具有最高的法律效力。"我国宪法最大的特色之一，就是在宪法序言中明确规定中华人民共和国宪法具有最高法律效力。全国各族人民、一切国家机关和武装力量、各政党和各社会团体、各企业事业组织，都必须以宪法为根本的活动准则，并且负有维护宪法尊严、保证宪法实施的职责。这是我国宪法作为整体具有最高法律效力的根本法律依据。如果宪法序言没有法律效力，就意味着宪法序言规定的上述内容没有法律约束力，这就等于否定了我国宪法是国家根本法、具有最高法律效力的最终法律依据，否定了我国整部宪法的法律效力基础。

其二，宪法序言是宪法不可分割的有机组成部分。我国现行宪法是一个有机整体，其所有内容共同构成宪法并产生宪法的最高法律效力。宪法及其法律效力具有整体性和不可分解性，任何将宪法序言与宪法总纲、宪法具体条文区分开来，进而认为宪法序言没有法律效力的观点，都是错误的。如果有人硬要把宪法的所有要素肢解开来，作出有无法律效力的区分，那么当把宪法的标点符号、数字、文字、段落等分解出来后，宪法本身就不复存在了，更谈何宪法及其序言的法律效力？所以，我国宪法作为一个完整的不可分割的有机整体，宪法的每一个组成部分都是具有法律效力的。

其三，宪法序言对宪法条文具有统领性和指导性，宪法条文的具体规定是宪法序言规定的基本价值和原则的具体化和条文化。总纲中许多规定特别是有关国家基本国策的规定，是对宪法序言规定的国家根本任务、奋斗目标等的具体实现方式。此外，宪法序言对宪法解释和宪法修改具有约束力，序言规定的指导思想和基本原则是宪法解释和修改最重要的理据，序言对我国历史和基本国情的判断是宪法解释和修改最基本的立足点。一般立法、执法、司法都不得违反宪法序言的基本原则和立宪精神。

因此，我国宪法序言集中体现了党的主张和人民意志的有机统一，是宪法的灵魂，同宪法条文一样，具有宪法效力。

22. 什么是宪法相关法？哪些法律属于宪法相关法？

宪法相关法是指与宪法相配套、直接保障宪法实施和国家政权运作等方面的法律规范，调整国家政治关系，主要包括国家机构的产生、组织、职权和基本工作原则方面的法律，民族区域自治制度、特别行政区制度、基层群众自治制度方面的法律，维护国家主权、领土完整、国家安全、国家标志象征方面的法律，保障公民基本政治权利方面的法律。

我国制定了全国人民代表大会和地方各级人民代表大会选举法（以下简称选举法）、地方组织法等法律，建立了人民代表大会代表和国家机构领导人员选举制度，为保证人民当家作主提供了制度保障，为国家机构的产生提供了合法基础；制定了全国人民代表大会组织法、国务院组织法、监察法、人民法院组织法、人民检察院组织法等法律，建立了有关国家机构的组织、职权和权限等方面的制度；制定了民族区域自治法，实行民族区域自治制度，充分尊重和保障各少数民族管理本民族内部事务的权利，依法保障各少数民族的合法权益；为贯彻落实"一国两制"方针，实现国家统一，制定了香港特别行政区基本法、澳门特别行政区基本法，建立了特别行政区制度，保持了香港、澳门的长期繁荣和稳定；制定了城市居民委员会组织法和村民委员会组织法，建立了城乡基层群众自治制度；制定了对外关系法、陆地国界法、缔结条约程序法、领海及毗连区法、专属经济区和大陆架法、反分裂国家法、外国国家豁免法和国旗法、国徽法、国歌法等法律，建立了国家对外交往和维护国家主权和领土完整的法律制度，捍卫了国家的根本利益；制定了国家赔偿法等法律，保障了公民基本政治权利，有效保障公民、法人和其他组织依法取得国家赔偿的权利。

23. 我国宪法相关法经历了怎样的发展历程？

宪法相关法作为中国特色社会主义法律体系的重要组成部门，伴随着新中国的建立和社会主义现代化建设的伟大实践，与其他部门法一样，也经历了一段不平凡的发展历程。宪法相关法的历史发展与我国的民主政治发展密切相连。历史表明，凡是我国民主政治发展比较好的时期，宪法相关法的发展也比较好；反之，一旦我国民主政治建设遭到忽视和破坏，宪法相关法的发展就会出现停滞甚至倒退。我国宪法相关法的历史发展大体上可以划分为以下两个时期。

第一，创建时期。这个时期从1949年共同纲领的制定至20

世纪 50 年代末期。这个时期颁布了具有临时宪法性质的共同纲领和 1954 年宪法，制定了选举法和一系列国家机构组织法，初步开创了宪法相关法部门。

1949 年 9 月，中国人民政治协商会议第一届全体会议一致通过了共同纲领、中国人民政治协商会议组织法，中央人民政府组织法，关于中华人民共和国国都、纪年、国歌、国旗的决议和关于中华人民共和国国庆日的决议。共同纲领及其他法律文件为中华人民共和国的成立提供了法律基础。

此后，根据新中国政权建设的需要，从 1949 年到 1954 年第一届全国人民代表大会召开，中央人民政府及政务院先后制定了政务院及其所属各机关组织通则（1949 年）、省各界人民代表会议组织通则（1949 年）、市各界人民代表会议组织通则（1949 年）、县各界人民代表会议组织通则（1949 年）、大行政区人民政府委员会组织通则（1949 年）、大城市区各界人民代表会议组织通则（1951 年）、区各界人民代表会议组织通则（1951 年）、乡（行政村）人民代表会议组织通则（1951 年）、人民法院暂行组织条例（1951 年）、中央人民政府最高人民检察署暂行组织条例（1951 年）、各级地方人民检察署组织通则（1951 年）、民族区域自治实施纲要（1952 年）等一系列宪法相关法，为我国各级政权建设提供了法律保障，为后来制定有关法律积累了经验。

1953 年 2 月 11 日中央人民政府委员会第二十二次会议讨论通过了全国人民代表大会及地方各级人民代表大会选举法。选举法的颁布实施，标志着我国民主政治建设进入了一个新的发展阶段，为普选产生第一届地方各级人民代表大会，并进而为选举产生第一届全国人民代表大会提供了法律基础。

1954 年 9 月 20 日，第一届全国人民代表大会第一次会议通过了宪法。为保证宪法的实施，还通过了全国人民代表大会组织法、地方组织法、国务院组织法、人民法院组织法、人民检察院组织法等宪法相关法。1955年7月，第一届全国人民代表大会第二次会议又通过了兵役法和关于授权常务委员会制定单行法规的决议。这个时期，全国人大常委会还相继通过了关于同外国缔结条约的批准手续的决定（1954年）、城市居民委员会组织条例（1954年）、公安派出所组织条例（1954年）、城市街道办事处组织条例（1954年）、中国人民解放军军官服役条例（1955年）、县级以上人民委员会任免国家机关工作人员条例（1957年）等宪法相关法。这些宪法相关法的颁布实施，对保证1954年宪法的实施起到积极的作用，也使宪法相关法作为一个法律部门初具雏形。

从20世纪50年代末开始，除全国人大常委会通过了几个关于特赦的决定外，没有制定新的宪法相关法。整个"文化大革命"期间，宪法相关法遭受严重破坏，宪法相关法的立法和实施实际处于停滞甚至是倒退状态。

第二，恢复与全面发展时期。这个时期从1978年党的十一届三中全会开始至今。党的十一届三中全会以后，我国进入了一个新的历史发展时期，宪法相关法的立法工作也进入了一个快速恢复时期。1982年宪法的制定和实施，标志着党和国家在指导思想上拨乱反正任务的胜利完成。自此，我国宪法相关法的立法与国家的其他各项工作一样，进入了一个全面发展的时期，取得了辉煌的成就。

党的十一届三中全会后，为尽快恢复人民代表大会制度和司法制度，1979年第五届全国人民代表大会第二次会议通过了新的选举法、地方组织法、人民法院组织法和人民检察院组织法。新的选举法和地方组织法总结新中国成立以来我国选举制度和人民代表大会制度建设的经验、教训，在选举制度和地方各级人大制度建设方面作出许多重要的改革。例如，把原来等额选举各级人大代表和地方国家机关领导人的做法改为差额选举；把原来由选民直接选举人大代表的范围由乡级扩大到县乡两级；在县级以上地方各级人大设立常委会，作为本级人大的常设机构；等等。人民法院组织法和人民检察院组织法则对法院和检察院的组织、人员任免、职权等内容作了规定，使我国的人民司法制度得以迅速恢复。这个时期全国人大及其常委会还通过了国籍法、解放军选举全国人大和地方各级人大代表的办法等法律，为我国宪法相关法的恢复和全面发展奠定了基础。党的十一届三中全会以后，我国的政治生活、经济生活和文化生活发生了深刻的变化，进入了一个改革开放新时期。1982年12月4日，第五届全国人民代表大会第五次会议通过了现行宪法。之后，全国人大采用修正案的方式分别于1988年、1993年、1999年、2004年、2018年对宪法进行了五次修改。伴随宪法的修改，宪法相关法也进入了全面发展阶段。

（1）国家机构组织和基本工作制度方面法律的制定与完善

1954年第一届全国人民代表大会第一次会议曾制定全国人民代表大会组织法和国务院组织法，以后虽历次修宪，但全国人民代表大会组织法和国务院组织法未作修改。1982年宪法对国家政治体制作了若干重大修改，因此在通过宪法的第五届全国人民代表大会第五次会议上，根据宪法的规定，对全国人民代表大会组织法和国务院组织法作了重新修订。这次会议还根据新宪法的有关规定和实际情况，对选举法和地方组织法作了相应修改。此后，选举法和地方组织法分别于1986年、1995年和2004年又进行了修改，着重完善了差额选举制度、地方人大的组织制度和工作制度等内容。2010年3月14日，第十一届全国人民代表大会第三次会议对选举法进行了第五次部分修改。通过这次修改，实行了城乡按相同人口比例选举人大代表。2015年，全国人大常委会对地方组织法、选举法、代表法作出修改，完善了代表资格审查、县乡人大制度等方面的内容。2020年，全国人大常委会对选举法进行了第七次修改，增加了基层人大代表的数量。2021年，全国人大修改了全国人民代表大会组织法和全国人民代表大会议事规则；全国人大常委会修改了全国人大常委会议事规则。2022年，全国人大修改了地方组织法。2023年，全国人大对立法法进行了第二次修改。

为完善我国司法制度，全国人大常委会分别于1983年、1986年和2006年对人民法院组织法进行了三次修改，于1983年、1986年对人民检察院组织法进行了两次修改。2018年，全国人大常委会对人民法院组织法和人民检察院组织法作出修订。1995年制定了法官法和检察官法，对各级法院和检察院的组织、人员任免、职权和基本工作程序等作了具体规定，并于2019年作出修订。

为了规范立法活动，健全国家立法制度，建立和完善有中国特色社会主义法律体系，2000年第九届全国人民代表大会第三次会议通过了立法法。为保障全国人大常委会和县级以上地方各级人大常委会依法行使监督职权，发展社会主义民主，推进依法治国，2006年第十届全国人民代表大会常务委员会第二十三次会议通过了监督法。立法法和监督法的颁布实施，为形成中国特色社会主义法律体系，推进依法治国，建设社会主义国家，发挥了重要的作用。2015年，立法法进行了首次修改，进一步完善了立法体制和程序。

(2) 民族区域自治和基层民主制度的完善

民族区域自治制度是我国的一项基本政治制度。为保证民族区域自治制度贯彻落实，1984年5月第六届全国人民代表大会第二次会议通过了民族区域自治法，对民族自治地方的建立和自治机关的组成、自治机关的自治权、民族自治地方的人民法院和人民检察院、民族自治地方内的民族关系、上级国家机关对民族自治地方的领导和支持等问题作出规定。2001年2月第九届全国人民代表大会常务委员会第二十次会议根据建立社会主义市场经济体制的新形势，又对民族区域自治法中关于经济体制和上级国家机关对民族自治地方的支持和帮助等方面的内容进行了修改和完善。

基层群众自治制度也是中国特色社会主义民主政治的重要组成部分，为落实宪法关于基层群众自治制度的规定，第六届全国人民代表大会常务委员会第二十三次会议于1987年11月24日审议通过了村民委员会组织法（试行），并于1998年、2010年、2018年进行了三次修改；1989年12月26日，第七届全国人民代表大会常务委员会第十一次会议审议通过了城市居民委员会组织法，并于2018年进行了修改。村民委员会组织法和城市居民委员会组织法的制定，为我国基层群众自治制度的实施提供了法律保障。

(3) 涉及主权和领土完整的立法以及特别行政区制度的建立

为了维护国家主权和领土完整，全国人大及其常委会先后通过了国旗法（1990年）、缔结条约程序法（1990年）、国徽法（1991年）、领海及毗连区法（1992年）、国防法（1997年）、专属经济区和大陆架法（1998年）、反分裂国家法（2005年）、国歌法（2017年）、陆地国界法（2021年）、对外关系法（2023年）等宪法相关法。

为落实"一国两制"，保障香港、澳门回归后的长期繁荣稳定，根据宪法的规定，1990年4月第七届全国人民代表大会第三次会议通过了香港特别行政区基本法，1993年3月第八届全国人民代表大会第一次会议通过了澳门特别行政区基本法，分别对香港和澳门特别行政区与中央的关系、居民的权利和义务、政治体制、经济文化事务、对外事务等作出了规定。为应对"一国两制"实践过程遇到的一些新情况、新问题，面临的新风险和挑战，维护国家主权、安全、发展利益，坚持和完善"一国两制"制度体系，维护香港长期繁荣稳定，保障香港居民合法权益，第十三届全国人民代表大会第三次会议通过《全国人民代表大会关于建立健全香港特别行政区维护国家安全的法律制度和执行机制的决定》（2020年）；全国人大常委会根据上述决定授权，制定了香港特别行政区维护国家安全法。第十三届全国人民代表大会第四次会议还表决通过了《全国人民代表大会关于完善香港特别行政区选举制度的决定》，全国人大常委会根据这一决定的授权，修改了香港特别行政区基本法附件一和附件二，完善了香港特别行政区行政长官和立法会的产生办法，针对香港回归以来选举实践中暴露出来的制度漏洞和缺陷作了完善性规定，消除选举制度机制存在的明显漏洞和缺陷，确保以爱国者为主体的"港人治港"，确保香港"一国两制"实践始终沿着正确方向前进。

（4）保障公民基本权利的立法和完善

党的十一届三中全会以来，我国高度重视尊重和保障人权方面的立法，为落实宪法有关公民基本权利的规定，先后制定了集会游行示威法（1989年）、国家赔偿法（1994年）、戒严法

（1996年）等人权领域法律。2004年宪法修正案将"国家尊重和保障人权"写入宪法。2010年4月，第十一届全国人民代表大会常务委员会第十四次会议又对国家赔偿法进行了修改，进一步畅通了赔偿请求渠道，完善了赔偿程序，明确了赔偿的范围和标准，理顺了赔偿费用的管理和支付机制。这一系列人权保障立法，对于保障人民当家作主，充分行使宪法规定的基本权利，发挥了重要的作用。2012年10月，第十一届全国人民代表大会常务委员会第二十九次会议再次对国家赔偿法的个别条文作出修改。

二、国家性质、国家形式与国家标志

1. 我国的国体是什么？

国体，是指国家性质或者国家的阶级本质，反映社会各阶级在国家中的地位。我国宪法第一条第一款规定："中华人民共和国是工人阶级领导的、以工农联盟为基础的人民民主专政的社会主义国家。"这是关于我国国体的规定。工人阶级是我国的领导阶级，这是由工人阶级的阶级性质和它肩负的历史使命决定的。工人阶级是先进生产力的代表，最有远见、大公无私，具有高度的革命性、组织性和纪律性。只有工人阶级才能承担大力发展生产力，建设社会主义物质文明、精神文明和政治文明，实现共产主义的历史使命。工农联盟是指工人阶级和农民阶级的联盟，是我国的政权基础。长期以来，农民占我国人口的大多数，农民问题始终是中国的根本问题。历史经验表明，农民阶级是工人阶级从事革命和建设最可靠的同盟军。人民民主专政是对我国政权阶级属性的准确描述，是无产阶级专政在我国的具体表现形式。一方面，在最广大的人民内部充分实行民主，发展社会主义民主政治；另一方面，对极少数敌对势力、敌对分子实行专政，制裁犯罪活动，维护社会秩序，确保社会主义现代化建设顺利进行，二者相辅相成、不可分割。社会主义制度是我国的根本制度。我国处于并将长期处于社会主义初级阶段，我国的社会主义制度是与初级阶段基本国情相适应的中国特色社会主义制度，并随着现代化建设进程的推进而不断发展完善。

2. 如何理解国家的一切权力属于人民？

在我国，国家的一切权力属于人民，这是宪法的一项基本原则，简称人民主权原则。人民主权原则最早发源于资本主义国家宪法，其理论依据是18世纪法国启蒙思想家卢梭提出的社会契约论。我国宪法中规定的人民主权原则来源于马克思主义的国家学说。马克思主义认为，国家是阶级统治的工具，人民主权只能是统治阶级的主权。人民是相对于敌人而言的，在不同的历史阶段具有不同的内涵。在我国现阶段，人民的含义是非常广泛的，包括全体社会主义的劳动者、社会主义事业的建设者、拥护社会主义的爱国者、拥护祖国统一和致力于中华民族伟大复兴的爱国者。国家的一切权力属于人民，是指所有的国家权力都掌握在人民手中，主要体现在人民代表大会制度上：人民选举人大代表组成人民代表大会，代表人民集中行使国家权力。人大代表受人民监督，向人民负责。人民代表大会产生行政机关、监察机关、审判机关、检察机关，行使人民授予的权力。这里的"人民"是整体概念，并不是指某个个人，而是全体人民。"人民"与"公民"也是不同的，公民是法律概念，凡是具有中华人民共和国国籍的人都是公民，但不是所有的公民都属于人民，因犯罪被剥夺了政治权利的人就不属于人民的范畴。

习近平总书记在首都各界纪念现行宪法公布施行30周年大会上的讲话中强调："我们要坚持国家一切权力属于人民的宪法理

念,最广泛地动员和组织人民依照宪法和法律规定,通过各级人民代表大会行使国家权力,通过各种途径和形式管理国家和社会事务、管理经济和文化事业,共同建设,共同享有,共同发展,成为国家、社会和自己命运的主人。"①

3. 全过程人民民主的内涵和意义什么?

民主是现代政治文明的普遍价值追求,也是现代政治社会不可或缺的制度安排。民主不仅是具有形而上色彩的抽象概念,更是根植于特定国家的社会结构、历史传统与时代背景等要素的具体安排。中国特色社会主义民主政治制度是在马克思主义指导之下结合中国国情建立起来的,是中国共产党领导的深刻实践与历史和人民的必然选择,全过程人民民主正是这一民主形态的精确阐释与科学表达。

人民民主是社会主义的生命,没有民主就没有社会主义,就没有社会主义的现代化,就没有中华民族伟大复兴。党的二十大报告指出,全过程人民民主是社会主义民主政治的本质属性,是最广泛、最真实、最管用的民主。必须坚定不移走中国特色社会主义政治发展道路,坚持党的领导、人民当家作主、依法治国有机统一。

民主是全人类的共同价值,是中国共产党和中国人民始终不渝坚持的重要理念。党的十八大以来,以习近平同志为核心的党中央坚持人民主体地位,坚持走中国特色社会主义政治发展道

---

① 《习近平在首都各界纪念现行宪法公布施行30周年大会上的讲话》,载中国共产党新闻网,https://jhsjk.people.cn/article/19793598,最后访问时间:2025年5月29日。

路，全面发展全过程人民民主，社会主义民主政治制度化、规范化、程序化全面推进，社会主义协商民主广泛开展，人民当家作主更为扎实，全面依法治国总体格局基本形成。我国全过程人民民主不仅有完整的制度程序，而且有完整的参与实践。我国实行工人阶级领导的、以工农联盟为基础的人民民主专政的国体，实行人民代表大会制度的政体，实行中国共产党领导的多党合作和政治协商制度、民族区域自治制度、基层群众自治制度等基本政治制度，巩固和发展最广泛的爱国统一战线，形成了全面、广泛、有机衔接的人民当家作主制度体系，构建了多样、畅通、有序的民主渠道。全体人民依法实行民主选举、民主协商、民主决策、民主管理、民主监督，依法通过各种途径和形式管理国家事务，管理经济和文化事业，管理社会事务。我国全过程人民民主实现了过程民主和成果民主、程序民主和实质民主、直接民主和间接民主、人民民主和国家意志相统一，是全链条、全方位、全覆盖的民主，是最广泛、最真实、最管用的社会主义民主。我们要继续推进全过程人民民主建设，把人民当家作主具体地、现实地体现到党治国理政的政策措施上来，具体地、现实地体现到党和国家机关各个方面各个层级工作上来，具体地、现实地体现到实现人民对美好生活向往的工作上来。

党的二十大报告中对发展全过程人民民主、保障人民当家作主作出明确部署。强调要健全人民当家作主制度体系，扩大人民有序政治参与，保证人民依法实行民主选举、民主协商、民主决策、民主管理、民主监督，发挥人民群众积极性、主动性、创造性，巩固和发展生动活泼、安定团结的政治局面。党的二十届三中全会对健全全过程人民民主制度体系作出重要部署，围绕加强人民当家作主制度建设、健全协商民主机制、健全基层民主制度、完善大统战工作格局提出了一系列改革举措。包括健全人大对行政机关、监察机关、审判机关、检察机关监督制度，健全吸纳民意、汇集民智工作机制；健全深度协商互动、意见充分表达、广泛凝聚共识的机制；完善基层民主制度体系和工作体系，拓宽基层各类组织和群众有序参与基层治理渠道；健全铸牢中华民族共同体意识制度机制，健全党外代表人士队伍建设制度，完善党外知识分子和新的社会阶层人士政治引领机制；等等。

4. 我国的政体是什么？

政体，即政权组织形式，是指一定社会的统治阶级采取何种形式去组织反对敌人、保护自己的政权机关。人民代表大会制度是我国的政权组织形式。这一制度是中国共产党领导全国各族人民，总结巴黎公社的革命经验，根据中国的实际情况，在长期的革命和建设历程中创造和发展起来的。实践证明，人民代表大会制度是具有中国特色、符合我国国情、体现我国人民民主专政政权性质、适应中国特色社会主义现代化建设需要的政权组织形式。第一，人民代表大会制度是由我国的国家性质决定的。国体决定政权组织形式，有什么样的国体，就有与之相适应的政权组织形式。我国是工人阶级领导的、以工农联盟为基础的人民民主专政的社会主义国家。这一国体要求国家的政权组织形式必须反映工人阶级的领导地位，反映各阶级、各阶层在国家政权体制中的力量对比，必须保证在最广大的人民内部充分实行民主。而人民代表大会制度是适应这一要求的，全体人民通过广泛选举产生工人、农民、知识分子等各方面的代表，组成全国人民代表大会和地方各级人民代表大会，统一行使国家权力，充分体现了各阶级、各阶层在国家政治生活中的地位，并确保在最广大的人民内部充分实行民主。第二，人民代表大会制度是适合我国国情，确保人民当家作主的最好形式。从人类政治文明发展的历程来看，代议制是民主制度的一种主要形式，也是现代国家普遍采用、最有效的一种民主制度。我国地域广大、人口众多、差异显著的国情，决定了全体人民不可能直接行使国家各项权力。人民通过选举自己的代表，组成人民代表大会，代表人民去行使国家权力。选出的代表对人民负责，为人民服务，受人民监督。这样的政权组织形式最适合我国国情，最有利于确保人民当家作主。

人民代表大会制度是实现我国全过程人民民主的重要制度载体。在党的领导下，不断扩大人民有序政治参与，加强人权法治保障，保证了人民依法享有广泛权利和自由，保证了人民依法行使选举权利，人民的知情权、参与权、表达权、监督权落实到人大工作各方面各环节全过程，把各方面社情民意统一于最广大人民根本利益之中。

5. 如何理解我国的爱国统一战线？

党的二十大报告提出，巩固和发展最广泛的爱国统一战线。完善大统战工作格局，坚持大团结大联合，动员全体中华儿女围绕实现中华民族伟大复兴中国梦一起来想、一起来干。党的二十届三中全会提出，完善发挥统一战线凝聚人心、汇聚力量政治作用的政策举措。对新型政党制度、党外人士队伍建设、铸牢中华民族共同体意识、宗教中国化、新阶层人士政治引领、亲清政商关系、港澳台和侨务工作机制提出要求。

1982年宪法关于爱国统一战线的规定是："在长期的革命和

建设过程中,已经结成由中国共产党领导的,有各民主党派和各人民团体参加的,包括全体社会主义劳动者、拥护社会主义的爱国者和拥护祖国统一的爱国者的广泛的爱国统一战线,这个统一战线将继续巩固和发展。"拥护祖国统一的爱国者是爱国统一战线的重要组成部分,其中,两岸关系和平发展是推进祖国统一的重要因素。

随着改革开放的不断深入,我国的经济体制经历了由计划经济向社会主义市场经济的转变,所有制形式和分配形式在改革中不断调整,社会阶层也发生了变化,新的社会阶层开始出现。面对这种新情况,2004年修改宪法时将序言中关于统一战线的表述修改为:"在长期的革命和建设过程中,已经结成由中国共产党领导的,有各民主党派和各人民团体参加的,包括全体社会主义劳动者、社会主义事业的建设者、拥护社会主义的爱国者和拥护祖国统一的爱国者的广泛的爱国统一战线,这个统一战线将继续巩固和发展。"

随着中国特色社会主义的发展进入新时代,实现中华民族伟大复兴的中国梦已经成为团结海内外中华儿女的最大公约数。实现中国梦,需要凝聚各方面的力量共同奋斗。只有把全体社会主义劳动者、社会主义事业的建设者、拥护社会主义的爱国者、拥护祖国统一和致力于中华民族伟大复兴的爱国者都团结起来、凝聚起来,实现中国梦才能获得强大、持久、广泛的力量支持。因此,2018年修改宪法时,将序言中关于统一战线的表述修改为:"在长期的革命、建设、改革过程中,已经结成由中国共产党领导的,有各民主党派和各人民团体参加的,包括全体社会主义劳动者、社会主义事业的建设者、拥护社会主义的爱国者、拥护祖国统一和致力于中华民族伟大复兴的爱国者的广泛的爱国统一战线，这个统一战线将继续巩固和发展。"按照这一表述，统一战线包括社会主义劳动者、社会主义事业的建设者、拥护社会主义的爱国者、拥护祖国统一和致力于中华民族伟大复兴的爱国者，从"劳动者"到"建设者"，再到三种"爱国者"，一层比一层范围更广泛。在爱国统一战线中增加"社会主义事业的建设者"，反映了新的历史条件下社会阶层的新变化，有利于最广泛、最充分地调动一切积极因素，团结一切可以团结的力量，更全面地凝聚各个方面的积极性和创造性，更好地发挥新的社会阶层在社会主义现代化建设事业中的作用。增加"致力于中华民族伟大复兴的爱国者"，进一步扩大了爱国统一战线的范围，最大限度地凝聚了全世界有利于我们实现国家根本任务的各方面力量，号召力、感染力更强。

6. 什么是国家结构形式？国家结构形式主要有哪几种？

国家结构形式，是指特定国家的统治阶级所采取的，按照一定原则划分国家的内部区域，调整国家整体与组成部分、中央与地方之间相互关系的总体形式。国家结构形式所要解决的是国家的领土如何划分以及划分以后如何规范国家整体与组成部分、中央与地方之间权限的问题。国家结构形式主要有单一制和联邦制两种。

单一制，是指由若干普通的行政区域或者自治区域构成统一主权国家的国家结构形式。单一制主要有以下特点：从国家的法律体系来看，国家只有一部宪法，由统一的中央立法机关根据宪法制定法律；从国家机构的组成来看，国家只有一个最高立法机关，一个中央政府；从中央与地方的权力划分来看，地方接受中央的统一领导,地方政府的权力由中央通过宪法授予,地方没有脱离中央而独立的权力;从对外关系来看,国家是一个独立的主体,公民具有统一的国籍。

联邦制,是指由两个或者多个政治实体(州、邦、成员国)组成复合制国家的国家结构形式。联邦制的特点主要有:从国家的法律体系来看,除有联邦的宪法外,各成员国还有自己的宪法;从国家机构的组成来看,除设有联邦立法机关、政府和司法体系外,各成员国也有相应的机构;从职权划分来看,联邦和各成员国的职权划分由联邦宪法作出具体规定;从对外关系来看,有些国家允许其成员国享有一定的外交权,联邦国家的公民既有联邦的国籍,又有成员国的国籍。

7. 我国的国家结构形式是什么?

我国是单一制国家。只有一部宪法,一套统一的国家机构体系;地方的权力来自中央的授予,并接受中央的统一领导;中央政府是唯一的外交主体。我国采用单一制的国家结构形式决定了必须坚持中央的统一领导,地方要贯彻执行中央制定的法律和政策,维护国家统一。但是我国地域广博、人口众多,区域差异非常大,各地发展很不平衡,处理好中央和地方的关系不能仅靠中央的统一领导。为此,我国宪法第三条第四款规定:"中央和地方的国家机构职权的划分,遵循在中央的统一领导下,充分发挥地方的主动性、积极性的原则。"毛泽东同志在《论十大关系》中指出:"我们的国家这样大,人口这样多,情况这样复杂,有中央和地方两个积极性，比只有一个积极性好得多。"① 因此，要充分发挥地方的主动性和积极性，地方可以根据各自的实际情况，因地制宜地制定政策措施，管理地方事务。

8. 什么是行政区划？我国的行政区划分为几个层级？

行政区划是行政区域划分的简称，是指国家为了便于行政管理，根据政治、经济、民族、历史等各种因素，把领土划分为大小不同、层次不等的区域，并在此基础上建立相应的政权机关，进行社会管理的制度。我国是在遵循有利于经济发展、有利于行政管理、有利于民族团结的原则，同时照顾自然条件和历史传统的基础上进行行政区域划分的。根据宪法规定，我国的行政区划分为以下层级。

省级，包括省、自治区、直辖市。我国共有23个省（含台湾省）、5个自治区和4个直辖市。

县市级，包括自治州、县、自治县、市。其中，较大的市分为区、县，自治州分为县、自治县、市。

乡镇级，包括乡、民族乡、镇。

实际上，县市级又可分为两个层级，一个是设区的市（宪法第三十条中又称为"较大的市"，与自治州平级），设区的市分为区、县，一些设区的市还为省、自治区代管部分不设区的市。另一个是县、自治县、不设区的市、市辖区。

除上述行政区划外，我国还有香港和澳门两个特别行政区。

---

① 毛泽东：《论十大关系》，载共产党员网，https://fuwu.12371.cn/2013/08/14/ARTI1376449049161135_all.shtml，最后访问时间：2025年5月29日。

根据宪法规定，行政区域的设立、撤销、更名必须经过有关机关的批准。全国人民代表大会批准省、自治区、直辖市的建置；全国人民代表大会决定特别行政区的设立及其制度；国务院批准省、自治区、直辖市的区域划分，批准自治州、县、自治县、市的建置和区域划分；省、直辖市的人民政府决定乡、民族乡、镇的建置和区域划分。

9. 我国"一国两制"法律制度经历了怎样的发展？

宪法第三十一条规定："国家在必要时得设立特别行政区。在特别行政区内实行的制度按照具体情况由全国人民代表大会以法律规定。"根据宪法第六十二条的规定，全国人大决定特别行政区的设立及其制度。这一规定是1982年宪法为了解决香港、澳门和台湾地区的统一问题作出的规定，为"一国两制"方针提供了宪法依据。特别行政区具有以下几个特点：第一，特别行政区是中华人民共和国领土不可分离的部分，是在中央人民政府统一领导下的地方行政区域；第二，在中央实行全面管治权的前提下，特别行政区享有高度的自治权；第三，在宪法和基本法共同构成特别行政区的宪制基础的同时，特别行政区可以实行自己独有的社会制度、经济制度和生活方式长期不变。我国政府已于1997年、1999年先后恢复对香港、澳门行使主权，并设立了香港特别行政区和澳门特别行政区。

香港特别行政区、澳门特别行政区成立后，全国人大及其常委会、中央人民政府、中央军事委员会严格按照宪法和基本法办事，依法履行宪制责任，行使中央对特别行政区的全面管治权，有力地维护了国家主权、安全、发展利益和港澳繁荣稳定。全国人大常委会先后 5 次解释香港特别行政区基本法、1 次解释澳门特别行政区基本法,多次就两个特别行政区的民主政治和经济社会发展等重大问题作出决定,增减在特别行政区实施的全国性法律,对特别行政区立法机关制定的法律予以备案审查,对特别行政区高级法官的任免进行备案。中央人民政府依法任命历任行政长官和历届特别行政区政府主要官员,管理与特别行政区有关的外交、国防等应当由中央负责的事务,支持、指导行政长官和特别行政区政府依法施政,监督特别行政区高度自治权的依法行使。

党的十八大以来,针对香港、澳门落实"一国两制"的体制机制不健全、国家安全受到严峻挑战等问题,特别是 2019 年香港爆发"修例风波"后一度出现的严峻局面,中央依照宪法和基本法有效实施对特别行政区的全面管治权,出台了一系列重大举措,作出了若干新的制度安排。2020 年 5 月,第十三届全国人民代表大会第三次会议作出关于建立健全香港特别行政区维护国家安全的法律制度和执行机制的决定,授权全国人大常委会制定香港国安法并决定在香港特别行政区公布实施。随后,全国人大常委会在 2020 年 8 月和 11 月先后作出关于香港特别行政区第六届立法会继续履行职责的决定、关于香港特别行政区立法会议员资格问题的决定,有效解决了因香港特别行政区立法机关无法正常进行换届选举而出现空缺的问题,明确了丧失立法会议员参选或者出任资格的法定情形。2021 年 3 月,第十三届全国人民代表大会第四次会议作出关于完善香港特别行政区选举制度的决定,授权全国人大常委会修订了香港特别行政区基本法附件一香港特别行政区行政长官的产生办法和附件二香港特别行政区立法会的产生办法和表决程序,全面贯彻并落实"爱国者治港"原则,形成了一套符合香港法律地位和实际情况的民主选举制度。2022 年 12 月，全国人大常委会通过《关于〈中华人民共和国香港特别行政区维护国家安全法〉第十四条和第四十七条的解释》，及时妥善地解决了香港国安法实施中遇到的实际问题，确保了香港国安法的正确有效实施。全国人大及其常委会上述"决定+立法""决定+修法"以及各项决定、法律解释等重大法治举措的相继出台，弥补了香港特别行政区维护国家安全制度机制中存在的漏洞和缺陷，有效地打击和震慑了香港特别行政区内危害国家安全的违法犯罪活动，强有力地维护了特别行政区政权安全和社会稳定，将香港的管治权牢牢掌握在中央政府和爱国爱港力量手中，从根本上维护了宪法和香港特别行政区基本法确定的特别行政区宪制秩序，切实维护了国家主权、安全、发展利益，推动了香港局势实现由乱到治的重大转折，并为香港未来实现由治及兴奠定了政治和法治的基础。

中央还积极运用法治方式帮助香港、澳门发展经济、改善民生、破解经济社会发展中的深层次矛盾和问题，推进粤港澳大湾区建设，支持香港、澳门更好融入国家发展大局。全国人大常委会运用宪法和基本法赋予的权力，2017 年 12 月作出《关于批准〈内地与香港特别行政区关于在广深港高铁西九龙站设立口岸实施"一地两检"的合作安排〉的决定》，2019 年 10 月作出《关于授权澳门特别行政区对横琴口岸澳方口岸区及相关延伸区实施管辖的决定》，2020 年 8 月作出《关于授权国务院在粤港澳大湾区内地九市开展香港法律执业者和澳门执业律师取得内地执业资质和从事律师职业试点工作的决定》。2023 年 12 月作出《关于授权澳门特别行政区对广东省珠海市拱北口岸东南侧相关陆地和海域实施管辖的决定》，相关陆地和海域用于澳门轻轨东线项目建设，有利于更好发挥项目的经济社会效益，加强澳门与内地基础设施互联互通，推动澳门更好融入国家发展大局。2021年3月，第十三届全国人民代表大会第四次会议审议通过《中华人民共和国国民经济和社会发展第十四个五年规划和2035年远景目标纲要》，在专章中强调要积极稳妥推进粤港澳大湾区建设，支持港澳巩固提升竞争优势，从体制机制、平台建设、互联互通、交流合作等多方面支持港澳更好融入国家发展大局。

上述这些重大的法治举措，是中央在新时代坚持依法治港治澳、坚持和完善"一国两制"制度体系的生动实践与最新发展，具有重要的制度创新意义，必将为香港、澳门的长远发展提供新的历史机遇，对香港、澳门的"一国两制"实践产生深远的影响。实践证明，只要牢固占据法治高地，充分运用宪法和基本法赋予的权力，坚定维护特别行政区的宪制秩序和法治秩序，不断完善与宪法和基本法实施相关的制度机制，就能够最大程度争取人心、凝聚共识，确保"一国两制"事业安如磐石，推动"一国两制"实践迈向深入。

坚持全面依法治国，首先要坚持依宪治国；坚持依法治港治澳，也首先要坚持依宪治港治澳。坚持"一国两制"、理解并实施基本法，必须尊重和维护宪法的权威，符合宪法的精神及相关规定。绝不能脱离宪法来理解和执行基本法，更不能抗拒和抵触宪法，否定宪法在特别行政区的最高法律地位和法律效力。在特别行政区层面，基本法是特别行政区的宪制性法律，特别行政区的制度和政策均应以基本法的规定为依据，特别行政区的法律均不得与基本法相抵触。

10. 我国的国家标志有哪些？

国家标志，是指由宪法和法律规定的，代表国家的主权、独立和尊严的象征和标志，主要包括国旗、国歌、国徽和首都等。国家标志反映了一个国家的历史传统、民族精神，甚至反映了国家性质与政权组织形式的特点，有利于增强国民的民族自豪感和爱国热情。我国宪法对国家标志作了专章规定，包括国旗、国歌、国徽、首都。我国的国旗是五星红旗。1990年全国人大常委会审议通过了国旗法，对国旗的使用作出了规定。我国的国歌是《义勇军进行曲》。我国的国徽，中间是五星照耀下的天安门，周围是谷穗和齿轮。1991年全国人大常委会审议通过了国徽法，对应当悬挂国徽的机构和场所以及国徽图案的使用等作了明确规定。2017年全国人大常委会审议通过国歌法，对国歌奏唱作出规定。我国目前尚未制定首都法，宪法规定我国的首都是北京。

11. 国旗应当怎样升挂和使用？

国旗法规定，中华人民共和国国旗是中华人民共和国的象征和标志。每个公民和组织，都应当尊重和爱护国旗。国旗法对升挂国旗的地点作了规定：在北京天安门广场、新华门；中共中央、全国人大常委会，国务院，中央军委，中央纪委、国家监委，最高人民法院，最高人民检察院；全国政协；外交部；出境入境的机场、港口、火车站和其他边境口岸，边防海防哨所等地，应当每日升挂国旗。在中共中央各部门和地方各级党委，国务院各部门，地方各级人大常委会、人民政府、纪委和监委、人民法院、人民检察院，政协地方各级委员会，各民主党派和人民团体，中央政府驻港澳有关机构，应当在工作日升挂国旗。学校除寒假、暑假和休息日外，应当每日升挂国旗。有条件的幼儿园参照学校的规定升挂国旗。图书馆、博物馆、文化馆、美术馆、科技馆、纪念馆、展览馆、体育馆、青少年宫等公共文化体育设施应当在开放日升挂、悬挂国旗。国庆节、国际劳动节、元旦、春节和国家宪法日等重要节日、纪念日，各级国家机关、各人民团体以及大型广场、公园等公共活动场所应当升挂国旗；企业事业组织，村民委员会、居民委员会，居民院（楼、小区）有条件的应当升挂国旗。民族自治地方在民族自治地方成立纪念日和主要传统民族节日，可以升挂国旗。举行宪法宣誓仪式时，应当在宣誓场所悬挂国旗。举行重大庆祝、纪念活动，大型文化、体育活动，大型展览会，可以升挂国旗。国家倡导公民和组织在适宜的场合使用国旗及其图案，表达爱国情感。

升挂国旗时，可以举行升旗仪式。举行升旗仪式时，在国旗升起的过程中，参加者应当面向国旗肃立致敬，并可以奏国歌或者唱国歌。升挂国旗，应当将国旗置于显著的位置。列队举持国旗和其他旗帜行进时，国旗应当在其他旗帜之前。国旗与其他旗帜同时升挂时，应当将国旗置于中心、较高或者突出的位置。在外事活动中同时升挂两个以上国家的国旗时，应当按照外交部的规定或者国际惯例升挂。在直立的旗杆上升降国旗，应当徐徐升降。升起时，必须将国旗升至杆顶；降下时，不得使国旗落地。

下列人士逝世时，下半旗志哀：（1）中华人民共和国主席、全国人民代表大会常务委员会委员长、国务院总理、中央军事委员会主席；（2）中国人民政治协商会议全国委员会主席；（3）对中华人民共和国作出杰出贡献的人；（4）对世界和平或者人类进步事业作出杰出贡献的人。举行国家公祭仪式或者发生严重自然灾害、突发公共卫生事件以及其他不幸事件造成重大伤亡时，可以在全国范围内下半旗志哀，也可以在部分地区或者特定场所下半旗志哀。下半旗时，应当先将国旗升至杆顶，然后降至旗顶与杆顶之间的距离为旗杆全长的三分之一处；降下时，应当先将国旗升至杆顶，然后再降下。

不得升挂破损、污损、褪色或者不合规格的国旗，不得倒挂、倒插或者以其他有损国旗尊严的方式升挂、使用国旗。国旗及其图案不得用作商标、授予专利权的外观设计和商业广告，不得用于私人丧事活动。在公众场合故意以焚烧、毁损、涂划、玷污、践踏等方式侮辱中华人民共和国国旗的，依法追究刑事责任；情节较轻的，由公安机关处以十五日以下拘留。

12. 国徽应当怎样使用？

根据国徽法的规定，县级以上各级人大常委会、县级以上各级人民政府、中央军事委员会、各级监察委员会、各级人民法院和专门人民法院、各级人民检察院和专门人民检察院、外交部、国家驻外使领馆和其他外交代表机构、中央人民政府驻港澳有关机构，应当悬挂国徽。乡、民族乡、镇的人民政府可以悬挂国徽。国徽应当悬挂在机关正门上方正中处。

北京天安门城楼、人民大会堂、县级以上各级人大及其常委会会议厅；各级人民法院和专门人民法院的审判庭；宪法宣誓场所、出境入境口岸的适当场所，应当悬挂国徽。

下列机构的印章应当刻有国徽图案：全国人大常委会、国务院、中央军事委员会、国家监察委员会、最高人民法院、最高人民检察院；全国人大各专门委员会和全国人大常委会办公厅、工作委员会，国务院各部、各委员会、各直属机构、国务院办公厅以及国务院规定应当使用刻有国徽图案印章的办事机构，中央军事委员会办公厅以及中央军事委员会规定应当使用刻有国徽图案印章的其他机构；县级以上地方各级人大常委会、人民政府、人民法院、人民检察院、专门人民法院、专门人民检察院；国家驻外使馆、领馆和其他外交代表机构。这些机构应当在其网站首页显著位置使用国徽图案。

下列文书、出版物等应当印有国徽图案：全国人大常委会、国家主席和国务院颁发的荣誉证书、任命书、外交文书；国家主席、副主席，全国人大常委会委员长、副委员长，国务院总理、副总理、国务委员，中央军事委员会主席、副主席，国家监察委员会主任，最高人民法院院长和最高人民检察院检察长以职务名义对外使用的信封、信笺、请柬等；全国人大常委会公报、国务院公报、最高人民法院公报和最高人民检察院公报的封面；国家出版的法律、法规正式版本的封面。

标示国界线的界桩、界碑和标示领海基点方位的标志碑以及其他用于显示国家主权的标志物可以使用国徽图案。中国人民银行发行的法定货币可以使用国徽图案。国家机关工作人员的工作证件、执法证件，国家机关颁发的营业执照、许可证书、批准证书、资格证书、权利证书，居民身份证，中华人民共和国护照等法定出入境证件，可以使用国徽图案。国家机关和武装力量的徽章可以将国徽图案作为核心图案。公民在庄重的场合可以佩戴国徽徽章，表达爱国情感。

国徽及其图案不得用于商标、授予专利权的外观设计、商业广告，日常生活的陈设布置，私人庆吊活动，以及国务院办公厅规定不得使用国徽及其图案的其他场合。不得悬挂破损、污损或者不合规格的国徽。

悬挂的国徽由国家指定的企业统一制作，其直径的通用尺度为 100 厘米、80 厘米、60 厘米。需要悬挂非通用尺度国徽的，应当按照通用尺度成比例适当放大或者缩小，并与使用目的、所在建筑物、周边环境相适应。在公众场合故意以焚烧、毁损、涂划、玷污、践踏等方式侮辱中华人民共和国国徽的，依法追究刑事责任；情节较轻的，由公安机关处以 15 日以下拘留。

13. 国歌的使用有什么规定？

在下列场合，应当奏唱国歌：（1）全国人民代表大会会议和地方各级人民代表大会会议的开幕、闭幕；中国人民政治协商会议全国委员会会议和地方各级委员会会议的开幕、闭幕；（2）各政党、各人民团体的各级代表大会等；（3）宪法宣誓仪式；（4）升国旗仪式；（5）各级机关举行或者组织的重大庆典、表彰、纪念仪式等；（6）国家公祭仪式；（7）重大外交活动；（8）重大体育赛事；（9）其他应当奏唱国歌的场合。

奏唱国歌，应当按照国歌法附件所载国歌的歌词和曲谱，不得采取有损国歌尊严的奏唱形式。奏唱国歌时，在场人员应当肃立，举止庄重，不得有不尊重国歌的行为。

国歌不得用于或者变相用于商标、商业广告，不得在私人丧事活动等不适宜的场合使用，不得作为公共场所的背景音乐等。

在公共场合，故意篡改国歌歌词、曲谱，以歪曲、贬损方式奏唱国歌，或者以其他方式侮辱国歌的，由公安机关处以警告或者 15 日以下拘留；构成犯罪的，依法追究刑事责任。

三、国家基本制度

（一）国家经济制度

1. 我国的基本经济制度有哪些内容？

我国宪法第六条规定："中华人民共和国的社会主义经济制度的基础是生产资料的社会主义公有制，即全民所有制和劳动群众集体所有制。社会主义公有制消灭人剥削人的制度，实行各尽所能、按劳分配的原则。国家在社会主义初级阶段，坚持公有制为主体、多种所有制经济共同发展的基本经济制度，坚持按劳分配为主体、多种分配方式并存的分配制度。"经济制度是指人类社会一定历史发展阶段占统治地位的生产关系的总和，其内容包括生产资料归谁所有，生产过程中形成的人与人之间的关系，以及劳动产品的分配方式三个方面。其中，生产资料归谁所有，即生产资料的所有制形式起决定性作用，决定了其他两个方面，也决定了经济制度的性质。我国是社会主义国家，公有制经济是我国经济制度的基础。公有制经济主要包括全民所有制经济和集体所有制经济两种形式。此外，改革开放以来，各种性质的资产不断流动和重组，尤其是股份制企业的出现，带来了各种形式的混合所有制经济，其中的国有成分和集体成分也属于公有制经济。

公有制经济在我国所有制结构中处于主体地位,这是由我国社会主义的国家性质决定的。党的二十大报告明确提出,毫不动摇巩固和发展公有制经济。

公有制的主体地位主要体现在两个方面:第一,公有资产在社会总资产中占优势地位。第二,公有制经济控制国民经济命脉,对国民经济发展起主导作用。生产力决定生产关系,我国社会主义初级阶段的生产力发展状况,决定了除公有制外的多种所有制经济应当共同发展。个体经济、私营经济等非公有制经济,也是社会主义市场经济的重要组成部分。党的二十大报告明确提出,毫不动摇鼓励、支持、引导非公有制经济发展,充分发挥市场在资源配置中的决定性作用。

2. 为什么说国有经济是国民经济中的主导力量?

宪法第七条规定:"国有经济,即社会主义全民所有制经济,是国民经济中的主导力量。国家保障国有经济的巩固和发展。"新中国成立以来,尤其是改革开放以来,国有经济不断发展和壮大,不仅对保证国民经济的稳定发展、增强综合国力、实现最广大人民的根本利益具有重大意义,而且对巩固和发展社会主义制度、加强各族人民的团结、保证国家长治久安具有重大意义。历史证明,没有国有经济为核心的公有制经济,就没有社会主义的经济基础,也就没有共产党执政兴国的强大物质基础。国有经济是国民经济中的主导力量,不能理解为国有经济在国民经济中所占的比重越高越好,或者数量越多越好。国有经济在国民经济中的主导作用,主要体现在对国民经济发展的正确导向和对经济运行整体态势的控制和影响上。国有经济要在关系国民经济命脉的重要行业和关键领域占支配地位，支撑、引导和带动社会经济的发展，在实现国家宏观调控目标中发挥关键作用。国有经济应当保持必要的数量，但更要注重在整体分布上的优化和经济素质、技术素质、管理素质等方面质的提高，以及影响力的扩大。党的二十大和二十届三中全会都提出，深化国资国企改革，加快国有经济布局优化和结构调整，推动国有资本和国有企业做强做优做大，提升企业核心竞争力。

3. 农村集体经济的组织形式和经营体制是什么？

我国农村集体经济组织实行家庭承包经营为基础、统分结合的双层经营体制，这是我国集体所有制经济的主要经营模式。改革开放以后，在总结过去人民公社大锅饭的教训基础上，广大农村实行了家庭联产承包责任制。农户作为独立的经济实体承包经营集体的土地和其他大型生产资料，除按规定上缴的部分外，其他收益归自己所有。家庭承包经营的实行，大大调动了农民的积极性，农业生产得到较大发展。为了克服农户分散经营存在的局限，又实行统分结合的双层经营体制。也就是说，在农户分散承包、自主经营的基础上，一些大型生产资料归集体所有，由集体统一管理和经营，并为农户提供服务。集体经营具有生产服务、组织协调和资产积累等功能，可以在一定程度上弥补农户经营规模狭小的局限性。将家庭分散经营同集体统一经营相结合，符合农业生产自身的特点，可以使农户根据市场、气候、环境和农作物生产情况及时作出决策，不仅适应以手工劳动为主的传统农业，也适应采用先进科学技术和生产手段的现代农业，具有广泛的适应性和旺盛的生命力。概括而言，家庭承包经营为基础、统分结合的双层经营体制具有以下特点：第一，土地归集体所有；第二，农民享有土地承包经营权，即土地使用权；第三，家庭承包经营是基础，集体统一经营为家庭经营提供服务；第四，土地、大型水利设施等主要生产资料归集体所有，由集体统一行使管理权和经营权。

党的二十大报告提出，巩固和完善农村基本经营制度，发展新型农村集体经济，发展新型农业经营主体和社会化服务，发展农业适度规模经营。深化农村土地制度改革，赋予农民更加充分的财产权益。我国目前在农村实施"三权分置"，所有权、承包权和经营权既存在整体效用，又有各自功能。从当前实际出发，实施"三权分置"的重点是放活经营权，核心要义就是明晰赋予经营权应有的法律地位和权能。这是继家庭联产承包责任制后农村改革又一重大制度创新。"三权分置"是农村基本经营制度的自我完善，符合生产关系适应生产力发展的客观规律。

4. 我国实行什么样的分配制度？

宪法第六条第二款规定："国家在社会主义初级阶段，坚持公有制为主体、多种所有制经济共同发展的基本经济制度，坚持按劳分配为主体、多种分配方式并存的分配制度。"生产资料所有制形式决定分配制度，以公有制为主体、多种所有制经济共同发展的所有制结构决定我国的分配制度必然是以按劳分配为主体、多种分配方式并存。按劳分配，是指以劳动者向社会提供劳动产品的数量和质量为标准，分配个人收入和消费品，多劳多得，少劳少得，不劳不得。生产资料公有制是我国经济制度的基础，实行生产资料公有制，决定了在分配方式上必然要采用按劳分配或者按需分配。我国处于社会主义初级阶段，虽然历经改革开放，国家经济社会生活各方面事业有了长足进步，但人民日益增长的美好生活需要和不平衡不充分的发展之间的矛盾依然是国家的主要矛盾，国家还不具备实行按需分配的条件，只能实行按劳分配。除按劳分配外，我国还存在许多其他分配形式，这主要是因为：第一，多种所有制经济的存在决定了分配方式上的多样化。我国宪法和法律允许和鼓励个体经济、私营经济等多种所有制经济共同发展，这些所有制经济对应的按劳分配以外的其他分配方式也是合法的。第二，发展社会主义市场经济的需要。在市场经济条件下，市场在资源配置中起决定性作用，劳动力、资本、技术、信息等生产要素在市场上自由流动，必然导致这些生产要素参与收入的分配。目前，以按劳分配为主体、多种分配方式并存的分配制度也随着我国改革开放的日益深入和社会财富的逐渐增多不断加以完善。党的二十大提出，坚持按劳分配为主体、多种分配方式并存，构建初次分配、再分配、第三次分配协调配套的制度体系。努力提高居民收入在国民收入分配中的比重，提高劳动报酬在初次分配中的比重。坚持多劳多得，鼓励勤劳致富，促进机会公平，增加低收入者收入，扩大中等收入群体。完善按要素分配政策制度，探索多种渠道增加中低收入群众要素收入，多渠道增加城乡居民财产性收入。

5. 我国自然资源所有权有哪些形式？

矿藏、水流、森林、山岭、草原、荒地、滩涂等自然资源，是人类赖以生存的生产与生活资料。对自然资源的保护与合理利用，直接关系国家的经济命脉，关系国家的健康、稳定与可持续发展。我国宪法对自然资源的权属作了明确规定。宪法第九条第一款规定："矿藏、水流、森林、山岭、草原、荒地、滩涂等自然资源，都属于国家所有，即全民所有；由法律规定属于集体所有的森林和山岭、草原、荒地、滩涂除外。"根据宪法的规定，一切矿藏和水流都属于国家所有。如矿产资源法第三条第一款规定："矿产资源属于国家所有，由国务院行使国家对矿产资源的所有权。地表或者地下的矿产资源的国家所有权，不因其所依附的土地的所有权或者使用权的不同而改变。"水法第三条规定："水资源属于国家所有。水资源的所有权由国务院代表国家行使。农村集体经济组织的水塘和由农村集体经济组织修建管理的水库中的水，归各该农村集体经济组织使用。"而森林、山岭、草原、荒地和滩涂，除法律规定属于集体所有外，也属于国家所有。属于集体所有的森林、山岭、草原、荒地和滩涂等自然资源，一般规模较小，且处于农民、牧民或者渔民的居住地，是他们从事生产、生活的直接和主要的物质基础，法律可以规定这些自然资源属于集体所有。但即使属于国家所有的自然资源，也允许符合法律规定条件的组织和个人进行合理利用。

6. 宪法对我国的土地所有制度是如何规定的？

我国实行土地公有制，一切土地都属于国家或者集体所有。宪法第十条第一款规定："城市的土地属于国家所有。"第十条第二款规定："农村和城市郊区的土地，除由法律规定属于国家所有的以外，属于集体所有；宅基地和自留地、自留山，也属于集体所有。"根据这一规定，我国的土地公有制有两种形式：一种是国家所有的土地，主要包括城市的土地和法律规定属于国家所有的农村和城市郊区的土地。城市作为政治、经济和文化中心，在国家和社会生活中具有突出作用，城市各种形式的用地十分宝贵，因此城市的土地应当属于国家所有。这里讲的城市的土地包括城市市区的土地，以及较大的镇的市区。法律规定的属于国家所有的农村和城市郊区的土地主要是指依法不属于集体所有的林地、草原、荒地和滩涂，国家的公路、机场、军事设施用地等。另一种是集体所有的土地，主要包括除法律规定属于国家所有外的农村和城市郊区的土地，以及宅基地和自留地、自留山。在农村和城市郊区，土地是从事农业生产的最重要的生产资料，是农村集体所有制的重要物质基础。土地归农民集体所有，有利于保障农民的合法权益，有利于保护农民从事农业生产的积极性。农民的宅基地和自留山、自留地，是农民日常生活的物质基础，属于集体所有，有利于保障农民的生活。

根据有关改革精神和民法典、农村土地承包法、土地管理法等法律的规定，在符合规划和用途管制前提下，允许农村集体经营性建设用地出让、租赁、入股，实行与国有土地同等入市、同权同价。缩小征地范围，规范征地程序，完善对被征地农民合理、规范、多元保障机制。扩大国有土地有偿使用范围，减少非公益性用地划拨。建立兼顾国家、集体、个人的土地增值收益分配机制，合理提高个人收益。完善土地租赁、转让、抵押二级市场。

7. 国家在什么条件下可以对土地进行征收或者征用？

宪法第十条第三款规定："国家为了公共利益的需要，可以依照法律规定对土地实行征收或者征用并给予补偿。"这里明确规定了国家对土地进行征收或者征用的条件和补偿。征收是将土地所有权收归国有，一般是针对集体所有土地而言；征用是指临时征用，不改变土地所有权。对于国有土地，只存在征用问题，不存在征收问题；对于集体所有土地，既可以征收，也可以征用。根据宪法、物权法、土地管理法等法律的规定，征收或者征用土地应符合下列条件：第一，为了公共利益的需要。这里的公共利益，主要是指国家安全、公共秩序、国民经济和社会发展等，如国防和外交的需要，由政府组织实施的能源、交通、水利等基础设施建设的需要，等等。第二，应当依照法律规定。征收或者征用土地应当依照法律规定的权限和程序进行。这里的法律是指全国人大及其常委会制定的法律，主要包括民法典、土地管理法等。第三，应当给予补偿。物权法、土地管理法都对征收集体土地的补偿问题作了规定。民法典第二百四十三条第二款规定："征收集体所有的土地，应当依法及时足额支付土地补偿费、安置补助费以及农村村民住宅、其他地上附着物和青苗等的补偿费用，并安排被征地农民的社会保障费用，保障被征地农民的生活，维护被征地农民的合法权益。"土地管理法第四十八条第一款规定："征收土地应当给予公平、合理的补偿，保障被征地农民原有生活水平不降低、长远生计有保障。"该条还详细规定了补偿费用的计算标准，以及被征地农民的养老社会保障等问题。

8. 非公有制经济的地位如何？

非公有制经济的存在和发展，适应了我国现阶段生产力发展的客观要求，对于保持国民经济快速发展、吸纳劳动力就业、优化产业结构和带动新兴产业的发展、促进市场竞争都具有重要作用，已经成为社会主义市场经济的重要组成部分。因此，宪法第十一条规定："在法律规定范围内的个体经济、私营经济等非公有制经济，是社会主义市场经济的重要组成部分。国家保护个体经济、私营经济等非公有制经济的合法的权利和利益。国家鼓励、支持和引导非公有制经济的发展，并对非公有制经济依法实行监督和管理。"所谓鼓励，是指国家通过制定法律、出台政策等方式，大力提倡发展个体经济、私营经济和外资经济等各种形式的非公有制经济。所谓支持，是指国家为个体经济、私营经济等非公有制经济的发展提供财税、信贷、信用担保等多方面的支持和帮助。所谓引导，是指国家引导非公有制企业提高自身素质，朝着健康有序的方向发展。如国家引导非公有制企业贯彻执行法律法规和政策规定，完善企业组织制度，提高企业管理人员素质等。所谓监督和管理，主要是指国家为了确保非公有制经济沿着健康有序的方向发展，采取必要的措施，监督其在法律政策范围内开展经营活动，规范其设立和经营，对日常生产和经营活动依法进行管理和规范。需要指出的是，这里的监督和管理必须严格依法进行，且行政主管部门不得以监督和管理为名，干预非公有制经济的正常经济活动。

党的十九大以来，习近平总书记于 2018 年和 2025 年两次出席民营企业座谈会并发表重要讲话。习近平总书记在 2018 年的民营企业座谈会上强调："公有制为主体、多种所有制经济共同发展的基本经济制度，是中国特色社会主义制度的重要组成部分，也是完善社会主义市场经济体制的必然要求。非公有制经济在我国经济社会发展中的地位和作用没有变，我们毫不动摇鼓励、支持、引导非公有制经济发展的方针政策没有变，我们致力于为非公有制经济发展营造良好环境和提供更多机会的方针政策没有变。在全面建成小康社会、进而全面建设社会主义现代化国家的新征程中，我国民营经济只能壮大、不能弱化，而且要走向更加广阔舞台。"①公有制经济和非公有制经济都是社会主义市场经济的重要组成部分，都是我国经济社会发展的重要基础。必须毫不动摇巩固和发展公有制经济，坚持公有制主体地位，发挥国有经济主导作用，不断增强国有经济活力、控制力、影响力。必须毫不动摇鼓励、支持、引导非公有制经济发展，激发非公有制经济活力和创造力。2023年，习近平总书记在看望参加政协会议的民建工商联界委员时强调："民营经济是我们党长期执政、团结带领全国人民实现'两个一百年'奋斗目标和中华民族伟大复兴中国梦的重要力量……要优化民营企业发展环境，破除制约民营企业公平参与市场竞争的制度障碍，依法维护民营企业产权和企业家权益，从制度和法律上把对国企民企平等对待的要求落下来……"②

习近平总书记在2024年2月的民营企业座谈会上发表重要讲话强调："党和国家对民营经济发展的基本方针政策，已经纳入中国特色社会主义制度体系，将一以贯之坚持和落实，不能变，也不会变……党和国家坚持和完善社会主义基本经济制度，毫不动摇巩固和发展公有制经济，毫不动摇鼓励、支持、引导非公有制经济发展；党和国家保证各种所有制经济依法平等使用生产要素、公平参与市场竞争、同等受到法律保护，促进各种所有制经济优势互补、共同发展，促进非公有制经济健康发展和非公有制经济人士健康成长……中国特色社会主义制度具有多方面显著优势，社会主义市场经济体制、中国特色社会主义法治体系不断健

---

① 习近平：《毫不动摇鼓励支持引导非公有制经济发展 支持民营企业发展并走向更加广阔舞台》，载《人民日报》2018年11月2日，第1版。
② 《正确引导民营经济健康发展高质量发展》，载《人民日报》2023年3月7日，第1版。

全和完善，将为民营经济发展提供更为坚强的保障。"①

2024年中央经济工作会议对出台民营经济促进法提出明确要求。2025年4月，第十四届全国人民代表大会常务委员会第十五次会议表决通过了《中华人民共和国民营经济促进法》，自2025年5月20日起施行。贯彻落实党中央决策部署，制定民营经济促进法，将党中央关于促进民营经济发展的重大方针政策和重要举措上升为法律规范，巩固改革开放四十多年来民营经济发展成果，充分体现了我们党对民营经济发展理论和实践的一脉相承、与时俱进。制定民营经济促进法，第一次将"毫不动摇巩固和发展公有制经济，毫不动摇鼓励、支持、引导非公有制经济发展""促进民营经济健康发展和民营经济人士健康成长"写入法律，第一次明确民营经济的法律地位，第一次明确规定促进民营经济持续、健康、高质量发展，是国家长期坚持的重大方针政策。民营经济促进法与宪法关于社会主义基本经济制度的规定贯通起来，将支持和保障民营经济发展的法律制度融入中国特色社会主义法律体系，具有重大的法治意义。

9. 如何理解社会主义公共财产神圣不可侵犯？

我国是社会主义国家，社会主义公有制经济在国民经济中居于主导地位，公共财产作为公有制经济的物质基础，在国家和社会生活中起着重要作用，是把我国建设成为富强民主文明和谐美丽的社会主义现代化强国的重要物质基础，也是人民民主专政的

---

① 《民营经济发展前景广阔大有可为 民营企业和民营企业家大显身手正当其时》，载《人民日报》2025年2月18日，第1版。

政权得以巩固、人民得以当家作主的物质保证。公共财产,主要是指全民所有的财产和集体所有的财产。公共财产的范围主要包括:国有经济和集体经济所有的财产;国家机关、武装力量和由国家机关划拨给政党和社会团体的财产;公用设施;土地、矿藏、水流、森林、山岭、草原、荒地、滩涂等自然资源等。公共财产神圣不可侵犯,国家禁止任何组织或者个人用任何手段侵占或者破坏国家的和集体的财产。为此,许多法律中规定了对公共财产的保护以及对破坏公共财产行为的处罚。如刑法中规定了破坏社会主义公共财产的有关犯罪行为;民法典物权编中具体规定了对国有财产负有管理、监督职责的机构及人员的具体保护义务。民法典第二百五十九条规定:"履行国有财产管理、监督职责的机构及其工作人员,应当依法加强对国有财产的管理、监督,促进国有财产保值增值,防止国有财产损失;滥用职权,玩忽职守,造成国有财产损失的,应当依法承担法律责任。违反国有财产管理规定,在企业改制、合并分立、关联交易等过程中,低价转让、合谋私分、擅自担保或者以其他方式造成国有财产损失的,应当依法承担法律责任。"

10. 如何理解公民的合法的私有财产不受侵犯?

在现代国家,财产权是公民享有的一项基本权利。财产权与其他公民基本权利相比,更具有基础性。这是因为,财产是公民实现个人自治、保持个人尊严以及实现自身发展的必要条件。没有财产权,或者财产得不到保护,个人就很容易受制于他人,处于服从、被强制状态,很难保持独立的人格和尊严。可以说,财产权是其他一切自由和权利的物质基础。各国宪法都将财产权的保护作为一项基本原则。我国宪法第十三条第一款规定:"公民的合法的私有财产不受侵犯。"这一规定主要包含以下内涵:第一,私有财产受法律保护,不受侵犯。这里的私有财产主要包括工资和奖金、著作权和专利权中的财产权利等劳动收入,以及投资入股、购买股票债券、接受捐赠、继承等非劳动收入。第二,私有财产须是从合法渠道获得的。如果私有财产是从偷窃、诈骗、走私等非法活动中取得,则不受法律保护。第三,禁止非法侵犯私有财产。民法典、刑法等法律都规定了对侵犯私有财产行为所应承担的民事和刑事责任。但是,对私有财产的保护也不是绝对的。宪法第十三条第三款规定:"国家为了公共利益的需要,可以依照法律规定对公民的私有财产实行征收或者征用并给予补偿。"据此,国家可以在符合宪法法律规定的条件下,对公民的私有财产实行征收或者征用。

11. 国家在什么条件下可以对公民的私有财产进行征收征用?

宪法第十三条规定:"公民的合法的私有财产不受侵犯。国家依照法律规定保护公民的私有财产权和继承权。国家为了公共利益的需要,可以依照法律规定对公民的私有财产实行征收或者征用并给予补偿。"

征收和征用是两个不同的法律概念,征收是指为了公共利益需要,国家将私人所有的财产强制征归国有;征用是指为了公共利益需要而强制性地使用公民的私有财产。征收和征用的主要区别在于:征收是所有权的改变,征用只是使用权的改变。征收是国家从被征收人手中取得了所有权,发生了所有权的转移;征用则是在紧急情况下对私有财产的强制性使用,在紧急情况结束后,要把被征用的财产归还给权利人。

实行征收和征用,应当遵循三个原则:第一,公共利益原则。公共利益通常是指全体社会成员的共同利益和社会的整体利益,要同商业利益相区别,同部门、单位和小集体的利益相区别。第二,依照法定程序原则。征收、征用在一定程度上限制了公民的私有财产权,为了防止这种手段的滥用,平衡私有财产保护和公共利益需要的关系,征收征用必须严格依照法律规定的程序进行。第三,依法给予补偿原则。尽管征收和征用是为了公共利益的需要,但都不能采取无偿剥夺的方式,必须依法给予公平、合理的补偿。民法典第一百一十七条规定:"为了公共利益的需要,依照法律规定的权限和程序征收、征用不动产或者动产的,应当给予公平、合理的补偿。"

12. 社会主义市场经济体制的主要特点有哪些?

市场经济是和计划经济相对的概念。计划经济,是指国家通过制定各项计划,配置各种资源的一种经济模式。市场经济,是指通过市场来配置资源,企业的各种经营活动由企业根据市场变化自主决定,政府不予干涉的一种经济模式。在市场经济中,政府的主要任务在于进行宏观调控,通过货币、金融等政策手段对市场进行引导,并为企业提供服务。现行宪法在序言第七自然段中明确规定,发展社会主义市场经济是国家的根本任务之一。宪法第十五条规定,国家实行社会主义市场经济。也就是说,第一,要使市场在社会主义国家宏观调控下对资源配置起基础性作用,使经济活动遵循价值规律的要求,适应供求关系的变化;通过价格杠杆和竞争机制的功能，把资源配置到效益最好的环节中去，给企业以压力和动力，使其优胜劣汰；运用市场对各种经济信号反应比较灵敏的特点，促进生产和需求的及时协调。第二，要加强和改善国家对经济的宏观调控，克服市场自身的弱点。国家通过运用经济政策、计划指导和必要的行政管理，引导市场健康发展，健全统一、开放、竞争、有序的现代市场体系。第三，社会主义市场经济要和社会主义基本制度结合在一起。在所有制结构上，以公有制为主体，多种经济成分共同发展，不同经济成分还可以自愿实行多种形式的联合经营；在分配制度上，实行按劳分配为主体、多种分配方式并存，使劳动、资本、技术、管理等生产要素按贡献参与分配，坚持效率优先、兼顾公平，鼓励一部分人通过诚实劳动、合法经营先富起来，同时加强政府对收入分配的调节功能，防止收入悬殊，逐步实现共同富裕。

实现"两个一百年"奋斗目标，实现中华民族伟大复兴的中国梦，不断提高人民生活水平，必须坚持社会主义市场经济改革方向。可以说，中国特色社会主义政治经济学，首先是"社会主义市场经济学"。从理论结构上讲，其实质应该是"实践的社会主义"与"理性的市场经济"的有机结合。这样的一种结构性分析，能够完整地反映实践的内容和过程，能够鲜明地体现中国特色，体现世界上独一无二的经济理论与实践。

13. 国有、集体企业的经营和管理方式是什么？

宪法第十六条规定："国有企业在法律规定的范围内有权自主经营。国有企业依照法律规定，通过职工代表大会和其他形式，实行民主管理。"第十七条规定："集体经济组织在遵守有关法律的前提下，有独立进行经济活动的自主权。集体经济组织实行民主管理，依照法律规定选举和罢免管理人员，决定经营管理的重大问题。"在市场经济体制下，无论是国有企业，还是集体经济组织，都是自主经营、自负盈亏、独立核算的经济实体，都实行民主管理。除宪法的规定外，一些法律对国有、集体企业的自主经营和民主管理作了进一步规定。如公司法第十七条第二款、第三款规定："公司依照宪法和有关法律的规定，建立健全以职工代表大会为基本形式的民主管理制度，通过职工代表大会或者其他形式，实行民主管理。公司研究决定改制、解散、申请破产以及经营方面的重大问题、制定重要的规章制度时，应当听取公司工会的意见，并通过职工代表大会或者其他形式听取职工的意见和建议。"公司法还规定国有企业的董事会、监事会中应当有职工代表，职工代表由职工代表大会、职工大会或者其他民主形式选举产生。全民所有制工业企业法第二条第二款规定："企业的财产属于全民所有，国家依照所有权和经营权分离的原则授予企业经营管理。企业对国家授予其经营管理的财产享有占有、使用和依法处分的权利……"村民委员会组织法第二十四条规定，从村集体经济所得收益的使用和村集体经济项目的立项、承包方案等事项，须经村民会议讨论决定方可办理。

此外，国有企业实行民主管理的形式是职工代表大会和职工大会、工会等其他形式，实行股份制的国有企业还可以通过股东大会、董事会等形式进行民主管理。关于集体企业，村民委员会组织法第八条第三款规定："村民委员会应当尊重并支持集体经济组织依法独立进行经济活动的自主权，维护以家庭承包经营为基础、统分结合的双层经营体制，保障集体经济组织和村民、承包经营户、联户或者合伙的合法财产权和其他合法权益。"根据农村集体经济组织法第五条的规定，农村集体经济组织依法代表成员集体行使所有权，履行的职能包括：发包农村土地；办理农村宅基地申请、使用事项；合理开发利用和保护耕地、林地、草地等土地资源并进行监督；使用集体经营性建设用地或者通过出让、出租等方式交由单位、个人使用；组织开展集体财产经营、管理；决定集体出资的企业所有权变动；分配、使用集体收益；分配、使用集体土地被征收征用的土地补偿费；等等。

14. 外国经济组织或者个人怎样在中国从事经济活动？

宪法第十八条规定："中华人民共和国允许外国的企业和其他经济组织或者个人依照中华人民共和国法律的规定在中国投资，同中国的企业或者其他经济组织进行各种形式的经济合作。在中国境内的外国企业和其他外国经济组织以及中外合资经营的企业，都必须遵守中华人民共和国的法律。它们的合法的权利和利益受中华人民共和国法律的保护。"党的十一届三中全会以来，我国实行了对外开放政策，其中一项重要内容是允许外商来华投资、兴办企业。宪法对此作出了明确规定。为了落实宪法规定，我国制定了中外合资经营企业法、中外合作经营企业法、外资企业法三部法律（一般称为"外资三法"），对外商在我国投资兴办企业的三种主要形式作了规范。1979年7月改革开放新时期第一批出台的七部法律，就有中外合资经营企业法。1986年和1988年全国人民代表大会又先后制定了外资企业法和中外合作经营企业法。上述"外资三法"及其配套的法规、规章，为外国经济组织、个人在我国发展创造了良好的法治环境。进入新世纪，特别是党的十八大以后，根据全面深化改革、扩大对外开放的需要，我国通过全国人大常委会授权和修改法律等方式,确立了外商投资企业实行准入前国民待遇加负面清单管理制度。

随着社会主义市场经济体制和中国特色社会主义法律体系的建立和不断完善,"外资三法"的相关规范已逐步为民法典、公司法、合伙企业法等调整市场主体和市场交易方面的法律所覆盖。2019年3月,第十三届全国人民代表大会第二次会议通过外商投资法,明确规定了多项促进内外资企业规则统一、促进公平竞争方面的内容。这既有利于贯彻一视同仁、平等对待的宪法原则,营造稳定、透明、可预期和公平竞争的市场环境,也有利于我国各类企业平等参与全面对外开放。

(二)国家政治制度

1. 政治制度与宪法的关系是什么?

政治制度是指在特定的社会中,统治阶级通过组织政权以实现其政治统治的原则和规则的总和。它由一系列规范政治主体活动的准则、体制、惯例等因素构成,包括国家政权的组织形式、国家结构形式、政党制度、选举制度等。一般来说,国家的基本政治制度都由宪法规定或者确认,而其他非基本的政治制度,在宪法中并没有明文规定,而是在一般法律中或者其他文件中予以确认。

我国以宪法规定为基础建立了根本政治制度,即人民代表大会制度。同时,以宪法规定为基础建立的中国共产党领导的多党合作和政治协商制度、民族区域自治制度以及基层群众自治制度，构成了我国政治制度的核心内容和基本框架，集中体现了我国社会主义民主政治制度的特色，是我国的基本政治制度。

2. 为什么说人民代表大会制度是我国的根本政治制度？

人民代表大会制度是中国共产党根据马克思主义国家学说，结合中国国情与革命实践创造的国家政权组织形式，是我国的根本政治制度。其实质体现如下。

（1）人民代表大会制度直接反映了我国的国家性质。我国是工人阶级领导的、以工农联盟为基础的人民民主专政的社会主义国家。人民代表大会制度在人民代表大会的组成、人民代表大会与其他国家机关的关系，以及人民代表大会对国家权力的行使等方面都直接反映了这一国家性质。

（2）人民代表大会制度是我国人民当家作主、行使国家权力的重要途径和最高实现形式。我国人民当家作主的途径是多方面的，但对广大人民来说，最根本、最重要的还是掌握国家政权，行使国家权力。人民代表大会制度集中体现了社会主义制度的本质，代表广大人民的利益，是实现社会主义民主的重要途径和最高实现形式。

（3）人民代表大会制度决定国家的各种具体制度和社会生活的各个方面。根据人民代表大会制度，我国建立了一系列政治制度，如立法制度、行政制度、民族区域自治制度、监察制度、司法制度、选举制度、基层群众自治制度等。在这一体系中，人民代表大会制度涵盖了我国政治生活的主要方面，支配着其他政治制度，其他政治制度直接或者间接地受人民代表大会制度的调整和规范。

习近平总书记在中央人大工作会议上指出："人民代表大会

制度是实现我国全过程人民民主的重要制度载体。要在党的领导下，不断扩大人民有序政治参与，加强人权法治保障，保证人民依法享有广泛权利和自由。要保证人民依法行使选举权利，民主选举产生人大代表，保证人民的知情权、参与权、表达权、监督权落实到人大工作各方面各环节全过程，确保党和国家在决策、执行、监督落实各个环节都能听到来自人民的声音。要完善人大的民主民意表达平台和载体，健全吸纳民意、汇集民智的工作机制，推进人大协商、立法协商，把各方面社情民意统一于最广大人民根本利益之中。"[1] 实践证明，只要我们在中国共产党的领导下，坚决贯彻落实好宪法中的各项制度，坚持好人民代表大会制度，我们的政治制度就是符合上述要求的制度，就是能够引领中华民族实现伟大复兴的制度。

习近平总书记在庆祝全国人民代表大会成立70周年大会上的讲话进一步指出："人民代表大会制度是中国共产党领导中国人民艰辛探索长期奋斗的成果，是从中国土壤中生长起来的全新政治制度，是人类政治制度史上的伟大创造。从新民主主义革命时期探索并提出人民代表大会制度的基本构想，到社会主义革命和建设时期建立并实行人民代表大会制度，到改革开放和社会主义现代化建设新时期不断巩固和完善人民代表大会制度，到中国特色社会主义新时代推动人民代表大会制度更加成熟、更加定型，人民代表大会制度走过了不平凡的历程，已经牢牢扎根中国大地，深深融入中国特色社会主义伟大实践。"[2] 习近平总书记还深

---

[1] 《坚持和完善人民代表大会制度 不断发展全过程人民民主》，载《人民日报》2021年10月15日，第1版。

[2] 习近平：《在庆祝全国人民代表大会成立70周年大会上的讲话》，载《人民日报》2024年9月15日，第2版。

刻指出了人民代表大会制度的五大优势，即具有坚持中国共产党领导、保证党领导人民依法有效治理国家的显著优势，具有践行全过程人民民主、保障人民当家作主的显著优势，具有贯彻民主集中制、保证国家政治生活既充满活力又安定有序的显著优势，具有保障全面依法治国、实现国家各方面工作法治化的显著优势，具有维护国家统一、保障国家长治久安的显著优势。实践证明，人民代表大会制度是符合我国国情和实际、体现社会主义国家性质、保证人民当家作主的好制度，是能够有效凝聚全体人民力量一道推进中国式现代化的好制度，具有强大生命力和显著优越性。

3. 新形势下如何坚持和完善人民代表大会制度？

人民代表大会制度是中国特色社会主义制度的重要组成部分，也是支撑中国国家治理体系和治理能力的根本政治制度。在国家进入全面建成小康社会的新时期，在全面深化改革，全面推进依法治国的重要时期，如何坚持和完善好人民代表大会制度，是摆在党、国家和人民面前的一道重大课题。对此，党的二十大就发展全过程人民民主、保障人民当家作主作出全面部署，党的二十届三中全会就健全全过程人民民主制度体系作出具体安排。习近平总书记在庆祝全国人民代表大会成立70周年大会上的讲话明确提出："要围绕发展全过程人民民主，坚持好、完善好、运行好人民代表大会制度，为实现新时代新征程党和人民的奋斗目标提供坚实制度保障。"[①]

---

① 习近平：《在庆祝全国人民代表大会成立70周年大会上的讲话》，载《人民日报》2024年9月15日，第2版。

（1）充分发挥人大保证全面有效实施宪法法律的重要作用。在我们国家，任何组织和个人都必须尊重宪法法律权威，都必须在宪法法律范围内活动，都必须依照宪法法律行使权力或权利、履行职责或义务，都不得有超越宪法法律的特权。全面贯彻实施宪法法律是各级人大及其常委会的重要职责。新时代新征程，各级人大及其常委会要充分发挥职责作用，坚决维护国家法制统一、尊严、权威，确保宪法法律得到有效实施，确保各国家机关都在宪法法律范围内履行职责、开展工作。

（2）充分发挥人大在立法工作中的主导作用。推进科学立法、民主立法、依法立法，必须坚持和完善党委领导、人大主导、政府依托、各方参与的立法工作格局。新时代新征程，全国人大及其常委会和有立法权的地方人大及其常委会要充分履行立法职责，科学编制立法规划，健全牵头起草重要法律法规草案机制，统筹立改废释纂，加强重点领域、新兴领域、涉外领域立法，提高立法质量，不断完善中国特色社会主义法律体系。要加快完善体现权利公平、机会公平、规则公平的法律制度，保障公民各项权利得到有效落实。要坚持在法治轨道上深化改革，做到改革和法治相统一，重大改革于法有据、及时把改革成果上升为法律制度。

（3）充分发挥人大监督在党和国家监督体系中的重要作用。各级人大及其常委会要担负起宪法法律赋予的监督职责，健全人大对"一府一委两院"监督制度，加强对宪法法律实施情况的监督，强化人大预算决算审查监督和国有资产管理、政府债务管理监督，推动党中央决策部署贯彻落实，确保各国家机关依法行使权力，确保人民群众合法权益得到维护和实现。各级行政机关、监察机关、审判机关、检察机关要自觉接受人大监督，切实履行好各自监督职责，用制度管住权力。

（4）充分发挥人大在密切同人民群众联系中的带头作用。一切国家机关和国家工作人员必须牢固树立人民公仆意识，把人民放在心中最高位置，倾听人民群众意见和建议，保持同人民群众的密切联系。人大代表肩负人民赋予的光荣职责，要站稳政治立场，忠实代表人民利益和意志，依法参加行使国家权力，当好党和国家联系人民群众的桥梁。各国家机关要支持和保障人大代表依法履职，健全联系代表的制度机制，丰富人大代表联系人民群众的内容和形式。

（5）强化政治机关意识，加强人大自身建设。各级人大及其常委会要增强"四个意识"、坚定"四个自信"、做到"两个维护"，不断提高政治判断力、政治领悟力、政治执行力，全面加强自身建设，成为自觉坚持中国共产党领导的政治机关、保证人民当家作主的国家权力机关、全面担负宪法法律赋予的各项职责的工作机关、始终同人民群众保持密切联系的代表机关。要优化人大常委会、专门委员会组成人员结构，打造政治坚定、服务人民、尊崇法治、发扬民主、勤勉尽责的人大工作队伍。要加强纪律作风建设，既严格履行法定职责，遵守法定程序，又坚决防止形式主义、官僚主义，提高人大工作实效。

（6）加强党对人大工作的全面领导。人民代表大会制度是党领导国家政权机关的重要制度载体，也是党在国家政权中充分发扬民主、贯彻群众路线的重要实现形式。各级党委要把人大工作摆在重要位置，完善党领导人大工作的制度，定期听取人大常委会党组工作汇报，研究解决人大工作中的重大问题。要支持人大及其常委会依法行使职权、开展工作，指导和督促"一府一委两院"自觉接受人大监督。

4. 人民代表大会制度的基本内容包括哪几个方面？

（1）各级人大都由民主选举产生，对人民负责，受人民监督。民主选举是民主集中制的基础。选举权和被选举权是人民行使国家权力的重要标志。选民或者选举单位有权依照法定程序选举代表，并有权依照法定程序罢免自己选出的代表，这对于保证各级人大真正按照人民的意见、代表人民的利益行使国家权力，至关重要。

（2）各级人大及其常委会实行民主集中制，集体行使权力，集体决定问题，以求真正集中人民的意志、代表人民的利益。

（3）国家行政机关、监察机关、审判机关、检察机关都由人大产生，对它负责，受它监督。人大和它的常委会的职责是审议、决定国家和地方全局的、长远的、重大的问题。它并不代替依照法律规定属于政府、监察委员会、法院、检察院的职权。在人大统一行使国家权力的前提下，明确划分国家的行政权、监察权、审判权、检察权，以便各个国家机关各司其职，既避免权力过分集中，又使国家的各项工作能够有效地进行。

（4）在中央的统一领导下，实行中央和地方分权，充分发挥地方因地制宜地发展本地方的建设事业的主动性、积极性，以有利于加快全国的社会主义现代化建设。

（5）我国是统一的多民族国家，各少数民族聚居的地方实行区域自治，设立自治机关。自治机关除行使一般地方国家机关的职权外，同时行使自治权。在统一的国家内实行民族区域自治，既有利于民族团结，保障整个国家的独立和繁荣，又有利于保障各少数民族的合法权益，加速各少数民族地区经济和文化的发展，促进民族团结。

总之，人民代表大会这种国家政权形式有效保证了我国始终沿着社会主义道路前进，保证了国家权力最终掌握在人民手中，这是维护最广大人民的根本利益的可靠保证，为创造经济快速发展和社会长期稳定两大奇迹提供了重要制度保障，展现出显著政治优势。

5. 人民管理国家事务的方式有哪些？

宪法规定，人民依照法律规定，通过各种途径和形式，管理国家事务，管理经济和文化事业，管理社会事务。人民行使当家作主的权利，有两个方面的途径：一个途径是，人民通过选举，产生全国人民代表大会和地方各级人民代表大会，组成国家权力机关，代表人民行使各项权力。这实际是以代议制民主的方式行使当家作主权利。在区域辽阔、人口众多的国家，代议制民主是最普遍实行、最有效率的民主。另一个途径是，人民依照法律规定，通过各种途径和形式，直接管理国家事务和各项事业。

人民直接行使民主权利，管理国家事务和各项事业，有以下几个特点。

第一，人民通过各种途径和形式，管理国家事务，管理经济和文化事业，管理社会事务，是当家作主的重要方式，与通过代议制的方式行使权力同样重要，需要全国人大及其常委会以法律的形式肯定下来。比如，村民委员会组织法是农村村民实行自我管理、自我教育、自我服务的重要法律，规定了村民实行民主选举、民主决策、民主管理和民主监督的方式与程序，是广大农民直接行使民主权利的重要依据。

第二，人民直接行使当家作主的权力，其途径和方式多种多样。从目前的实践来看，这些途径和形式主要包括：（1）人民通过宪法和有关法律赋予的各项政治权利直接行使当家作主的权力；（2）人民通过村民委员会和居民委员会组织，实行基层直接民主，管理自己的事务；（3）人民通过各种职工代表大会的形式，管理各项事务；（4）人民通过工会、共青团、妇联等组织行使各项权力，参与国家事务的管理。随着实践的发展，人民在管理国家事务和其他各项事务的过程中，还会不断创造出新的形式。

第三，人民行使当家作主权力，管理各项事务的范围是十分广泛的，不仅包括行使管理国家事务的权力，还包括行使管理经济和文化事业的权力，以及行使管理各项社会事务的权力。

6. 我国国家机构组织原则是什么？

民主集中制是我国国家组织形式和活动方式的基本原则，也是我国国家机构的组织原则。民主集中制包括民主和集中两个方面，二者密切相关，缺一不可。民主是集中的基础，只有充分发扬民主，才能达到正确的集中；集中是民主的指导，只有实行高度集中，才能实现真正的民主。民主集中制是要使民主和集中二者辩证地统一。在政治上，围绕共同的目标，使各方面的意见得以充分发表，然后对其中科学的符合实际要求的东西，通过集中形成统一的意志，作为共同的行动准则。在这个过程中，要求少数服从多数、下级组织服从上级组织、个人服从集体、全党服从中央。在利益关系上，民主集中制是权利与义务的关系。它要求统筹兼顾，使个人利益与集体利益相统一。在维护个人合理利益的基础上，做到个人利益服从集体利益、局部利益服从整体利益、暂时利益服从长远利益。如果把民主与集中割裂开来,只讲集中,不讲民主,就必然出现个人独断专行,官僚主义滋长;反之,如果只讲民主,不讲集中,又会出现极端民主化、民粹主义、无政府状态等。毛泽东同志在《关于正确处理人民内部矛盾的问题》中指出:"在人民内部,不可以没有自由,也不可以没有纪律;不可以没有民主,也不可以没有集中。这种民主和集中的统一,自由和纪律的统一,就是我们的民主集中制。"[1]

宪法第三条第一款规定:"中华人民共和国的国家机构实行民主集中制的原则。"民主集中制是民主基础上的集中和集中指导下的民主相结合。我国是人民民主专政的社会主义国家。在人民内部,既有民主,又有集中。只有在民主基础上实行集中,才能真正体现最广大人民的根本意志和根本利益,保证人民有效地行使自己的权利。在我国的政治生活中,必须按照民主集中制原则,正确处理民主与集中的关系,把民主基础上的集中和集中指导下的民主紧密地结合起来,促使各类国家机关提高能力和效率、增进协调和配合,形成治国理政的强大合力,切实防止出现相互掣肘、内耗严重的现象。

我国宪法把民主集中制确立为国家机构的组织原则,主要体现在以下三个方面。

第一,从各级人民代表大会与人民的关系看,宪法规定,各级人民代表大会都由民主选举产生,对人民负责,受人民监督。人民代表大会统一行使国家权力,全国人民代表大会是最高国家

---

[1] 毛泽东:《关于正确处理人民内部矛盾的问题》(一九五七年二月二十七日),载中共中央文献研究室编:《建国以来重要文献选编》(第十册),中央文献出版社 2011 年版,第 60 页。

权力机关，地方各级人民代表大会是地方国家权力机关，人民通过人民代表大会行使国家权力。各级人大及其常委会实行民主集中制，充分发扬民主，集体行使职权。这充分体现了民主和效率的高度统一，有力保证国家机关高效协调运转，保证国家统一高效组织推进各项事业。这有效克服了一些国家那种相互掣肘、内耗严重和议而不决、决而不行的现象。

第二，从国家权力机关与其他国家机关的关系来看，宪法规定，国家各级行政机关、监察机关、审判机关和检察机关都由国家权力机关产生，对它负责，受它监督。

第三，从中央与地方的国家机构职权的划分来看，宪法规定，遵循民主集中制原则。在中央与地方之间遵循民主集中制原则，是由我国的国情决定的。

民主集中制原则在各国家机关的具体活动中的体现有所不同。各级人大及其常委会履行职责的方式是举行会议，在立法或者讨论决定其他重大事项时，就必须实行民主集中制。有些国家机关的活动不能一概要求实行民主集中制。比如，不能要求军事机关实行民主集中制，中央军事委员会就实行主席负责制。对于行政机关的活动不能一概要求实行民主集中制，但有些活动又必须实行民主集中制。比如，宪法第八十六条规定，国务院实行总理负责制。但总理负责制也不是绝对的，国务院组织法第七条就规定，国务院工作中的重大问题，必须经国务院常务会议或者国务院全体会议讨论决定。即对于重大问题必须实行民主集中制。

7. 我国国家机关的工作原则是什么？

我国的国家机关是为了实现人民民主专政的历史任务和国家

的发展目标而设置的。为了保证一切国家机关依法履行职责，恪尽职守，做好工作，防止和克服官僚主义，宪法明确规定了国家机关的工作原则。

第一，精简原则。根据宪法第二十七条的规定，一切国家机关实行精简的原则。按照精简原则，国家机关只能根据实际工作需要而设置。但是，国家机关的设置不是一成不变的，也不是越少越好，它应当适应现实的需要，现实需要发生变化，国家机关设置及其相关职能也应作出相应改变。2023年，党和国家机构改革方案明确提出，精减中央和国家机关人员编制。中央和国家机关各部门人员编制统一按照5%的比例进行精减，收回的编制主要用于加强重点领域和重要工作。

第二，责任原则。国家机关及其工作人员必须对人民负责。实行工作责任制，可以使国家机关人员分工明确，各司其职，各尽其责，有利于增强国家工作人员的责任感，又便于他们在自己的职责范围内有效地开展工作。宪法规定，国家机关在贯彻和执行国家权力机关制定的法律、地方性法规和重大决策时，实行严格的工作责任制。

第三，培训和考核原则。现代社会，分工越来越细，专业性、技术性越来越强，这对国家机关工作人员的素质和能力提出了更高的要求。国家机关工作人员只有精通业务，不断增长才干、提高素质，才能适应本职工作的需要。为此，应当建立和完善国家机关工作人员的选拔、任用、考核、培训制度，不断提高国家机关工作人员的工作质量和工作效率。

第四，密切联系群众原则。我国是人民民主专政的国家，人民是国家和社会的主人。作为人民民主专政的组成部分，国家机关及其工作人员的宗旨就是全心全意为人民服务。要做到这点，就要求国家机关及其工作人员认真贯彻党的群众路线，深入实际，调查研究，倾听人民的意见和建议，尊重人民群众的主人翁地位和首创精神，把人民群众分散的意见集中起来，形成科学、合理的决议和决定，再到群众中贯彻实施。

8. 我国中央与地方的国家机构职权划分的原则是什么？

中央与地方之间遵循在中央的统一领导下，充分发挥地方的主动性、积极性的原则，是由我国单一制国家的性质决定的。单一制国家的性质要求我们实行中央的集中和统一领导。但我们国家大，人口众多，各地发展很不平衡，仅有中央的集中和统一还不够，地方的积极性也很重要，只有调动中央和地方两个积极性才能使我们的建设事业顺利前进。因此，正确地处理好中央和地方的关系，事关重大。

新中国成立以后很长一段时间内，受计划经济体制的影响，我们在中央与地方的关系上，强调中央集权偏多，调动地方的积极性不够。中央与地方的关系在宪法中也没有得到科学反映。现行宪法总结新中国成立以来的实践，规定中央与地方国家机构在职权划分方面，遵循民主集中制的原则。一方面，地方必须遵循中央的统一领导。这是集中的一方面。我国是单一制的国家，国家只有一部宪法和一个最高国家权力机关，地方接受中央的统一领导，才能维护国家的统一和法制统一。另一方面，在坚持中央统一领导的前提下，必须充分发挥地方的主动性和积极性，使各地能够根据具体情况和实际需要，因地制宜地制定方针政策，采取各项具体措施。这是民主的一方面。

现行宪法颁布实施以来，为正确处理中央与地方的关系，国家制定了一系列贯彻民主集中制原则的政策措施，如宪法和立法法设定了统一、多层次的立法体制，对中央与地方的立法权限作出了明确的划分。这些都有力地推动了宪法关于遵循中央统一领导，充分发挥地方主动性和积极性规定的落实。

9. 我国的多党合作和政治协商制度的内涵是什么？

政党是代表一定阶级、阶层或者社会集团的根本利益，由其中一部分最积极的成员所组成，具有特定的政治纲领和政策主张，采取共同的行动，为参与、取得和维护政权而展开政治活动的政治组织。政党制度是一国宪法制度的重要组成部分，是规范党组织、政党活动以及政党领导或者参与政权的方式和途径等一系列行为的原则和规则的总和。一个国家实行什么样的政党制度，从根本上来说取决于这个国家的社会性质和根本制度，同时与特定的社会历史条件、政治经济状况和民族文化传统密不可分。各国不同的政党制度，体现了各国政治发展模式的多样性。

当代国家的政治制度是通过政党活动来运行的，但由于历史条件和具体国情存在差异，各国的政党制度及其政党活动方式不尽相同。我国宪法序言中规定："中国共产党领导的多党合作和政治协商制度将长期存在和发展。"这一规定，对我国社会主义民主政治的发展具有重要意义。人民政协协商民主是在中国共产党领导下，参加人民政协的各党派团体、各族各界人士履行政治协商、民主监督、参政议政职能，围绕改革发展稳定重大问题和涉及群众切身利益的实际问题，在决策之前和决策实施之中广泛协商、凝聚共识的重要民主形式。

中国共产党领导的多党合作和政治协商制度，是我国政党制度的特点和优势。这项制度是在长期革命和建设中形成和发展起来的，它既不同于西方的两党制或者多党制，也不同于一党制，是适合我国国情的政党制度。在民主革命时期，各民主党派同中国共产党长期合作，共同奋斗，为争取新民主主义革命胜利和建立中华人民共和国作出了重要贡献。新中国成立后，各民主党派参加了人民政权和人民政协的工作，为巩固人民民主专政，顺利实现社会主义改造和促进社会主义事业的发展，推进改革开放，进行社会主义现代化建设，发挥了重要作用。

我国是人民民主专政的社会主义国家。中国共产党是国家的领导核心，是执政党。各民主党派是各自所联系的一部分社会主义劳动者和一部分拥护社会主义的爱国者的政治联盟，是接受中国共产党领导，同中国共产党通力合作，共同致力于社会主义事业的参政党。中国共产党和各民主党派团结合作，互相监督，共同致力于建设中国特色社会主义和统一祖国、振兴中华的伟大事业。"长期共存、互相监督、肝胆相照、荣辱与共"是中国共产党同各民主党派合作的基本方针。充分发挥和加强民主党派参政和监督的作用，对于加强和改善共产党的领导，推进社会主义民主政治建设，维护国家长治久安，促进改革开放和现代化建设事业的发展，具有重要的意义。

中国人民政治协商会议是具有广泛代表性的统一战线组织，也是中国共产党领导的多党合作和政治协商制度的一种重要组织形式。人民政协是中国共产党把马克思列宁主义统一战线理论、政党理论、民主政治理论同中国具体实际相结合、同中华优秀传统文化相结合的伟大成果，是中国共产党领导各民主党派、无党派人士、人民团体和各族各界人士在政治制度上进行的伟大创造，具有深厚的文化基础、理论基础、实践基础，具有鲜明中国特色和显著政治优势，是科学、有效、管用的制度安排，在人类政治制度发展史上具有独特政治价值。

在推进中国式现代化新征程上，我国改革发展稳定任务之艰巨繁重前所未有，迫切需要进一步凝心聚力不断巩固全国各族人民大团结，加强海内外中华儿女大团结，多党合作和政治协商制度有了更多更丰富的内涵，承担了更重要的职责和任务。加强人民政协协商民主建设，必须高举中国特色社会主义伟大旗帜，以习近平新时代中国特色社会主义思想为指导，不断巩固团结奋斗的共同思想政治基础，紧紧围绕推进中国式现代化议政建言，着力画好强国建设、民族复兴的最大同心圆，坚持和完善中国共产党领导的多党合作和政治协商制度。坚持团结和民主两大主题，把协商民主贯穿履行职能全过程，重点推进政治协商、民主监督、参政议政制度化、规范化、程序化，拓展协商内容、丰富协商形式、规范协商程序、增加协商密度、提高协商成效，广泛凝聚各党派团体、各族各界人士的智慧和力量，为实现"两个一百年"奋斗目标、实现中华民族伟大复兴的中国梦作出更大贡献。

加强人民政协协商民主建设，必须坚持中国共产党的全面领导，坚定不移走中国特色社会主义政治发展道路，全面贯彻发展全过程人民民主的要求；坚持宪法和政协章程确定的人民政协性质定位，始终围绕中心、服务大局；坚持协商于决策之前和决策实施之中，切实提高协商实效；坚持民主协商、平等议事、求同存异、体谅包容，努力营造良好协商氛围。

10. 中国人民政治协商会议的组织机构和职能有哪些？

中国人民政治协商会议设全国委员会和地方委员会。全国委员会指导地方委员会，上级地方委员会指导下级地方委员会。中国人民政治协商会议地方委员会对全国委员会的全国性决议，下级地方委员会对上级地方委员会的全地区性的决议，都有遵守和履行的义务。根据实际工作的需要，中国人民政治协商会议全国委员会和地方委员会可以设立办公厅、专门委员会及其他工作机构。

中国人民政治协商会议的职能主要有：(1) 政治协商，是对国家和地方的大政方针以及政治、经济、文化和社会生活的重要问题在决策之前进行协商以及就决策执行过程中的重要问题进行协商。(2) 民主监督，是对国家宪法和法律法规的实施、重大方针政策的贯彻执行、国家机关及其工作人员的工作，通过建议和批评进行监督。(3) 参政议政，是对政治、经济、文化和社会生活中的重大问题以及人民群众普遍关心的问题，开展调查研究，反映社情民意，进行协商讨论。

11. 我国宪法规定的民族平等原则包括哪些内容？

我国是个多民族国家，有56个民族。党和国家的民族工作取得的最大成就，就是走出了一条中国特色解决民族问题的正确道路。我们坚持正确的中华民族历史观，增强对中华民族的认同感和自豪感，高举中华民族大团结旗帜，促进各民族在中华民族大家庭中像石榴籽一样紧紧抱在一起，促进各民族广泛交往交流交融，促进各民族在理想、信念、情感、文化上的团结统一，守望相助、手足情深，坚决维护国家主权、安全、发展利益，教育引导各民族继承和发扬爱国主义传统，自觉维护祖国统一、国家安全、社会稳定。其中，民族平等原则是我国宪法的一项基本原则，也是党和国家在民族关系上实行的基本原则，对于维护和发展各民族的平等团结互助和谐关系，维护社会稳定，促进各民族的共同繁荣，铸牢中华民族共同体意识，具有重要意义。宪法对这项原则的规定包括以下几个方面。

第一，各民族一律平等。各民族一律平等是民族平等原则的核心，是处理一切民族关系、解决一切民族问题的基础。民族有大有小，但各民族共同当家作主、参与国家事务管理，在政治上、法律上都享有平等的权利。在我国，民族平等意味着各民族不论人口多少，经济社会发展程度高低，民俗习惯和宗教信仰异同，都是中华民族的一部分，在国家生活中都享有平等的政治地位和法律地位。在现实生活中，我国各族人民广泛地享有宪法和法律赋予公民的各项平等权利，我国政府采取各种政策和措施，努力实现宪法和法律规定的民族平等。各少数民族与汉族都以平等的地位参与国家大事和各级地方事务的管理。

第二，帮助少数民族发展。实现各民族事实上的平等，是民族平等的重要体现。宪法第四条第二款规定："国家根据各少数民族的特点和需要，帮助各少数民族地区加速经济和文化的发展。"宪法第一百二十二条第一款规定："国家从财政、物资、技术等方面帮助各少数民族加速发展经济建设和文化建设事业。"我国共有55个少数民族，由于历史原因，他们一般人口较少，经济、文化相对落后。为了尽快改变少数民族地区经济和文化发展相对落后的现象，逐步消除历史上遗留下来的民族间事实上的不平等，国家采取各种措施支持各民族发展经济、改善民生，实现共同发展、共同富裕。

第三，实行民族区域自治。民族区域自治是实现民族平等、正确处理我国民族问题的重要制度。民族区域自治，就是在统一的祖国大家庭内,在国家的统一领导下,在少数民族聚居的地区设立自治机关,管理本民族内部事务和地方性事务。

第四,语言文字和风俗习惯自由。宪法第四条第四款规定:"各民族都有使用和发展自己的语言文字的自由,都有保持或者改革自己的风俗习惯的自由。"推广国家通用语言文字,有利于促进各民族之间的交流交融,有利于铸牢中华民族共同体意识;同时,各民族人民有权自由地使用和发展本民族的语言文字,国家科学保护各民族语言文字,尊重和保障少数民族语言文字学习和使用,尊重少数民族在日常生活、生产劳动以及社会交往中使用本民族语言文字的权利。

在民族平等的基础上,正确把握共同性和差异性的关系,增进共同性、尊重和包容差异性,正确把握中华民族共同体意识和各民族意识的关系,引导各民族始终把中华民族利益放在首位,本民族意识要服从和服务于中华民族共同体意识,同时要在实现好中华民族共同体整体利益进程中实现好各民族具体利益。正确把握中华文化和各民族文化的关系,各民族优秀传统文化都是中华文化的组成部分,中华文化是主干,各民族文化是枝叶,根深干壮才能枝繁叶茂。正确把握物质和精神的关系,要赋予所有改革发展以彰显中华民族共同体意识的意义,以维护统一、反对分裂的意义,以改善民生、凝聚人心的意义,让中华民族共同体牢不可破。

12. 基层群众自治组织的形式及任务是什么?

村民委员会、居民委员会是农村村民或者城市居民自我管理、自我教育、自我服务的基层群众性自治组织,是基层群众实行民主选举、民主决策、民主管理、民主监督的组织形式。自我管理就是群众自己管理自己，自己约束自己，自己管理本村或者本居住地区的事务。村民之间、居民之间、邻里之间、村民或者居民与村委会或者居委会之间，应当做什么，不应当做什么，违反了村民或者居民之间的约定如何处理等，都要由村民或者居民自己来决定。自我教育就是通过开展基层群众自治活动，使村民或者居民受到各种教育，包括法治教育、道德教育和民主教育等，教育者和被教育者成为一个有机的统一体。自我服务就是村民或者居民有组织地为自身的生产、生活提供服务。兴办什么样的服务项目，根据群众的需要，自己决定；服务所需的费用，由群众自己筹集。目前，自我服务主要是两个方面的内容：一是社会服务，兴办公共事务和公益事业，如修桥铺路、兴办托儿所、养老院等；二是生产或者生活服务，农村地区，主要是为农业生产的产前产中或者产后提供各种服务，如播种、灌溉、植保、收割、销售等。城市地区主要是为居民生活提供各种服务。

宪法第一百一十一条第二款规定："居民委员会、村民委员会设人民调解、治安保卫、公共卫生等委员会，办理本居住地区的公共事务和公益事业，调解民间纠纷，协助维护社会治安，并且向人民政府反映群众的意见、要求和提出建议。"这四项任务为村民委员会和居民委员会的基本任务。公共事务是指与本居住地区村民或者居民生产和生活直接相关的事务，公益事业是指本居住地区的公共福利事业。民间纠纷即邻里之间、家庭内部成员之间、居民或者村民之间发生的纠纷。调解纠纷的原则是在双方当事人自愿平等的基础上，依法调解。协助维护社会治安主要是开展治安防范，开展法治宣传和教育，配合有关部门开展综合治理工作等。村民委员会和居民委员会是基层群众同基层人民政府进行联系的纽带和桥梁,要收集群众的意见和要求,向人民政府反映。

按照村民委员会组织法的规定,村委会还有以下任务:支持和组织村民发展集体经济;管理本村的土地和其他集体财产;宣传宪法、法律、法规和国家政策;开展精神文明建设活动;维护村民的合法权利和利益;协助乡镇人民政府开展工作。按照城市居民委员会组织法的规定,居委会的任务还有协助人民政府或者它的派出机关做好与居民利益有关的公共卫生、优抚救济、青少年教育、养老助残等项工作;宣传宪法、法律、法规和国家的政策,维护居民的合法权益,教育居民履行依法应尽的义务,爱护公共财产,开展多种形式的社会主义精神文明建设活动;开展便民利民的社区服务活动等。

党的二十大报告提出,基层民主是全过程人民民主的重要体现。健全基层党组织领导的基层群众自治机制,加强基层组织建设,完善基层直接民主制度体系和工作体系,增强城乡社区群众自我管理、自我服务、自我教育、自我监督的实效。完善办事公开制度,拓宽基层各类群体有序参与基层治理渠道,保障人民依法管理基层公共事务和公益事业。

坚持和完善基层群众自治制度,发展基层民主,保障人民依法直接行使民主权利,一是畅通民主渠道,健全基层选举、议事、公开、述职、问责等机制;二是开展形式多样的基层民主协商,推进基层协商制度化,建立健全居民、村民监督机制;三是促进群众在城乡社区治理、基层公共事务和公益事业中依法自我管理、自我服务、自我教育、自我监督。

13. 村民委员会和居民委员会的组成、产生和任期是怎样的？

村民委员会由主任、副主任和委员共 3 至 7 人组成，由村民直接选举产生。任何组织或者个人不得指定、委派或者撤换村民委员会成员。村民委员会每届任期 5 年，届满应当及时举行换届选举。村民委员会成员可以连选连任。本村年满 18 周岁的村民，只要没有因为刑事案件被法院判决剥夺政治权利，就享有选举权和被选举权。选举由独立、公正的村民选举委员会主持。候选人由村民直接提名，提名可以是村民个人采用无记名投票的方式推荐，也可以是村民采取联名的方式提出，具体办法可由选举办法规定。候选人的名额还应当多于应选名额，实行差额选举。

居民委员会由主任、副主任和委员共 5 至 9 人组成。多民族居住地区，居民委员会中应当有人数较少的民族的成员。居民委员会每届任期 5 年，其成员可以连选连任。居民委员会主任、副主任和委员的选举，与村委会有所不同，有以下三种形式：（1）直接选举，即由本居住地区全体有选举权的居民选举产生。（2）由每户派代表选举产生。（3）根据居民意见，也可以由每个居民小组选举代表 2 至 3 人选举产生。这种产生方式是根据城市居民的特点，所作的灵活规定。换言之，居民与居委会的密切联系程度，不像村民与村委会那样紧密，因为村委会所在的区域实际是一个生产、生活的统一体，而居委会涉及的区域仅是一个生活区域，居民个人对居委会的依赖程度较低，因此没有必要一律采取直接选举的办法。

14. 如何理解基层群众自治组织与基层人民政府的关系？

村委会和居委会是基层群众性自治组织，这就决定了它与基层人民政府的关系不是行政机关之间的领导与被领导关系，只能是指导与被指导、协助与被协助的关系。如果将基层群众自治组织与基层人民政府的关系确定为领导与被领导的关系，就有可能使基层群众自治组织成为政府的"一条腿"，使基层政府把大量的行政工作压给基层群众自治组织，或者是代替基层群众自治组织的行为，这都将影响基层群众自治。

我国村民委员会组织法和城市居民委员会组织法对上述关系作了具体规定。乡、民族乡、镇的人民政府对村民委员会的工作给予指导、支持和帮助，但是不得干预依法属于村民自治范围内的事项。村民委员会协助乡、民族乡、镇的人民政府开展工作。不设区的市、市辖区的人民政府或者它的派出机关对居民委员会的工作给予指导、支持和帮助。居民委员会协助不设区的市、市辖区的人民政府或者它的派出机关开展工作。

（三）国家文化制度

1. 我国宪法对发展教育事业是如何规定的？

百年大计，教育为本。强国必先强教，优先发展教育、提高教育现代化水平，对全面建成社会主义现代化强国、全面推进中华民族伟大复兴，具有决定性意义。宪法第四十六条第一款规定:"中华人民共和国公民有受教育的权利和义务。"受教育是公民享有的基本权利,又是公民承担的基本义务。为此,国家应当为公民接受教育提供相应的条件和设施。宪法第十九条第一款至第四款明确规定:"国家发展社会主义的教育事业,提高全国人民的科学文化水平。国家举办各种学校,普及初等义务教育,发展中等教育、职业教育和高等教育,并且发展学前教育。国家发展各种教育设施,扫除文盲,对工人、农民、国家工作人员和其他劳动者进行政治、文化、科学、技术、业务的教育,鼓励自学成才。国家鼓励集体经济组织、国家企业事业组织和其他社会力量依照法律规定举办各种教育事业。"

国家发展社会主义的教育事业,提高全国人民科学文化水平的基本方针,主要体现在以下几个方面:(1)大力发展学校教育,首先是普及初等义务教育,也就是通常所说的九年义务教育。国家已经全面实现城乡免费义务教育,职业教育快速发展,高等教育进入大众化阶段,农村教育得到加强,教育公平迈出重大步伐。(2)发展各种教育设施,扫除文盲,发展业余成人教育。国家在正规的学校教育之外,还尽量发展各种教育设施,为工人、农民、在职国家机关工作人员和其他劳动者提供终身受教育的机会,使其自学成才,不断增强职业技能、提升个人素养,营造学习型社会建设的良好环境。(3)鼓励各种社会力量举办各种教育事业。我国是人口大国,尽管教育投入逐年增加,但教育资源仍非常有限,不能满足广大人民群众接受各种层次、不同领域教育的现实需求。宪法规定,国家鼓励社会力量办教育。在发展社会力量举办教育事业的过程中,要坚持教育公益性原则,健全政府主导、社会参与、办学主体多元、办学形式多样、充满生机活力的办学体制,形成以政府办学为主体、全社会积极参与、公办教育和民办教育共同发展的格局。调动全社会参与的积极性,进一步激发教育活力,满足人民群众多层次、多样化的教育需求。

2. 我国宪法对发展科学、医疗卫生、体育和文化事业是如何规定的?

宪法第二十条、第二十一条、第二十二条分别对国家发展科学、医疗卫生和体育以及文化事业等方面的基本方针作了规定。在科学方面,宪法第二十条规定:"国家发展自然科学和社会科学事业,普及科学和技术知识,奖励科学研究成果和技术发明创造。"科技是第一生产力,是推动国家发展、社会进步的巨大力量,发展科技事业直接关系社会主义现代化建设事业的顺利推进。发展科技事业,首要的是要鼓励科学技术创新,推动科技在发展中的引领作用,为发展注入持久动力,最终实现全面、协调和可持续发展。在医疗卫生方面,宪法第二十一条第一款规定:"国家发展医疗卫生事业,发展现代医药和我国传统医药,鼓励和支持农村集体经济组织、国家企业事业组织和街道组织举办各种医疗卫生设施,开展群众性的卫生活动,保护人民健康。"在体育方面,宪法第二十一条第二款规定:"国家发展体育事业,开展群众性的体育活动,增强人民体质。"在文化方面,宪法第二十二条规定:"国家发展为人民服务、为社会主义服务的文学艺术事业、新闻广播电视事业、出版发行事业、图书馆博物馆文化馆和其他文化事业,开展群众性的文化活动。国家保护名胜古迹、珍贵文物和其他重要历史文化遗产。"

3. 国家对待知识分子的基本政策是什么？

宪法第二十三条规定："国家培养为社会主义服务的各种专业人才，扩大知识分子的队伍，创造条件，充分发挥他们在社会主义现代化建设中的作用。"首先，国家通过培养各种专门人才，使知识分子人数不断增加，队伍不断壮大。知识分子的概念是不确定的，一般是指具有较高文化水平并主要从事脑力劳动的人。随着高等教育规模的迅速扩大，高校普遍扩招，培养的本科生、研究生人数也在快速上升。2022年我国高校毕业生人数达到1076万人，首次突破千万，再创历史新高。其次，国家创造条件，充分发挥知识分子在社会主义现代化建设中的作用。社会主义市场经济体制的建立，对知识对人才提出了更高的要求，市场经济呼唤人才，改革开放需要人才，现代化建设离不开人才。

党的二十大报告提出，人才是全面建设社会主义现代化国家的基础性、战略性支撑。坚持党管人才原则，坚持尊重劳动、尊重知识、尊重人才、尊重创造，实施更加积极、更加开放、更加有效的人才政策，引导广大人才爱党报国、敬业奉献、服务人民。加快建设国家战略人才力量，努力培养造就更多大师、战略科学家、一流科技领军人才和创新团队、青年科技人才、卓越工程师、大国工匠、高技能人才。加强人才国际交流，用好用活各类人才。深化人才发展体制机制改革，真心爱才、悉心育才、倾心引才、精心用才，求贤若渴，不拘一格，把各方面优秀人才集聚到党和人民事业中来。

4. 社会主义公民应具有的公德主要有哪些？

宪法第二十四条第二款规定："国家倡导社会主义核心价值观，提倡爱祖国、爱人民、爱劳动、爱科学、爱社会主义的公德，在人民中进行爱国主义、集体主义和国际主义、共产主义的教育，进行辩证唯物主义和历史唯物主义的教育，反对资本主义的、封建主义的和其他的腐朽思想。"

社会主义核心价值观的内涵：富强、民主、文明、和谐，自由、平等、公正、法治，爱国、敬业、诚信、友善。其中，"富强、民主、文明、和谐"是我国社会主义现代化国家的建设目标，也是从价值目标层面对社会主义核心价值观基本理念的凝练，在社会主义核心价值观中居于最高层次，对其他层次的价值理念具有统领作用。"自由、平等、公正、法治"是对美好社会的生动表述，也是从社会层面对社会主义核心价值观基本理念的凝练。"爱国、敬业、诚信、友善"是公民基本道德规范，是从个人行为层面对社会主义核心价值观基本理念的凝练。党的二十大报告指出，社会主义核心价值观是凝聚人心、汇聚民力的强大力量。把社会主义核心价值观融入法治建设、融入社会发展、融入日常生活。

爱祖国、爱人民、爱劳动、爱科学、爱社会主义，简称"五爱"。这是我国全体公民必须共同遵循的五种基本道德规范，也是我国社会主义道德建设的基本要求。爱祖国，作为一种理念和主张又称爱国主义，是人们在历史上长期形成的对自己祖国的一种深厚的感情，反映了社会主义国家的公民与祖国之间应有的关系。爱人民，就是要努力为人民服务，一切从人民利益出发，一切为了人民；敢于为人民说话，敢于同一切危害人民利益的思想和行为进行坚决的斗争，要有见义勇为精神。爱劳动，就是要树立正确的劳动态度，诚实、积极、主动地进行劳动，坚决抑制轻视劳动、好逸恶劳的思想作风；积极参加公益劳动，通过劳动培养为社会服务的精神和尊重劳动人民的思想感情；理解、尊重各行各业的劳动者。爱科学，就是要有"学科学、用科学"的强烈愿望和兴趣；努力钻研科学文化知识，老老实实，勤奋求知；努力把学到的科学知识运用于生产生活实践中，并不断加以创新；同一切封建迷信思想作斗争，自觉抵制各种愚昧、迷信倾向，反对伪科学。爱社会主义，就是要认识到社会主义制度是我国的根本制度，有其无可辩驳的优越性，必须拥护中国特色社会主义的各项路线、方针、政策，积极参加社会主义现代化建设，并且同一切危害社会主义事业的行为作斗争。

  党的十八大、十九大和二十大报告都提出，坚持依法治国和以德治国相结合。国家和社会治理需要法律和道德共同发挥作用。必须坚持一手抓法治、一手抓德治，大力弘扬社会主义核心价值观，弘扬中华传统美德，培育社会公德、职业道德、家庭美德、个人品德，既重视发挥法律的规范作用，又重视发挥道德的教化作用，以法治体现道德理念、强化法律对道德建设的促进作用，以道德滋养法治精神、强化道德对法治文化的支撑作用，实现法律和道德相辅相成、法治和德治相得益彰。

（四）国家社会制度

1. 为什么要建立健全同经济发展水平相适应的社会保障制度？

宪法第十四条第四款规定："国家建立健全同经济发展水平相适应的社会保障制度。"社会保障直接关系广大人民群众的切身利益，逐步建立健全社会保障制度是由我国社会主义的国家性质决定的，也是改善民生、增进人民福祉的必然要求，更是社会稳定和国家长治久安的重要保障。

社会保障体系是人民生活的安全网和社会运行的稳定器，是一个由多个系统与项目组成的体系，不同的社会保障系统或者项目承担着不同的社会保障责任，解决不同的民生与社会问题，也有着不同的财政来源、制度结构和运行机制。建立社会保障制度不仅要符合国情，而且要尊重社会保障制度的客观发展规律。我国人口众多，城乡、区域发展很不平衡，社会保障制度的建立健全必须同经济发展水平相适应，循序渐进地予以推进，否则欲速则不达。社会保障制度一般包括以下内容：（1）社会救助。社会救助是一项基础性保障制度，由财政负责提供专款，面向低收入或者贫困阶层，为符合条件者提供生活救助、灾害救助及其他专项救助。（2）社会保险。社会保险是面向劳动者的基本保障制度，它建立在劳资分责、政府支持的基础上，负责解除劳动者在养老、医疗、工伤、失业等方面的后顾之忧。（3）社会福利。社会福利主要面向特定群体提供福利津贴、福利设施与社会服务，如老年人福利包括老年津贴、老年设施、老年服务等，残疾人福利包括残疾人津贴、康复、特殊教育等。社会福利是需要政府主导、社会参与的保障系统。(4) 补充保障。补充保障是借助市场机制和社会力量举办的保障性项目，用于弥补法定的基本保障制度的不足，通常包括职业福利、商业保险、慈善事业、社会互助等。

在中国特色社会主义的新时代，我国将建成世界上规模最大的社会保障体系，基本养老保险覆盖十亿四千万人，基本医疗保险参保率稳定在百分之九十五。未来，国家覆盖全民、统筹城乡、公平统一、安全规范、可持续的多层次社会保障体系将更加健全。

2. 为什么说计划生育是我国的基本国策？

宪法第二十五条规定："国家推行计划生育，使人口的增长同经济和社会发展计划相适应。"宪法第四十九条第二款规定："夫妻双方有实行计划生育的义务。"实践证明，人口因素是我国经济和社会发展的关键性因素，实行符合我国国情的计划生育政策，直接关系到国家经济文化的发展速度，关系到社会主义建设事业的顺利进行，关系到人民群众物质文化生活水平的提高。通过计划生育控制人口数量，提高人口素质，是实现我国社会主义现代化建设宏伟目标，实现经济社会可持续发展的一项重大战略。

自20世纪70年代末，我国开始实行计划生育政策。在全国人民的共同努力下，计划生育工作取得了巨大成就，控制了人口过快增长，缓解了资源环境压力，为促进经济社会协调发展、保障和改善民生作出了重要贡献。在经历迅速从高生育率到低生育率的转变之后,我国人口的主要矛盾已经不再是增长过快,而是人口红利消失、临近超低生育率水平、人口老龄化、出生性别比失调等问题。因此,根据我国经济社会的发展,逐步调整完善生育政策是必要的。根据党中央决策部署,2013年12月,全国人大常委会通过了关于调整完善生育政策的决议,同意启动实施一方是独生子女的夫妇可生育两个孩子的政策;2015年12月,全国人大常委会通过了关于修改人口与计划生育法的决定,中国进入了"全面二孩"的计划生育时代;2021年8月,全国人大常委会再次通过了关于修改人口与计划生育法的决定,规定一对夫妻可以生育三个子女。

我国宪法有关计划生育的规定,特别是第二十五条关于"国家推行计划生育,使人口的增长同经济和社会发展计划相适应"的规定,体现了问题导向与目标导向相统一、指向性与方向性相统一,具有相当的包容性和适应性,可以涵盖不同时期实行的生育政策、相关工作及配套措施。修改人口与计划生育法,落实优化生育政策、促进人口长期均衡发展的决策部署,是与时俱进理解和把握宪法规定和精神的具体体现,也是与时俱进通过立法推动和保证宪法实施的生动实践,符合宪法规定和精神。

3. 我国宪法对于保护环境是如何规定的?

宪法第二十六条第一款规定:"国家保护和改善生活环境和生态环境,防治污染和其他公害"。生活环境,是指人生活、居住的环境。生态环境,是指影响人类生存与发展的水资源、土地资源、生物资源以及气候资源等数量与质量的总称,是关系社会和经济可持续发展的复合生态系统。改革开放后，经济建设成为国家各项事业的中心，一段时间内忽视了对生态环境的保护，大气污染、海洋污染、土地退化、气候变暖等环境问题日益严重。生态环境是人类赖以生存和发展的物质基础，保护和改善生态环境对于实现可持续发展、避免环境破坏给人类造成的灾难具有极其重要的意义。宪法将保护和改善生活环境和生态环境作为国家一项基本政策，在此基础上，国家制定了环境保护法、野生动物保护法、水污染防治法、环境影响评价法、大气污染防治法、海洋环境保护法、循环经济促进法、节约能源法、固体废物污染环境防治法等一系列法律，对不同领域环境保护的制度措施、主管部门、法律责任等作了具体规定。环境保护法作为生态环保领域的基础性法律，将保护环境规定为我国的基本国策，并明确"环境保护坚持保护优先、预防为主、综合治理、公众参与、损害担责的原则"。突出人大常委会监督落实政府环境保护的责任，规定县级以上人民政府应当每年向本级人大或者人大常委会报告环境状况和环境保护目标的完成情况，对发生重大环境事件的，还应当专项报告。

党的十八大以来，以习近平同志为核心的党中央从中华民族永续发展的高度出发，深刻把握生态文明建设在新时代中国特色社会主义事业中的重要地位和战略意义，大力推动生态文明理论创新、实践创新、制度创新，创造性提出一系列新理念新思想新战略，形成了习近平生态文明思想。习近平生态文明思想是习近平新时代中国特色社会主义思想的重要组成部分，是马克思主义基本原理同中国生态文明建设实践相结合、同中华优秀传统生态文化相结合的重大成果，是以习近平同志为核心的党中央治国理政实践创新和理论创新在生态文明建设领域的集中体现，是新时代我国生态文明建设的根本遵循和行动指南。习近平生态文明思想的精髓是：（1）坚持人与自然和谐共生，坚持节约优先、保护优先、自然恢复为主的方针，像保护眼睛一样保护生态环境，像对待生命一样对待生态环境，让自然生态美景永驻人间，还自然以宁静、和谐、美丽。（2）绿水青山就是金山银山，贯彻创新、协调、绿色、开放、共享的发展理念，加快形成节约资源和保护环境的空间格局、产业结构、生产方式、生活方式，给自然生态留下休养生息的时间和空间。（3）良好生态环境是最普惠的民生福祉，坚持生态惠民、生态利民、生态为民，重点解决损害群众健康的突出环境问题，不断满足人民日益增长的优美生态环境需要。（4）山水林田湖草是生命共同体，要统筹兼顾、整体施策、多措并举，全方位、全地域、全过程开展生态文明建设。（5）用最严格制度和最严密法治保护生态环境，加快制度创新，强化制度执行，让制度成为刚性的约束和不可触碰的高压线。（6）共谋全球生态文明建设，深度参与全球环境治理，形成世界环境保护和可持续发展的解决方案，引导应对气候变化国际合作。

将"生态文明"有关内容列入宪法，是 2018 年宪法修改的重要内容。我国宪法序言中规定，"推动物质文明、政治文明、精神文明、社会文明、生态文明协调发展，把我国建设成为富强民主文明和谐美丽的社会主义现代化强国"；国务院职能中增加领导和管理"生态文明建设"。从物质文明、政治文明和精神文明协调发展到物质文明、政治文明、精神文明、社会文明、生态文明协调发展，是我们党对社会主义建设规律认识的深化，是对中国特色社会主义事业总体布局的丰富和完善。

(五) 依法治国原则

1. 什么是依法治国？其基本要求是什么？

1999年修改宪法时增加了"中华人民共和国实行依法治国，建设社会主义法治国家"的规定。这一规定表明，依法治国这一党领导人民治理国家的基本方略成为一项宪法原则。在我国，依法治国的基本含义是，广大人民群众在党的领导下，依照宪法和法律规定，通过各种途径和形式管理国家事务，管理经济文化事业，管理社会事务，保证国家的各项工作都依法进行。

从宪法的规定看，依法治国主要包括以下几个方面的要求：（1）国家维护社会主义法制的统一和尊严。法制统一包括立法上的统一和法律实施上的统一。（2）一切法律、行政法规和地方性法规都不得同宪法相抵触，这里既包括不得同宪法的具体规定相抵触，也包括不得同宪法的原则和精神相抵触。（3）一切国家机关和武装力量、各政党和社会团体、各企业事业组织都必须遵守宪法和法律。宪法是国家一切机关、团体和个人的最高活动准则，一切主体都必须遵守宪法、维护宪法。一切违反宪法和法律的行为，必须予以追究。（4）任何组织或者个人都不得有超越宪法和法律的特权。

党的十八大以来，以习近平同志为核心的党中央从坚持和发展中国特色社会主义的全局和战略高度定位法治、布局法治、厉行法治，创造性提出了关于全面依法治国的一系列新理念新思想新战略，形成了习近平法治思想。习近平法治思想内涵丰富、论述深刻、逻辑严密、系统完备,从历史和现实相贯通、国际和国内相关联、理论和实际相结合上,深刻回答了新时代为什么实行全面依法治国、怎样实行全面依法治国等一系列重大问题,是顺应实现中华民族伟大复兴时代要求应运而生的重大理论创新成果,是马克思主义法治理论中国化的最新成果,是中国特色社会主义法治理论的重大创新发展,是习近平新时代中国特色社会主义思想的重要组成部分,是新时代全面依法治国的根本遵循和行动指南。

习近平法治思想的核心要义包括十一个方面:(1)坚持党对全面依法治国的领导;(2)坚持以人民为中心;(3)坚持中国特色社会主义法治道路;(4)坚持依宪治国、依宪执政;(5)坚持在法治轨道上推进国家治理体系和治理能力现代化;(6)坚持建设中国特色社会主义法治体系;(7)坚持依法治国、依法执政、依法行政共同推进,法治国家、法治政府、法治社会一体建设;(8)坚持全面推进科学立法、严格执法、公正司法、全民守法;(9)坚持统筹推进国内法治和涉外法治;(10)坚持建设德才兼备的高素质法治工作队伍;(11)坚持抓住领导干部这个"关键少数"。

2. 为什么说党的领导是全面依法治国的根本保证?

我国宪法确认了中国共产党的执政地位,确认了党在国家政权结构中总揽全局、协调各方的核心地位,这是中国特色社会主义最本质的特征,是中国特色社会主义制度的最大优势,是社会主义法治最根本的保证。坚持党的领导是社会主义法治的根本要求,是全面依法治国题中应有之义。宪法是国家的根本法,坚持依法治国首先要坚持依宪治国,坚持依法执政首先要坚持依宪执政。党领导人民制定宪法法律,领导人民实施宪法法律,党自身要在宪法法律范围内活动。坚持依宪治国、依宪执政,就包括坚持宪法确定的中国共产党领导地位不动摇,坚持宪法确定的人民民主专政的国体和人民代表大会制度的政体不动摇。

中国共产党在长期领导革命、建设、改革的实践中,坚持把马克思主义基本原理与中国具体实际相结合,成功探索出包括法治道路在内的中国特色社会主义道路。社会主义法治必须坚持党的领导,党的领导必须依靠社会主义法治,两者是根本一致,内在统一的,原因有以下几个方面。

(1) 二者在性质上根本一致。中国共产党是中国工人阶级先锋队,同时是中国人民和中华民族的先锋队,代表中国先进生产力的发展要求、代表中国先进文化的前进方向、代表中国最广大人民的根本利益。当前,中国共产党的使命就是要立足社会主义初级阶段的基本国情,坚持和发展中国特色社会主义。而全面依法治国作为一种治国方略和国家治理形态,与特定社会制度相联系。宪法规定,我国根本制度是社会主义制度,根本任务是沿着中国特色社会主义道路,集中力量进行社会主义现代化建设。这就决定了我国法治的性质是社会主义,在现阶段就是中国特色社会主义,这既是党的领导的旗帜,也是社会主义法治建设的旗帜。

(2) 二者在方向上根本一致。人民是决定党和国家前途命运的根本力量,全心全意为人民服务是党的根本宗旨。全面依法治国最广泛、最深厚的基础是人民,必须坚持以人民为中心,坚持为了人民、依靠人民。要把体现人民利益、反映人民愿望、维护人民权益、增进人民福祉落实到全面依法治国各领域全过程。推进全面依法治国,根本目的是依法保障人民权益。要积极回应人民群众新要求新期待，系统研究谋划和解决法治领域人民群众反映强烈的突出问题，不断增强人民群众获得感、幸福感、安全感，用法治保障人民安居乐业。要坚持和完善人民当家作主制度体系，健全社会公平正义法治保障制度，保证人民在党的领导下通过各种途径和形式依法管理国家事务、管理经济和文化事业、管理社会事务，使法律及其实施有效体现人民意志、保障人民权益、激发人民创造力。

（3）二者在任务上根本一致。中国特色社会主义法治道路本质上是中国特色社会主义道路在法治领域的具体体现，是建设社会主义法治国家的唯一正确道路。推进全面依法治国，必须坚持中国特色社会主义法治道路，既要立足当前，运用法治思维和法治方式解决经济社会发展面临的深层次问题；又要着眼长远，筑法治之基、行法治之力、积法治之势，促进各方面制度更加成熟、更加定型，为党和国家事业发展提供长期性的制度保障。要传承中华优秀传统法律文化，从我国革命、建设、改革的实践中探索适合自己的法治道路，同时借鉴国外法治有益成果，为全面建设社会主义现代化国家、实现中华民族伟大复兴夯实法治基础。

（4）二者在机制上根本一致。党根据宪法法律治国理政，既领导人民制定和实施宪法法律，又自觉在宪法法律范围内活动。同时，党依据党内法规管党治党，推进党的任务和执行党的纪律时没有特殊党员，各级党组织和广大党员都必须遵守宪法法律，接受党内法规更高标准的约束。而社会主义法治的一条重要原则，就是坚持法律面前人人平等，任何人不管职位多高、权力多大，只要违反宪法法律，都将受到严肃追究。因此，广大党员既要作为一名普通公民一体遵行宪法法律，又要恪守比公民要求更严格的党规党纪。这既是党运用法治思维和法治方式实施领导的机制、管党治党的机制,也是社会主义法治建设的机制,二者高度统一。

国际国内环境越是复杂,改革开放和社会主义现代化建设任务越是繁重,越要运用法治思维和法治手段巩固执政地位、改善执政方式、提高执政能力,保证党和国家长治久安。全面依法治国是要加强和改善党的领导,健全党领导全面依法治国的制度和工作机制,推进党的领导制度化、法治化,通过法治保障党的路线方针政策有效实施。

3. 我国宪法是怎样确立依法治国的基本原则的?

1954年颁布的《中华人民共和国宪法》,开辟了我国社会主义法治建设新纪元。后来,受极"左"思潮和法律虚无主义的影响,社会主义法治建设遭受严重挫折。以邓小平同志为核心的党的第二代中央领导集体,深刻总结我国法治建设的经验教训,确立了"为了保障人民民主,必须加强法制"的思想。1978年12月,邓小平同志指出:"应该集中力量制定刑法、民法、诉讼法和其他各种必要的法律,例如工厂法、人民公社法、森林法、草原法、环境保护法、劳动法、外国人投资法等等,经过一定的民主程序讨论通过,并且加强检察机关和司法机关,做到有法可依,有法必依,执法必严,违法必究。"[①] 党的十五大提出依法治国、建设社会主义法治国家,强调依法治国是党领导人民治理国家的基本方略,是发展社会主义市场经济的客观需要,是社会文

[①] 《邓小平文选》(第二卷),人民出版社1994年版,第146—147页。

明进步的重要标志，是国家长治久安的重要保障。1999年3月15日，第九届全国人民代表大会第二次会议通过了《中华人民共和国宪法修正案》，即我国现行宪法的第三个修正案，把"中华人民共和国实行依法治国，建设社会主义法治国家"写入宪法，从而把中国共产党的政治目标转变为国家的政治目标。2018年宪法修正案，将宪法序言中"健全社会主义法制"修改为"健全社会主义法治"。

4. 在建设中国特色社会主义强国的新时代如何全面推进依法治国？

当前，我们党面对的改革发展稳定任务之重前所未有、矛盾风险挑战之多前所未有，依法治国在党和国家工作全局中的地位更加突出、作用更加重大。全面推进依法治国是关系我们党执政兴国、关系人民幸福安康、关系党和国家长治久安的重大战略问题，是完善和发展中国特色社会主义制度、推进国家治理体系和治理能力现代化的重要方面。党的十八届四中全会提出，全面推进依法治国，总目标是建设中国特色社会主义法治体系，建设社会主义法治国家。要实现这个总目标，要求在中国共产党的领导下，坚持中国特色社会主义制度，贯彻中国特色社会主义法治理论，形成完备的法律法规规章体系、高效的法治实施体系、严密的法治监督体系、有力的法治保障体系，实现科学立法、严格执法、公正司法、全民守法，促进国家治理体系和治理能力现代化。

为全面推进依法治国，加强党中央对法治中国建设的集中统一领导，健全党领导全面依法治国的制度和工作机制，更好落实全面依法治国基本方略，2018年，党中央组建中央全面依法治国委员会，负责全面依法治国的顶层设计、总体布局、统筹协调、整体推进、督促落实，作为党中央决策议事协调机构。2020年11月，中央全面依法治国工作会议召开，强调推进全面依法治国要从把握新发展阶段、贯彻新发展理念、构建新发展格局的实际出发，围绕建设中国特色社会主义法治体系、建设社会主义法治国家的总目标，坚持党的领导、人民当家作主、依法治国有机统一，以解决法治领域突出问题为着力点，坚定不移走中国特色社会主义法治道路，在法治轨道上推进国家治理体系和治理能力现代化，为全面建设社会主义现代化国家、实现中华民族伟大复兴的中国梦提供有力法治保障。

5. 为什么说实现中华民族伟大复兴必须全面推进依法治国？

马克思主义政治经济学认为，经济基础决定上层建筑，上层建筑反作用于经济基础。《中共中央关于党的百年奋斗重大成就和历史经验的决议》用"十个明确"系统概括习近平新时代中国特色社会主义思想的核心内容，其中之一为"明确全面推进依法治国总目标是建设中国特色社会主义法治体系、建设社会主义法治国家"。党的十八大以来，以习近平同志为核心的党中央统筹国内国际两个大局，着眼于中华民族伟大复兴，把全面依法治国纳入"四个全面"战略布局，以前所未有的力度持续推进。

法治兴则民族兴，法治强则国家强。这是人类发展史、我国数千年文明史的昭示。全面依法治国是实现国家治理体系和治理能力现代化的必然要求。当今世界正处于百年未有之大变局，而中华民族伟大复兴正面临前所未有的机遇和挑战。如何在大变局中经受考验，实现中华民族伟大复兴，对国家治理体系和治理能力提出了更高要求，而全面依法治国则是实现国家治理体系和治理能力现代化的必然要求。法治是制度之治、规则之治，也是理性之治。全面依法治国将国家治理的方方面面纳入法治的轨道，要求依法治国、依法执政、依法行政共同推进，法治国家、法治政府、法治社会一体建设，实现科学立法、严格执法、公正司法、全民守法。这有助于确保国家治理体系的系统性、规范性、协调性，最大限度地凝聚社会共识，使国家治理始终处于法治的规范、引领和保障之中，确保国家治理的科学性。

6. 全面推进依法治国的总目标是什么？

全面推进依法治国的总目标是建设中国特色社会主义法治体系，建设社会主义法治国家。总目标阐明了中国特色社会主义法治体系的核心要义，即坚持党的领导，坚持中国特色社会主义制度，贯彻中国特色社会主义法治理论。这一核心要义的提出，指明了全面推进依法治国的正确政治方向。总目标规划了全面推进依法治国的总体布局，即依法治国是一个系统工程，涉及立法、执法、司法、守法各个方面，涉及中国特色社会主义"五位一体"总体布局的各个领域，必须加强顶层设计、统筹谋划，以建设中国特色社会主义法治体系作为总揽全局、牵引各方的总抓手。社会主义法治体系的提出，是我们党治国理政思想的重大创新，标志着我们党对法治发展规律和社会主义建设规律的认识达到了一个新的高度。

7. 什么是社会主义法治体系？

社会主义法治体系是一个内容丰富的整体，包含以下几个方面的具体内容。

（1）完备的法律规范体系。这是解决"有法可依"的问题。在中国特色社会主义法律体系形成之后，国家和社会生活各方面在总体上实现了有法可依。但法律还要随着实践的发展不断完善，立法质量也要不断提高，增强法律法规的及时性、系统性、针对性和有效性，解决某些法律规范相互之间打架、可操作性不强的问题。

（2）高效的法治实施体系。徒法不足以自行，法律的生命力和权威性都在于实施。目前，有法不依、执法不严、违法不究的现象在一定范围内存在，有些地方以权谋私、徇私枉法、破坏法治的问题还很严重。为此，必须建立高效的法治实施体系，加强宪法实施，坚持严格执法、公正司法、全民守法，使之成为法治坚实的支撑。

（3）严密的法治监督体系。缺乏监督的权力，必然导致腐败。建立严密的监督体系，健全对权力运行的监督和制约，将权力关进制度的笼子，是社会主义法治体系的应有之义。

（4）有力的法治保障体系。一是加强立法、司法等法治专门队伍和法律服务队伍建设，为全面推进依法治国提供坚实的人才保障。二是改革和完善不符合法治规律、不利于依法治国的体制机制，为全面推进依法治国提供完备的制度保障。三是努力形成依法办事、依法解决矛盾的社会氛围，完善守法诚信褒奖机制和违法行为惩罚机制，使尊重法律、信仰法律、遵守法律成为全体人民的共同追求和自觉行动。

8. 为什么说坚持依法治国首先要坚持依宪治国？

宪法是国家的根本法，具有最高的法律效力，在中国特色社会主义法律体系中处于核心的地位。一切法律、行政法规、地方性法规都不得同宪法相抵触。因此，依法治国，首先必须严格遵守和执行宪法，树立和维护宪法的权威，保证宪法贯彻实施，做到依宪治国。宪法把党的领导和党在社会主义初级阶段的基本路线以国家根本法的形式肯定下来，坚持依宪治国、依宪执政，就包括坚持宪法确定的中国共产党领导地位不动摇，就是要坚定不移地坚持"一个中心、两个基本点"的党的基本路线。宪法确立了人民民主专政的国体和人民代表大会制度的政体，坚持依宪治国、依宪执政，就是要坚持宪法确定的人民民主专政的国体和人民代表大会制度的政体不动摇，保证人民依照法律规定，通过各种途径和形式，管理国家事务，管理经济和文化事业，管理社会事务，保证各国家机构严格依照宪法的规定行使职权，实现社会主义民主的制度化、法律化。宪法对公民的政治权利、人身权利、经济社会文化权利等基本权利和自由作了全面的规定，是人权的保障书。坚持依宪治国，就是要切实保障公民的各项基本权利和自由，坚决制止和纠正侵犯公民权利的行为。坚持依宪治国，必须切实保障宪法的实施，要切实把宪法的各项规定落到实处，以宪法为根本活动准则，坚决维护宪法的权威，这是国家长治久安的根本保证。

推进全面依法治国，首先要把宪法摆在突出位置，全面加强宪法实施和监督。一是通过建设中国特色社会主义法治体系推动宪法实施。在党中央领导下，以宪法作为最高法律规范，加快形成完备的法律规范体系、高效的法治实施体系、严密的法治监督体系、有力的法治保障体系，形成完善的党内法规体系，用科学有效、系统完备的制度体系保证宪法实施。二是通过发展国家各项事业推动宪法实施。我国宪法既是我国法律法规和制度体系的总依据，也是我国各项事业发展的总依据。我国宪法有一大特色，就是明确规定了国家的根本任务、发展道路、奋斗目标和大政方针。国家经济建设、政治建设、文化建设、社会建设、生态文明建设和国家各方面事业，在宪法上都有体现、都有要求。没有社会主义事业全面的、充分的发展，就谈不上宪法的有效实施。三是通过宪法监督保证宪法实施。监督宪法的实施，解释宪法，是宪法赋予全国人大及其常委会的重要职责。第十三届全国人民代表大会第一次会议设立的全国人大宪法和法律委员会，在推动宪法实施、开展宪法解释、推进合宪性审查、加强宪法监督、配合宪法宣传等方面，应当担负新的角色、发挥新的作用。

9. 什么是依法行政？

依法行政，是指国家机关及其工作人员依据宪法和法律赋予的职责权限，在法律规定的职权范围内，对国家的政治、经济、文化、教育、科技等各项社会事务，依法进行管理的活动。依法行政的本质是有效制约和合理运用行政权力，它要求一切国家行政机关和工作人员都必须严格按照法律的规定，在法定职权范围内，充分行使管理国家和社会事务的行政职能，做到既不失职，又不越权，更不能非法侵犯公民的合法权益。

法律是行政机关进行各种活动和人们对其活动进行评价的标准，依法行政是对各级行政机关提出的要求，也是当今社会人民群众及各类企事业单位、团体、组织对政府部门提出的要求,是社会发展到一定阶段的产物。依法行政也是市场经济体制条件下对政府活动的要求,我国是在20世纪80年代末提出"依法行政"这一基本原则的,它的提出绝不是偶然的,而是政治、经济及法治建设本身发展到一定阶段的必然要求。

10. 新形势下如何推进依法行政,建设法治政府?

新形势下,加快建设法治政府面临以下几个方面的任务。

(1) 依法全面履行政府职能,这是建设法治政府的基础和前提。一要完善行政组织和行政程序法律制度,推进机构、职能、权限、程序、责任法定化。行政机关对于没有法定授权的事项,坚决不可为;对于法定职责范围内的事务,则要勇于担当,克服懒政、怠政。行政机关不得法外设权,在没有法律法规依据的情况下,不得作出减损公民、法人和其他组织合法权益或者增加其义务的决定。二要推行政府权力清单制度,全面梳理行政权力,职权法定,消除行政权力设租寻租的空间。三要推进各级政府事权规范化、法律化,清晰界定不同层级政府间事权,充分发挥好中央和地方两个积极性。

(2) 健全依法决策机制。一要把公众参与、科学论证、风险评估、合法性审查、集体讨论决定确定为重大行政决策的法定程序,确保决策制度科学、程序正当、过程公开、责任明确。二要积极推行政府法律顾问制度,保证法律顾问在制定重大行政决策、推进依法行政中发挥积极作用。三要建立重大决策终身责任追究制度及责任倒查机制,强化决策主体责任,切实提高行政决策的科学化、民主化、法治化水平。

（3）深化行政执法体制改革，这是提升行政执法水平的制度动力。一要根据不同层级政府的事权和职能，合理配置执法力量，执法力量要减少层次，向市县基层下移。二要推进综合执法，大幅减少市县两级政府执法队伍种类，在重点领域推行综合执法，有条件的领域可以推行跨部门综合执法。三要完善市县两级政府行政执法管理，规范执法行为，提高执法效率。四要严格实行行政执法人员持证上岗和资格管理制度，努力提升执法人员素质能力。五要严格执行罚缴分离和收支两条线管理制度，收费收入和罚没收入不得与部门利益直接或者变相挂钩。六要健全行政执法和刑事司法衔接机制，克服有案不移、有案难移、以罚代刑现象。

（4）坚持严格规范公正文明执法，这是加快建设法治政府的重点任务。一要依法严惩各类违法行为，加大关系群众切身利益的重点领域的执法力度，维护群众合法权益和法律尊严。二要完善执法程序，及时发现、解决和有效预防执法中不严格、不规范、不公正、不文明等问题。三要建立健全行政裁量权基准制度，从制度上解决执法不公现象。四要加强行政执法信息化建设和信息共享，提高执法效率和规范化水平。五要全面落实行政执法责任制，严格确定不同部门及机构、岗位执法人员执法责任和责任追究机制，加强执法监督，防止和克服地方和部门保护主义，惩治执法腐败。

（5）强化对行政权力的制约和监督。一要充分发挥党内、人大、监察、民主、行政、司法、审计、社会、舆论等监督制度建设，充分发挥各监督主体的积极性，努力形成科学有效的权力运行制约和监督体系，增强监督合力和实效。二要加强对政府内部权力的制约，对权力集中的部门和岗位实行分事行权、分岗设权、分级授权,定期轮岗,强化内部流程控制,防止权力滥用。改进上级机关对下级机关的监督,建立常态化监督制度。三要完善纠错问责机制,健全责令公开道歉、停职检查、引咎辞职、责令辞职、罢免等问责方式和程序。四要完善审计制度,保障独立行使审计监督权。

(6)全面推行政务公开。一要完善政务公开和各领域办事公开制度,坚持以公开为常态,不公开为例外原则。二要依据权力清单,向全社会公开政府职能、法律依据、实施主体、职责权限、管理流程、监督方式等事项,加强对行政权力行使的过程监管。三要重点推进财政预算、公共资源配置、重大建设项目批准和实施、社会公益事业建设等领域的政府信息公开。四要将涉及公民、法人或其他组织权利义务的规范性文件,按照政府信息公开要求和程序予以公布。五要推行行政执法公示制度,公开执法依据、程序、结果,规范行政执法行为。六要推进政务公开信息化,丰富公开内容,创新公开方式,提供便捷的行政管理服务。

11. 怎样维护社会主义法制统一?

社会主义法制统一是我国宪法的一项重要原则。宪法第五条第二款规定:"国家维护社会主义法制的统一和尊严。"在我国,法制统一是指国家制定统一的宪法和法律,并保证它们在全体公民中得到统一的遵守和执行。随着全面依法治国的深入推进,改革破浪前行越发需要统一法制的"保驾护航"。一方面,自2015年立法法修改以来,所有设区的市、自治州都被赋予了地方立法权,使得拥有地方立法权的主体数量大幅增加,维护法制统一的难度明显增大。另一方面,现实中一些立法乱象时有发生。这些问题使加强备案审查工作变得尤为紧迫。

  第一，要坚持立法的统一。立法统一是社会主义法制统一的前提和基础。我国已经形成了以宪法为统帅，以宪法相关法、民法、经济法、行政法等多个法律部门的法律为主干，由法律、行政法规、地方性法规等多个层次的法律规范构成的中国特色社会主义法律体系。维护不同层次法律规范之间的协调统一是坚持立法统一的必然要求。自党的十九大提出推进合宪性审查以来，国家建立健全涉及宪法问题的审查咨询制度，有关方面拟出台的行政法规、军事法规、监察法规、地方性法规、经济特区法规、自治条例和单行条例、部门规章、地方政府规章、司法解释以及其他规范性文件和重要政策、重大举措，凡涉及宪法有关规定如何理解、实施、适用的，都应当依照有关规定向全国人大常委会书面提出合宪性审查请求。同时，我国立法法、监督法等法律规定了规范性文件的备案审查制度，赋予一定机关对特定范围的规范性文件进行审查，并对同宪法、法律相抵触的法规、规章和其他规范性文件予以撤销的权力，从而确保立法统一。备案审查制度是维护立法统一的一项重要制度，具有十分重要的作用。第二，要坚持法律适用和执行上的统一。只有立法统一，没有法律适用和执行上的统一，法制统一就是一句空话。宪法第五条第四款规定，一切国家机关和武装力量、各政党和各社会团体、各企业事业组织都必须遵守宪法和法律。一切违反宪法和法律的行为，必须予以追究。第三，要反对特权。任何组织和个人都必须服从宪法和法律，这是法治的根本要求和本质内涵。宪法第五条第五款规定："任何组织或者个人都不得有超越宪法和法律的特权。"

12. 如何在全社会树立法治意识？

法律的权威源自人民的内心拥护和真诚信仰，因此，必须推动全社会树立法治意识。法治意识是人们对法律发自内心的认可、崇尚、遵守和服从。如果一个社会大多数人对法律没有信任感，建成法治社会就只能成为一句空口号。当前，信权不信法、信钱不信法、信访不信法的现象仍然存在，根子在于全社会的法治意识还未真正树立。推动全社会树立法治意识，依然是一项长期而艰巨的任务。

首先，要深入开展法治宣传教育。2014 年 11 月，全国人大常委会通过"关于设立国家宪法日的决定"，规定将 12 月 4 日设立为国家宪法日，国家通过多种形式开展宪法宣传活动。在国家宪法日前后，全国还开展宪法宣传周活动。自 1985 年以来，我国已经制定了八个五年普法规划，多年的法治宣传教育，有力提高了全体公民的法律素质。从"法制宣传教育"到"法治宣传教育"，内涵更加丰富，既包括对法律体系和法律制度的宣传，也包括对立法、执法、司法、守法等法治体系的宣传，更加突出了法治理念和法治精神的培育，及运用法治思维和法治方式能力的培养。要坚持开展全民普法教育，把法治教育纳入国民教育体系和精神文明创建内容，创新普法宣传形式，以人民群众尤其是青少年喜闻乐见的方式开展宣传教育工作。此外，还要抓住领导干部这个关键，认真做好领导干部学法用法工作，努力使领导干部掌握履行职责所必需的法律知识，增强依法执政、依法行政的意识，带头维护宪法和法律权威，提高运用法治思维和法治方式深化改革、推动发展、化解矛盾的能力。

其次，要完善守法诚信褒奖机制和违法失信惩戒机制。确定经济社会发展目标和发展规划、出台重大政策和改革措施时，把守法经营、诚实信用作为重要内容。在提供公共服务时，对诚信者实行优先办理、简化程序。在全社会形成遵纪守法、诚实守信的良好氛围。反之，对违法者，特别是对涉及食品药品安全、环境保护、安全生产等重点领域的违法者，要建立黑名单制度和市场退出机制。要坚持严格执法、公正司法，使违法犯罪活动受到应有的制裁和惩罚，让受害者的权利得到有效保护和救济，让人民群众切实感受到公平正义，从而发自内心信仰法律，信仰法治。

最后，要加强公民道德建设，坚持法治建设与道德建设相结合，与中华优秀传统文化相结合。公民的道德素质高低，一定程度上影响和制约一个国家的法治进程。我国传统文化中的德治思想十分丰富，要弘扬中华优秀文化传统，深入挖掘其中的时代价值，增强法治的道德底蕴。现实生活中，广大党员干部要模范践行社会主义核心价值观，树立良好道德风尚。同时，要把道德领域一些突出问题纳入法律调整的范围，加大执法、司法工作力度，弘扬真善美、制裁假恶丑。让违法行为不仅受到法律制裁，也要受到道德谴责，推动形成崇法守信的社会风尚。

13. 什么是法治工作队伍？如何建设一支高素质的法治专门队伍？

党的十八届四中全会决定提出，全面推进依法治国，必须大力提高法治工作队伍思想政治素质、业务工作能力、职业道德水准，着力建设一支忠于党、忠于国家、忠于人民、忠于法律的社会主义法治工作队伍,为加快建设社会主义法治国家提供强有力的组织和人才保障。"法治工作队伍"是党的十八届四中全会决定中的新提法,包括法治专门队伍和社会法律服务队伍。法治专门队伍主要包括在人大和政府从事立法工作的人员,在行政机关从事执法工作的人员,在司法机关从事司法工作的人员;社会法律服务队伍以律师为主体,包括公证员、基层法律工作者、人民调解员、法律服务志愿者等。法治工作队伍是国家治理队伍的重要力量,处于法治实践的最前沿。他们素质的高低,直接影响和制约国家治理法治化的进程,影响立法、执法、司法的质量和效率。因此,加强法治工作队伍建设,是贯彻落实依法治国战略部署和全面深化改革的需要。当前,法治工作队伍总体上是好的,但也存在着整体素质和能力与新形势新任务新要求不相适应不相符合的问题,严重破坏法治的权威,影响人民群众对法治的信心。因此,建设一支高素质法治工作队伍,是全面推进依法治国的基础性、战略性任务。

法治专门队伍承担着立法、执法、司法的任务,这些工作政治性、政策性很强,所以政治上合格成为法治专门工作者第一位的条件。法治专门工作者要牢固树立社会主义法治理念,始终坚持党的事业、人民利益、宪法法律至上,始终做到党在心中、人民在心中、法在心中、正义在心中。

律师在服务经济社会发展、保障公民和法人合法权益、维护社会公平正义、化解社会矛盾纠纷、促进社会和谐稳定方面发挥着重要作用。因此,必须加强律师队伍思想政治建设,增强律师队伍走中国特色社会主义法治道路的自觉性和坚定性。要加大律师培训力度,加强诉讼、仲裁、调解、普法等专项法律服务业务技能培训,提高服务能力。律师不仅要精通法律,还要熟悉国情；不仅要精通国内法律，而且要了解外国法律。要大力加强律师职业道德建设，建立健全律师诚信执业制度，严格执行违法违规职业惩戒制度，强化准入、退出管理。

四、公民的基本权利和义务

1. 公民的含义是什么？

公民是个法律概念。一个人取得了某一国家的国籍，就是这个国家的公民，他就可以享有该国宪法和法律规定的权利和必须履行宪法和法律规定的义务。如果他侨居在国外，也受所属国家外交机构和领事机构的保护。

从性质上来看，公民具有自然属性和法律属性两个方面。公民的自然属性反映出公民首先是基于自然生理规律出生和存在的生命体。公民的法律属性是指公民作为一个法律概念，以一个国家的成员的身份，参与社会活动、享受权利和承担义务，应由国家法律加以规定。

"公民"的概念和"人民"的概念是有区别的。人民是一个政治概念，是指以劳动群众为主体的社会基本成员，是相对敌人而言。人民在不同历史时期有不同内容。现阶段，我国的人民是指全体社会主义劳动者，拥护社会主义的爱国者、拥护祖国统一和致力于中华民族伟大复兴的爱国者。而公民是与外国人相对应的法律概念，是指取得某国国籍，并根据该国法律规定享有权利和承担义务的人。人民所表达的是群体的概念，是集合概念。人民作为一个集合概念，则无以指向任何一个人。公民一般表示个体的概念，是非集合概念，是具体的概念，可以落实到某个人的身上。

2. 如何理解公民在法律面前一律平等？

平等是社会主义法律的基本属性。公民在法律面前一律平等，是保证社会主义民主和法治实施的一条基本原则，是公民实现其各项权利的基础，也是公民平等参与社会生活的前提和条件。任何组织和个人都必须尊重宪法法律权威，都必须在宪法法律范围内活动，都必须依照宪法法律行使权力或权利、履行职责或义务，都不得有超越宪法法律的特权。

首先，所有公民都平等地享有宪法和法律规定的权利。法律面前平等意味着公民通过法律获得同等的待遇，平等地享有权利、履行义务，不允许因其性别、身份、职业等因素不同而享有特权。其次，所有公民都平等地履行宪法和法律规定的义务。再次，国家司法机关和行政机关在适用法律时，对所有公民的合法权益都平等地予以保护，对所有公民的违法和犯罪行为，都平等地追究法律责任。最后，任何公民个人或者组织都不得享有超越宪法和法律的特权。

党的二十大报告强调，坚决破除特权思想和特权行为。必须维护国家法制统一、尊严、权威，切实保证宪法法律有效实施，绝不允许任何人以任何借口任何形式以言代法、以权压法、徇私枉法。必须以规范和约束公权力为重点，加大监督力度，做到有权必有责、用权受监督、违法必追究，坚决纠正有法不依、执法不严、违法不究行为。

3. 什么是人权？

人权，顾名思义，就是人的权利。人权具有两个显著特征：第一，它的主体必须是全体人类。正如联合国《世界人权宣言》所指出的那样：人人有资格享有本宣言所载的一切权利和自由，不分种族、肤色、性别、语言、宗教、政治或其他见解、国籍或社会出身、财产、出生或其他身份等任何区别。从理论上讲，只要是人，都应该享有人权，人人如此。第二，它的内容必须体现人的自由和平等。自由和平等一直是人类孜孜追求的目标。从人权的角度讲，自由就是让人成为自己的主人。平等就是使人享有相同的地位、权利和尊严。呵护人的生命、价值、尊严，实现人人享有人权，是人类社会的共同追求。在国际人权法和各国宪法中，人权的规定都是指向自由和平等的，都是对人的存在和价值的普遍肯定。

简单地讲，人权是指人依其自然本性和社会本质享有或应当享有的基本权利。人权之所以是人权，因为它代表了人类尊严，体现了正义、公平、人道、善等美好的人类精神和价值。离开了人权，人类就无法有尊严地生活。在这个意义上，人权是人类安全和幸福的保障，是人类文明和进步的象征。

当今的世界，人们对人权有不同的理解。用马克思主义分析人权，我们可以从以下几个方面来理解这一复杂的概念。

第一，人权是一种道德权利，反映了人权的道德根据、理想和目标。它表明人权是先于国家法律的，是人本身具有的权利。不管国家法律是否承认，人权都是存在的。这一道德权利是评判法律、社会制度和现实是否合理的道德标准。

第二，人权是一种法律权利，即受到国家宪法和法律承认的人权。人权不转化为法定权利，就不具有国家意志的属性和权威，就无法同专制、特权、残暴等非人道的东西相对抗，人权就难以实现。作为法律权利，人权的原则和内容受到法律的认可和保护，体现为国家的政治、经济、文化、法律等一系列制度。在这个意义上说，人权是一定的社会制度。它表明：一方面，人权是国家和社会制度的价值，一定的社会制度本身就体现了一定社会人权的性质和程度；另一方面，人权要求国家制度的保障，国家负有尊重和保护人权的义务。

第三，人权是一种现实权利，即人实际享有与行使的权利。人权只有转化为现实权利，才对人有实际的意义。再完美的人权法律，如果不能转化为现实人权，就是没有价值的。所以，人权状况在很大程度上取决于法律权利转化为现实权利的程度。这是人权发展中，最困难也是最为重要的一个环节。

第四，人权是普遍性与特殊性的统一。人权必须是普遍的，这是人权的内在要求。每一个人，无论生活在哪里、在什么社会制度和历史文化背景下，都应该平等地享有人权。但是，人权是由一定的社会生产方式决定的，并受到社会政治、文化等因素的制约。马克思指出，"个体是社会存在物"，"权利永远不能超出社会的经济结构以及由经济结构所制约的社会的文化发展"。[①] 因此，人权不是抽象的，而是具体的和历史发展的。由于历史文化、经济发展水平和社会制度的不同，各国在实现人权普遍性原则时，采取的政策、措施、方法、道路等必然有所不同。照搬别国人权模式，或把自己的人权模式当成是唯一的模式让世界接

---

① 《马克思恩格斯选集》（第三卷），人民出版社1995年版，第12页。

受,都是行不通的。

第五,人权是公民政治权利与经济社会文化权利的统一。公民权利和政治权利是实现多方面人权的政治保障,经济、社会和文化权利是享有公民权利和政治权利的物质基础。这两大类权利是不可分割和相互依存的关系。

第六,人权是权利与义务的统一。权利与义务不可分,但在两者的关系中,权利是基本的,权利是义务存在的根据和意义,设定义务是为了保障人权,而不是相反。

第七,人权是个人权利与集体权利的统一。个人人权的主体是个人,内容主要是指人身人格权利、政治权利、经济、社会和文化权利。集体权利主要是指社会群体、民族和国家等集体应享有的各种权利。个人人权是集体人权的基础,集体人权是个人人权的保障。

第八,人权是权利与权力的统一。现代国家权力来自人民的授予。人权是公共权力的来源和目的。主权在民是人权的内在要求,政府的制度安排必然体现这一民主原则。没有制约的权力必然产生腐败和罪恶,侵犯人权。人权要求制约权力,实行法治。

第九,人权在本质上是属于一国内部管辖的事务。自从联合国成立以后,人权具有了国际保护的一面,各国如何对待其公民要受到国际人权法义务的限制。但是,一个国家的人权问题主要是靠主权国家自己采取政治、经济、法律、行政、教育等手段来解决。在人权问题上,既要反对以人权的国内性抵制人权的国际保护,对于大规模侵犯人权的严重事件,国际社会都应当进行干涉和制止;又要反对以人权的国际保护为借口否定主权原则,干涉别国内政。

第十,人权是社会主义题中应有之义。马克思主义认为,要达到真正普遍的人权，只有通过社会主义制度这一途径。促进人权是社会主义的本质要求，是社会主义的最高价值和追求目标，也是社会主义比资本主义先进和优越的一个重要尺度。

4. 国家如何尊重和保障人权？

中华文化历来强调对人的尊重和关怀，孔子的"古之为政，爱人为大"，孟子的"为天下得人者谓之仁"，荀子的"人最为天下贵"，墨子的"兼相爱"，都强调人的自身价值。古人还说："万物之中，以人为贵。""济大事者，必以人为本。""理天下者，以人为本。"尊重和保障人权是中国共产党人的不懈追求。我们党自成立之日起就高举起"争民主、争人权"的旗帜，鲜明宣示了救国救民、争取人权的主张。党的百年奋斗史，贯穿着党团结带领人民为争取人权、尊重人权、保障人权、发展人权而进行的不懈努力。在新民主主义革命时期、社会主义革命和建设时期、改革开放和社会主义现代化建设新时期，我们党都牢牢把握为中国人民谋幸福、为中华民族谋复兴的初心使命，领导人民取得了革命、建设、改革的伟大胜利，中国人民成为国家、社会和自己命运的主人，中国人民的生存权、发展权和其他各项基本权利保障不断向前推进。

第一，国家的独立和统一为人民的生命和安全提供了保障。从1840年到1949年的100多年里，中国遭受过大小数百次侵略战争，人民生命财产惨遭涂炭，人格尊严备受凌辱。仅在日本帝国主义侵华战争中，就有3000多万名中国人被杀害。外国侵略者在中国的土地上享有不受中国法律管辖的治外法权，中国人在自己的土地上遭受西方列强的剥削和压迫。中华人民共和国的成立,改变了中华民族被帝国主义列强任意屠杀侮辱的状态,威胁中国人民生命和安全的帝国主义侵略成为历史。

第二,改革落后的生产关系,解放生产力,为人民的生存和发展提供制度保障。新中国成立之初,医治战争创伤,恢复国民经济,解决人民温饱,成为摆在党和政府面前的头等大事。通过对农业、手工业和资本主义工商业的社会主义改造,消灭了剥削制度,人民成为生产资料的主人和社会财富的享有者,大大解放了社会生产力。特别是改革开放以来,国家以经济建设为中心,领导全国人民团结奋斗,使我国经济迅速发展,社会全面进步,人民生活质量不断提高,彻底告别了贫穷落后的历史。当前,我们国家着力全面建成小康社会,不断解决人民日益增长的美好生活需要和不平衡不充分的发展之间的矛盾。

第三,坚持尊重人民主体地位。人民性是中国人权发展道路最显著的特征。人权不是一部分人或少数人享有的特权,而是广大人民群众享有的普惠性人权。我们保障人民民主权利,充分激发广大人民群众积极性、主动性、创造性,让人民成为人权事业发展的主要参与者、促进者、受益者,切实推动人的全面发展、全体人民共同富裕取得更为明显的实质性进展。

第四,促进司法和行政中的人权保障。根据宪法和法律,我国公民在法律面前一律平等。在拘留逮捕、搜查取证、起诉审判和监狱管理(在国家公职人员职务犯罪案件中还有监察调查)等制度上,坚持保护当事人合法权利的原则,通过公安机关、检察机关和审判机关(在国家公职人员职务犯罪案件中还有监察机关)的分工负责、互相配合、互相制约,在惩罚犯罪的同时,切实保护人权。依法行政是我国各级行政机关的工作准则,宪法和法律赋予行政机关管理权,同时又为其设定法律界限,要求行政机关在依法履行职责的同时要保障公民的合法权利不受侵犯。我国的行政立法就是沿着这样一条主线而发展的。

第五，全面贯彻党的民族政策和宗教政策，保障少数民族和信教群众的合法权益。中国是一个统一的多民族国家。新中国成立以前，民族歧视和民族压迫长期存在，这种状况严重影响了少数民族的生存和发展。新中国成立之后，铸牢中华民族共同体意识，民族平等成为一条重要的宪法原则。宪法第四条第一款规定："中华人民共和国各民族一律平等。国家保障各少数民族的合法的权利和利益，维护和发展各民族的平等团结互助和谐关系。禁止对任何民族的歧视和压迫，禁止破坏民族团结和制造民族分裂的行为。"国家在少数民族聚居的地区实行民族区域自治。少数民族参与行使国家最高权力的权利受到特殊的保障。国家还大力支持少数民族的经济发展，在资金、技术、人才等方面给予扶助。贯彻宪法规定的宗教信仰自由，尊重群众宗教信仰。

第六，建立与社会发展水平相适应的社会制度。中国是一个发展中国家，人口众多，各地经济社会发展很不平衡。多年来，国家推动实现更加充分、更高质量的就业，建成了世界上规模最大的教育体系、社会保障体系、医疗卫生体系，大力改善人民生活环境质量。努力建立与社会经济发展水平相适应的社会保障制度，对社会成员在年老、疾病、伤残、失业、遭受灾害和生活困难等情况时给予物质帮助，并通过专门立法保护妇女、儿童、老年人、残疾人的权利。中国人民的预期寿命已经达到了发达国家的水平。

1982年宪法把"公民的基本权利和义务"专列一章，写在"总纲"之后、"国家机构"之前，体现了国家对公民权利的重视。我国人权发展坚持中国共产党领导，坚持尊重人民主体地位，坚持从我国实际出发，坚持以生存权、发展权为首要的基本人权，坚持依法保障人权，坚持积极参与全球人权治理。

5. 国家尊重和保障人权入宪的历史意义是什么？

多年来，在推进我国人权事业发展的实践中，我们把马克思主义人权观同中国具体实际相结合、同中华优秀传统文化相结合，总结我们党团结带领人民尊重和保障人权的成功经验，借鉴人类优秀文明成果，走出了一条顺应时代潮流、适合本国国情的人权发展道路。我们国家根据宪法制定了一批保护公民基本权利的法律，签署了一批保护公民权利的国际公约。"尊重和保障人权"被庄严地载入宪法，必将进一步推动我国人权事业的进步。

第一，"尊重和保障人权"作为一项宪法原则，将对我国的立法起到重要的指导作用。人权是在具体的法律关系中体现出来的。尊重和保障人权，意味着社会关系的调整要更加注重权力和权利的平衡、权力与责任的平衡、权利和义务的平衡。通过立法，合理配置个人与社会、个人与个人的权利义务关系，实现社会的和谐有序发展。具体到我国的立法实践，就是要尊重人民主体地位，坚持以人为本、立法为民的原则，忠实于人民的利益，对人民负责。在立法程序上，践行全过程人民民主的理念，认真听取人民群众的意见和建议，满足人民群众合理、合法的要求，广集民意，博纳民智，力争做到立法决策的民主化、科学化，并以立法的民主性保证立法决策的科学性。法律的内容要体现为民、便民、利民、富民的准则。立法为民，重点在于依法配置权力，一方面要确保行政权力可以依法得到有效行使，另一方面要对其他国家机关行使权力进行规范、制约和监督，促使行政机关、监察机关、司法机关依照法定的权限和程序正确地行使权力，确保自然人、法人和其他组织的合法权益不受非法的侵害。

第二，"尊重和保障人权"作为宪法原则，指导国家机关及其工作人员的工作。我国宪法规定，国家的一切权力属于人民；人民依照法律规定，通过各种途径和形式，管理国家事务，管理经济和文化事业，管理社会事务。我国人权事业的社会主义性质，决定了我们能够保证人民当家作主，坚持平等共享人权，推进各类人权全面发展，不断实现好、维护好、发展好最广大人民根本利益。人民的宪法权力要通过每一个具体的人的宪法权利来实现。"尊重与保障人权"要求国家机关及其工作人员摆正自己的位置，履行法定职责，任何政治决策和管理措施都要考虑人民的利益。人权意识也有利于发扬民主，充分激发广大人民群众积极性、主动性、创造性，让人民成为人权事业发展的主要参与者、促进者、受益者，切实推动人的全面发展、全体人民共同富裕取得更为明显的实质性进展。

第三，"尊重和保障人权"作为宪法原则，将指导人与社会的协调发展。改革实践证明，片面强调经济增长，忽视社会全面发展和人文关怀，必然导致经济与社会发展失衡。经济发展应该是以人为本的发展。尊重和保障人权，还要求我们统筹城乡经济社会发展，创造条件，逐步改变城乡二元结构。我国社会农民人口众多，农民的权利保障仍然是我们需要认真解决的一个问题。党的十九大报告提出实施乡村振兴战略。农业农村农民问题是关系国计民生的根本性问题，必须始终把解决好"三农"问题作为全党工作重中之重。要坚持农业农村优先发展，按照产业兴旺、生态宜居、乡风文明、治理有效、生活富裕的总要求，建立健全城乡融合发展体制机制和政策体系，加快推进农业农村现代化。

第四,"尊重和保障人权"作为宪法原则,将指导人与环境和资源的协调发展。人与自然的关系、人权与自然的关系,是困扰现代社会的一个突出问题。对自然的过度索取造成全球生态环境恶化,人权甚至人类本身都受到威胁。自然被破坏,尊重和保护人权就没有物质条件。只有尊重自然规律,使人与自然协调发展,才能使人享有人权。必须树立和践行绿水青山就是金山银山的理念,坚持节约资源和保护环境的基本国策,像对待生命一样对待生态环境,建设美丽中国,为人民创造良好生产生活环境,为全球生态安全作出贡献。

国家尊重和保障人权入宪,体现了我国宪法的基本精神。继续推动人权事业的发展,努力实现社会主义制度所要求的人权目标,是国家和人民的一项长期的历史任务。

6. 什么是公民权利?

公民权利是指作为一个国家的公民所享有的公民资格和与公民资格相关的一系列政治、经济和文化权利。公民权利是因为公民身份而取得的。在一个国家居住的外国人和无国籍人不能享有公民权利,但可以受到居住国法律一定程度的保护。

公民权利的种类涉及公民的政治权利、经济权利、文化权利和社会权利等诸多方面,这些权利都是由公民国籍所在国的政府为本国公民所承诺的特殊的责任,如在政治权利方面,只有具有本国国籍的人才能获得选举权和被选举权、只有本国公民才能担任公职等;在经济权利方面,只有本国公民才能享有某些特殊性质的经济权利,如开采矿藏权、生产军工产品权等;在文化权利方面,如公民接受义务教育的权利、享受医疗卫生服务的权利等；在社会权利方面，如休息权、最低物质生活保障权等。一般来说，一个国家宪法和法律中所规定的政治权利必须由具有本国国籍的公民享有，而其他权利，特别是经济权利，外国人或无国籍人也可以在遵守居住国法律规定前提下享有。

7. 我国公民权利有什么特点？

公民的基本权利和义务的性质是由国家性质和社会制度决定的，它具有鲜明的阶级性。中国公民的基本权利和义务与资本主义国家公民的基本权利和义务有本质的区别，其特点有以下几个方面。

（1）广泛性。首先，我国公民权利的广泛性表现在权利的主体的广泛性，为绝大多数的公民享有，如中国有选举权和被选举权的人数在总人口中比重日益扩大，被剥夺选举权和被选举权的人占极少数。其次，我国公民权利的广泛性表现在权利内容的广泛性，我国公民权利的广泛性同资本主义国家公民权利的狭隘性相比较，充分体现了我国人民当家作主的地位。

（2）真实性。首先，中国公民权利的真实性表现为它的可行性。根据我国实际，凡是宪法法律规定的权利，都可以办到，不会"口惠而实不至"；凡是条件不成熟，或者不具备条件的"权利"，就不写进宪法或法律，体现了原则和实践的统一。其次，对公民基本权利的实现，宪法作了法律上和物质上的保证措施规定，如宪法关于公民基本权利的规定，除授权性规范外，还有禁止性规范，又有刑法加以具体化。

（3）平等性或公平性。我国宪法规定，中华人民共和国公民在法律面前一律平等。这就是说任何公民的权利和合法利益一律受到国家法律的保护；任何公民平等地履行宪法和法律规定的义务；任何公民在适用法律上一律平等；任何公民违法和犯罪都要受到法律的制裁，不允许享有超越法律之外的任何特权，这是中国特色社会主义法治的一个基本原则。例如，宪法第三十四条明确规定："中华人民共和国年满十八周岁的公民，不分民族、种族、性别、职业、家庭出身、宗教信仰、教育程度、财产状况、居住期限，都有选举权和被选举权；但是依照法律被剥夺政治权利的人除外。"

（4）权利和义务的一致性。我国宪法第三十三条第四款规定："任何公民享有宪法和法律规定的权利，同时必须履行宪法和法律规定的义务。"在我国，国家的、集体的利益同公民个人利益在根本上是一致的，这种权利与义务的一致性是由中国人民民主专政的国家性质和社会主义经济制度决定的。中国公民权利和义务的一致性，正是人民当家作主的表现。

8. 什么是公民义务？

公民义务是指权利主体应当作出或者不作出一定行为的约束，如享有一定权利的公民或法人依法应负的责任。公民义务是法律关系的构成要素之一，要依靠国家的强制力（法律的或行政的）来保证履行。任何一项权利必有相应的义务，在法律上以明示（如义务性规范、禁止性规范），或者默示（如授权性规范）的形式予以规定。

公民义务具有以下特征：（1）法定性。法律义务产生与存在的前提是法律的规定，即法律义务的设定权在于国家权力。（2）强制性。法律义务是法律上必须做出或不做出一定行为，当事人不能放弃和改变,不履行法律规定的义务要承担相应的法律责任。(3)约束性。不仅表现为义务人对自己行为的抑制,而且是义务人实现其权利与自由的手段。

公民的基本义务即宪法义务,是指由宪法规定的,为实现公共利益,公民必须为或不为某种行为的必要性。它是公民对他人、社会和国家的首要法律义务,是国家和社会创制公民普通法律义务正当性的宪法依据。公民的基本义务和基本权利共同反映并决定着公民在国家中的政治和法律地位,构成普通法律规定的公民权利和义务的基础。

9. 公民的权利和义务是什么关系?

公民的权利是指公民在宪法和法律规定的范围内,可以做某种行为,以及要求国家或者其他公民或者组织做某种行为或者不做某种行为的资格。公民的义务是指依据宪法和法律的规定,公民必须做某种行为或者不得做某种行为的责任。宪法规定,公民享有宪法和法律规定的权利,同时必须履行宪法和法律规定的义务,这有利于正确认识和处理权利和义务之间的关系。任何公民都不能只享受权利而不承担义务,也不能只承担义务而不享受权利。进一步说,这有利于反对只享受权利而不承担义务的特权,反对只承担义务而不享受权利的歧视,从而实现公民在法律面前的人人平等。但是这并不是指在任何具体的情形下公民都必须享受权利和同时承担义务。因为在宪法和法律的具体规定中,公民的权利和义务关系具有一定的复杂性,主要体现在以下三个方面:(1)在公民与他人的法律关系中,公民享受了某种权利,就必须承担不得损害他人的义务,因为任何人权利和自由的行使必须以不损害他人的权利和自由为限。(2) 在公民与国家和社会的法律关系中,公民有时只享受权利而国家需要承担义务。比如,公民在年老、疾病或者丧失劳动能力的情况下,有从国家和社会获得物质帮助的权利,却不需要因获得这种物质帮助而对国家和社会承担义务。在公民与国家的法律关系中,公民有时既要享受权利又要对国家承担义务。比如,公民对于国家机关及其工作人员的违法失职行为,有提出申诉、控告和检举的权利,但同时又有不得捏造或者歪曲事实进行诬告陷害的义务。(3) 在一些特殊情况下,公民的某些权利和义务本身是不可分割的。比如,劳动、受教育既是公民的权利,又是公民的义务。

10. 什么是政治权利?

政治权利又称参政权或政治参加的权利、民主权利,是人们参与政治活动的一切权利和自由的总称。它是公民的经济要求在政治上的集中反映,是公民权利的重要组成部分,也是公民其他权利的基础。在现代社会,公民的政治权利是由宪法、法律确认的,并受到宪法、法律的保护;同时,它又受国家的经济、政治、文化、教育科学技术等因素的制约和影响。公民享有政治权利的广度及其实现程度如何,往往是衡量一个国家民主化程度的标志。在中华人民共和国,通过宪法、法律保障,公民可以通过各级人民代表大会行使自己的民主权利,依法享有选举权和被选举权、政治自由、监督权。政治自由是指享有言论、集会、结社及游行示威等权利。监督权包括批评权、建议权、检举权、申诉权和控告权等。公民还可以通过社会提供的诸如公职平等竞争、择优录取制度、社会协商制度等多种形式,直接参与管理国家事务、管理经济和文化事务,监督国家机关和国家机关工作人员。

政治权利的内容主要包括四个方面:(1)选举与被选举权;(2)言论、出版、集会、结社、游行、示威自由;(3)担任国家机关职务的权利;(4)担任国有公司、企业、事业单位和人民团体领导的权利。

公民的政治权利是宪法所赋予的,非经人民法院司法判决不能以任何形式剥夺。政治权利不能继承,转让。除由人民法院判决减刑或撤销附加刑,被判处剥夺政治权利的人不能申请免除,也不能申请用其他刑罚替代。

11. 为什么说公民有平等的选举权和被选举权?

宪法第二条第一款规定:"中华人民共和国的一切权力属于人民。"人民行使国家权力的途径有两条:一是通过全国人民代表大会和地方各级人民代表大会行使当家作主的权利;二是人民依照法律规定,通过各种途径和形式,管理国家事务,管理经济和文化事业,管理社会事务。通过全国人民代表大会和地方各级人民代表大会行使国家权力的方式是间接民主,即公民必须先选举产生自己的代表组成各级国家权力机关,再由各级国家权力机关代表公民去行使当家作主的权利,而公民行使选举权和被选举权就是实现这种间接民主的必经程序。从广义上说,选举权是指公民按照自己的意愿,依照法律规定的程序,选举产生各级权力机关的组成人员和选举产生依法应当通过选举方式产生的其他国家公职人员的权利。被选举权是指公民有依照法律规定被选举成为各级人大代表和依法应当通过选举方式产生的其他国家公职人员的权利。这样,公民的选举权和被选举权涉及的范围就包括三个方面：一是直接选举产生或者被选举成为县乡两级人大代表的权利；二是间接选举产生或者被选举成为设区的市、自治州、省、自治区、直辖市的人大代表和全国人大代表的权利；三是通过人民代表大会选举或者被选举成为国家公职人员的权利。

公民的选举权和被选举权具有广泛性，凡年满18周岁的公民，不分民族、种族、性别、职业、家庭出身、宗教信仰、教育程度、财产状况、居住期限，都有选举权和被选举权。公民的选举权和被选举权具有平等性，每一个公民在一次选举中，只有一次投票权，其投票的效力是平等的。

公民行使选举权和被选举权，须具备两个基本条件。第一个基本条件是年龄条件。依据宪法的规定，我国公民行使选举权和被选举权的年龄条件有两个：一是普通公民行使选举权与被选举权需要年满18周岁。二是一些特殊的职务要有特殊的年龄限制。比如，宪法第七十九条第二款规定："有选举权和被选举权的年满四十五周岁的中华人民共和国公民可以被选为中华人民共和国主席、副主席。"第二个基本条件是政治权利方面的条件。选举权和被选举权是公民重要的政治权利。根据宪法的规定，依照法律被剥夺政治权利的人，不得享有选举权和被选举权。依照法律被剥夺政治权利的人，是指人民法院依据我国刑法的规定，对某一犯罪行为判处剥夺政治权利刑罚的人，主要包括危害国家安全的犯罪分子，严重破坏社会秩序的犯罪分子和其他被剥夺政治权利的犯罪分子。

12. 什么是剥夺政治权利？

根据我国宪法规定，公民的选举权和被选举权有普遍性，但是依照法律被剥夺政治权利的人除外。因此，我国公民选举权的唯一限制就是被依法剥夺政治权利。剥夺政治权利，是指剥夺犯罪人参加国家管理和政治活动权利的刑罚方法。剥夺政治权利是一种资格刑，它以剥夺犯罪人的一定资格为内容。我国刑法中的剥夺政治权利，是以剥夺政治权利这种资格为内容的，具有明显的政治性。剥夺政治权利包括剥夺以下四项权利。

（1）选举权和被选举权。选举权是指选举法规定的，公民可以参加选举活动，按照本人的自由意志投票选举人民代表等职务的权利，即参加投票选举的权利；被选举权是指根据选举法的规定，公民可以被提名为人民代表等职务的候选人，当选为人民代表等职务的权利。选举权和被选举权是公民的一项基本政治权利，是公民参与国家管理的必要前提和有效途径，被剥夺政治权利的犯罪分子当然不能享有此项权利。

（2）言论、出版、集会、结社、游行、示威自由。所谓言论自由，是指公民以言语表达意思的自由；出版自由，是指以文字、音像、绘画等形式出版作品，向社会表达思想的自由；结社自由，是指公民为一定宗旨组成某种社会组织的自由；集会自由和游行、示威自由，都是公民表达自己见解和意愿的自由，只是表达的方式不同。这六项自由是我国宪法规定的公民的基本政治自由，是人民发表意见、参加政治活动和国家管理的自由权利，被依法剥夺政治权利的人不能行使这些自由。

（3）担任国家机关职务的权利。国家机关包括各级国家权力机关、行政机关、监察机关、司法机关以及军事机关。担任国家机关职务，是指在上述国家机关中担任领导、管理以及其他工作职务。也就是说，被剥夺政治权利的人不能担任国家机关工作人员中的任何职务。

（4）担任国有公司、企业、事业单位和人民团体领导职务的权利。被剥夺政治权利的人可以在国有公司、企业、事业单位和人民团体中继续工作，但是不能担任领导职务。

对犯罪分子判处剥夺政治权利的时候，应当根据犯罪的性质，危害程度以及情节轻重，决定剥夺政治权利的期限，尤其是附加剥夺政治权利的刑期，应与所判处的主刑轻重相适应。剥夺政治权利既可以附加适用，也可以独立适用。

13. 公民的宗教信仰自由包括哪些方面？

我国是一个有多种宗教的国家，主要有佛教、道教、伊斯兰教、天主教和基督教（新教）。此外，还有一些少数民族特有的宗教和地区性的民间信仰等。

公民的宗教信仰自由主要包括以下四个方面：（1）每个公民都有按照自己的意愿信仰宗教的自由，也有不信仰宗教的自由；（2）有信仰这种宗教的自由，也有信仰那种宗教的自由；（3）在同一宗教里，有信仰这个教派的自由，也有信仰那个教派的自由；（4）有过去信教现在不信教的自由，也有过去不信教现在信教的自由。

为了保护公民的宗教信仰自由，宪法明确规定，任何国家机关、社会组织和个人不得强制公民信仰宗教或者不信仰宗教，不得歧视信仰宗教的公民和不信仰宗教的公民。"强制公民信仰宗教或者不信仰宗教"是指采用行政、经济等强迫性手段迫使公民信仰宗教、加入宗教组织和不信仰宗教、退出宗教组织。"歧视信仰宗教的公民和不信仰宗教的公民"是指信仰宗教或者不信仰宗教的公民在政治待遇、经济待遇和社会对待方面受到不平等的对待。

14. 我国法律是如何保护公民的宗教信仰自由的？

我国公民的宗教信仰自由权利受到宪法和法律的保护。在宪法中，宗教信仰自由是公民的一项基本权利。宪法第三十六条规定："中华人民共和国公民有宗教信仰自由。任何国家机关、社会团体和个人不得强制公民信仰宗教或者不信仰宗教，不得歧视信仰宗教的公民和不信仰宗教的公民。国家保护正常的宗教活动。任何人不得利用宗教进行破坏社会秩序、损害公民身体健康、妨碍国家教育制度的活动。宗教团体和宗教事务不受外国势力的支配。"

除宪法的规定外，民法典、民族区域自治法、教育法、劳动法、义务教育法、选举法、村民委员会组织法、广告法等法律还从不同角度对宗教相关事宜进行了规定，涉及选举权、宗教团体财产保护、教育与宗教相分离、民族间宗教信仰尊重、就业平等以及广告商标中不得含有宗教歧视内容等。此外，国务院还颁布了《宗教事务条例》，以保障公民宗教信仰自由，维护宗教和睦与社会和谐，规范宗教事务管理。该条例规定，公民有宗教信仰自由。任何组织或者个人不得强制公民信仰宗教或者不信仰宗教，不得歧视信仰宗教的公民或者不信仰宗教的公民。国家依法保护正常的宗教活动，维护宗教团体、宗教活动场所和信教公民的合法权益。宗教团体、宗教院校、宗教活动场所和信教公民应当遵守宪法、法律、法规和规章，维护国家统一、民族团结、宗教和睦和社会稳定。任何组织或者个人不得利用宗教进行破坏社会秩序、损害公民身体健康、妨碍国家教育制度，以及其他损害国家利益、社会公共利益和公民合法权益的活动。各宗教坚持独立自主自办的原则，宗教团体、宗教活动场所和宗教事务不受外国势力的支配。

15. 司法、行政如何保障公民的宗教信仰自由？

在司法保障方面，中国对侵犯公民宗教信仰自由权利的行为有明确的惩处规定。例如，刑法第二百五十一条规定："国家机关工作人员非法剥夺公民的宗教信仰自由和侵犯少数民族风俗习惯，情节严重的，处二年以下有期徒刑或者拘役。"

在行政保障方面，中国各级党委、政府设立了宗教事务部门，对有关宗教的法律、法规的贯彻实施进行行政管理和监督，具体落实和执行宗教信仰自由政策。宗教事务部门不干涉宗教团体和宗教活动场所的内部事务。

作为人民行使权力的机关的中国各级人民代表大会，以及在国家政治生活、社会生活中有重要作用的政治协商会议，对宗教信仰自由政策和法律规定的贯彻执行情况实施监督。在各级人民代表大会、政治协商会议中，有一定比例的宗教界人士担任代表、委员。他们代表宗教界在人大、政协会议上参与国家大事和社会重要问题的讨论，并就政府涉及宗教的工作提出意见、建议、批评或议案、提案。

16. 宪法为什么要规定宗教团体和宗教事务不受外国势力的支配？

中国的宗教事业由中国各宗教团体、教职人员和信教群众来办，中国的宗教事务和宗教团体不受外国势力支配。中国政府依照宪法和法律支持中国各宗教独立自主自办的事业。

中国宗教实行独立自主自办的方针,是中国人民在反抗殖民主义、帝国主义侵略和奴役的斗争中,由中国宗教信徒自主作出的历史性选择。1840年鸦片战争后,中国逐步沦为半殖民地半封建社会。在这个过程中,西方的宗教被殖民主义、帝国主义利用,充当了侵略中国的工具,一些西方传教士扮演了不光彩的角色,参与策划、起草对华不平等条约,享有不受中国法律管辖的"治外法权",以"教案"为借口强化西方列强在中国的统治,阻挠和反对中国的反法西斯斗争和人民革命,敌视新中国,策划破坏活动等。

新中国成立后,特别是改革开放后,实行对外开放政策,是社会主义现代化建设的客观需要。开展宗教方面的对外交往,增进了国际文化交流和民间友好往来。同时,外国敌对势力也加紧利用宗教对中国进行渗透活动,试图插手中国宗教事务,乃至中国内政,培植地下势力,分裂爱国宗教组织,破坏民族团结和国家统一,在一些地方造成了不安定。中国宗教都是中国宗教徒自办的宗教事业,坚持独立自主自办教会的原则,实行自治、自养、自传,不允许外国势力支配中国宗教的状况重新在中国出现。我国的宗教事业不与外国宗教发生组织上的隶属、经济上的依赖和其他形式的依附关系,不允许外国的传教士到中国传教,也不允许外国的宗教势力或者其他政治势力,对我国的宗教团体和宗教事务进行干预和支配。

17. 少数民族宗教信仰自由如何得到保障?

我国是一个统一的多民族国家,我国政府执行各民族平等、团结、互助的民族政策，尊重和保护少数民族宗教信仰自由的权利和风俗习惯。民族区域自治法第十一条第一款规定："民族自治地方的自治机关保障各民族公民有宗教信仰自由。"政府在致力于促进少数民族地区经济、文化、教育等各项事业的进步，提高包括信教群众在内的广大少数民族群众物质文化生活水平的同时，特别注意尊重少数民族的宗教信仰，保护少数民族文化遗产。对各民族包括宗教文化在内的文化遗产和民间艺术进行普查、收集、整理、研究和出版。国家投入大量资金用于维修少数民族地区具有重要历史、文化价值的寺庙和宗教设施。

中国政府既保护信教群众宗教信仰自由权利，最大限度团结信教群众，也耐心细致做信教群众工作。政府坚决反对利用宗教狂热来分裂人民、分裂国家、破坏各民族之间团结的民族分裂主义，坚决反对利用宗教进行的非法活动和恐怖主义活动，坚决维护国家统一和少数民族地区的社会稳定，保护少数民族信教群众正常的宗教活动。政府尊重国际社会在宗教信仰领域公认的原则，认为这些原则必须与各国具体情况相结合，并通过各国的国内法律来实施。中国政府反对在宗教领域搞对抗，反对利用宗教干涉别国内政。

18. 我国宪法如何保护公民的人身自由？

人身自由是公民的一项十分重要的权利和自由，是公民行使其他一切权利和自由的前提和基础。人身自由有狭义和广义之分。狭义的人身自由仅指人的身体自由。广义的人身自由除身体自由外，还包括人格尊严不受侵犯、住宅不受侵犯、迁徙自由、通信自由和通信秘密受法律保护等。

宪法规定的人身自由是狭义的人身自由，又称身体自由，是指公民的人身不受非法的逮捕、拘禁、搜查以及不得非法剥夺和限制公民的人身自由。我国宪法对公民人身自由的保护包括三个方面：（1）对公民实施逮捕必须经过法定的机关和程序。任何公民，非经人民检察院批准或者决定或者人民法院决定，并由公安机关执行，不受逮捕。根据宪法和法律的规定，有权批准、决定限制或剥夺公民人身自由的机关是人民法院、人民检察院、公安机关、国家安全机关。法定程序由刑事诉讼法作出了明确的规定。（2）对公民人身自由的剥夺和限制必须依法进行，即必须依照法定的条件和程序进行。禁止非法拘禁和以其他方法非法剥夺或者限制公民的人身自由。（3）对公民身体的搜查，也必须经过法定的机关和程序。禁止非法搜查公民的身体。

宪法对人身自由权的规定，也是有限度的。为了社会利益和他人权利，国家机关在必要时可以采取一定的措施限制或剥夺公民的人身权利，如行政拘留、刑事拘留、司法拘留、监视居住、取保候审、监察留置等，但国家机关必须依照法定程序进行。若是违反了法定程序，则国家机关及其工作人员本身就构成了违法。

19. 我国宪法如何保护公民的人格尊严？

现行宪法作出了保护公民人格尊严的规定。所谓人格尊严不受侵犯，是指公民的人格权不受侵犯。人格权是法律上作为权利和义务主体的人的资格，也是做人的起码资格。民法典专设"人格权"一编，调整因人格权的享有和保护产生的民事关系。人格权是民事主体享有的生命权、身体权、健康权、姓名权、名称权、肖像权、名誉权、荣誉权、隐私权等权利。自然人还享有基于人身自由、人格尊严产生的其他人格权益。所谓"尊严",是指人的自尊心不受伤害、个人价值不被贬低的权利。人格尊严不受侵犯,是做人的一个基本条件,也是社会文明进步的一个基本标志。人格权受法律保护,任何组织或者个人不得侵害。人格权受到侵害的,受害人有权依照宪法和其他法律的规定请求行为人承担民事责任。受害人依法享有停止侵害、排除妨碍、消除危险、消除影响、恢复名誉、赔礼道歉请求权。

侮辱、诽谤和诬告陷害都是侵犯公民人格尊严的行为,为宪法和法律所禁止。除民法典对这些侵权行为规定了民事责任外,我国刑法还分别规定了侮辱罪、诽谤罪和诬告陷害罪,规定了实施这些侵权行为所应当承担的刑事法律责任。"侮辱"是指使用暴力或者其他方法,公然贬低他人人格、损害他人名誉的行为。这种行为通常包括两种情况:一是用暴力等强制方法对他人进行侮辱;二是用言词或者书面方式当众或者公开对他人进行侮辱。"公然"是指在公开场合或者在其他使众多人知道的情况下对他人进行侮辱。"诽谤"是指故意捏造并散布虚假事实,无中生有,损害他人人格尊严的行为。"诬告陷害"是指为对某一公民达到陷害目的,通过捏造虚假事实,以口头的、书面的、署名的或者匿名的等方式,向有关机关或者单位作虚假告发的行为。

20. 我国宪法为什么要规定公民的住宅不受侵犯?

现行宪法在保留前几部宪法规定"公民的住宅不受侵犯"的基础上,进一步明确规定,禁止非法搜查或者非法侵入公民的住宅。住宅是指公民生活和居住的固定场所,也是公民个人财产的主要存放场所,是公民赖以生存的主要条件。住宅实际是公民人身自由的延伸,同时,与公民的财产权、休息权、隐私权以及人格尊严具有密切联系。禁止非法搜查或者非法侵入公民的住宅,是各国保障人权的基本做法。

为保证公民的住宅权不受侵犯,我国宪法禁止非法搜查或者非法侵入公民的住宅。具体包括以下含义。

(1) 对公民住宅的搜查和侵入必须依据法律规定的条件和程序,任何行政法规或者地方性法规都不得对搜查或者侵入公民住宅的条件和程序创设规定。

(2) 禁止非法搜查公民的住宅,主要是对公共权力而言的。对公民的住宅进行搜查是刑事侦查和监察调查手段。刑事诉讼法规定了对公民的住宅进行搜查的条件,即"为了收集犯罪证据、查获犯罪人,侦查人员可以对犯罪嫌疑人以及可能隐藏罪犯或者犯罪证据的人的身体、物品、住处和其他有关的地方进行搜查"。刑事诉讼法还分别规定了对公民的住宅进行搜查的程序,即进行搜查,必须向被搜查人出示搜查证;在搜查的时候,应当有被搜查人或者他的家属、邻居或者其他见证人在场;搜查的情况应当写成笔录,由侦查人员和被搜查人或者他的家属,邻居或者其他见证人签名、盖章。监察法也明确规定,监察机关可以对涉嫌职务犯罪的被调查人以及可能隐藏被调查人或者犯罪证据的人的住处和其他有关地方进行搜查。在搜查时,应当出示搜查证,并有被搜查人或者其家属等见证人在场。不符合刑事诉讼法、监察法规定的上述条件和程序,任何人、任何机关和组织都不得对公民的住宅进行搜查。

(3) 禁止非法侵入他人住宅。所谓非法侵入他人住宅,是指非司法机关工作人员、监察机关工作人员,未依据法律规定就擅自进入他人住宅，或者未经主人同意而侵入他人住宅的行为。我国刑法将非法侵入他人住宅的行为作为犯罪予以规定，并规定了相应的刑事处罚。

21. 法律如何保护公民的通信自由和通信秘密？

通信自由是指公民通过书信、电话、电报、传真、电子邮件等方式，自主地与他人进行交往的自由。通信秘密是指公民与他人进行交往的信件、电话、电报、电子邮件等所涉及的内容，任何个人、任何组织或者单位都无权非法干预，无权偷看、隐匿、涂改、弃毁、扣押、没收、泄露或者窃听。通信自由和通信秘密相互联系，不可分割，通常又称为秘密通信的自由。只有通信自由权，通信秘密得不到保护，则通信自由权也不能实现。如果只有通信秘密权，而通信自由得不到保护，则通信秘密也没有意义。当然，通信自由与通信秘密也有一定的区别，主要是通信自由强调的是通信交流的权利受法律保护，更多地属于表达自由的范畴；通信秘密强调的是通信内容不受干预，更多地属于隐私权的范畴。通信自由和通信秘密都是公民十分重要的宪法权利，核心在于保护公民的隐私权，实现公民的精神自由，以维护人的尊严和自由，进一步实现公民的其他权利和自由，促进人的自身发展。

公民的通信自由和通信秘密既受法律的保护，又受法律的限制。关于限制通信自由和通信秘密的理由，根据宪法第四十条的规定，公民的通信自由和通信秘密只有在两种情况下受到限制：出于国家安全的需要和出于追查刑事犯罪的需要。除这两个理由外，对于违反行政纪律或者党内纪律的行为以及其他的违法行为，一律不得通过监听电话、开拆信件等限制通信自由和通信秘密的方式来获取证据。关于限制通信自由和通信秘密的主体，根据宪法第四十条的规定，限制通信自由和通信秘密的主体有两个，即公安机关和检察机关。1983年全国人大常委会决定将国家安全机关从公安机关中分离出来，并授权国家安全机关行使部分侦查职权，因此国家安全机关也有权限制公民的通信自由和通信秘密。反间谍法第三十七条规定："国家安全机关因反间谍工作需要，根据国家有关规定，经过严格的批准手续，可以采取技术侦察措施和身份保护措施。"对这三类主体的权力，邮政法第三条第一款的规定是："公民的通信自由和通信秘密受法律保护。除因国家安全或者追查刑事犯罪的需要，由公安机关、国家安全机关或者检察机关依照法律规定的程序对通信进行检查外，任何组织或者个人不得以任何理由侵犯公民的通信自由和通信秘密。"对这三个特定机关限制公民通信自由和通信秘密的职权，刑事诉讼法等法律也都作出了规定。但除这三个机关外，我国的监狱机关依照法律规定也有权限制公民的通信自由和通信秘密。监狱法第四十七条规定："罪犯在服刑期间可以与他人通信，但是来往信件应当经过监狱检查。监狱发现有碍罪犯改造内容的信件，可以扣留。罪犯写给监狱的上级机关和司法机关的信件，不受检查。"

此外，根据监察法第三十一条的规定，监察机关调查涉嫌重大贪污贿赂等职务犯罪，根据需要，经过严格的批准手续，可以采取技术调查措施，按照规定交有关机关执行。同时，该条还明确规定，批准决定应当明确采取技术调查措施的种类和适用对象，自签发之日起三个月以内有效；对于复杂、疑难案件，期限届满仍有必要继续采取技术调查措施的，经过批准，有效期可以延长，每次不得超过三个月。对于不需要继续采取技术调查措施的，应当及时解除。

22. 公民如何行使批评、申诉、控告以及检举国家机关和国家工作人员的权利？

在我国，国家的一切权力属于人民。人民主要是通过间接民主的方式，选举自己的代表组成各级人民代表大会，代表人民行使国家权力。但是，对于人民通过选举产生的各级国家机关及其工作人员，代表人民行使权力，就存在一个接受人民监督的问题。在国家机构及其工作人员代表人民行使权力的过程中，人民必须通过各种途径和形式对他们实行监督，以保证各级国家机关及其工作人员不折不扣地代表人民行使权力，全心全意为人民服务。宪法规定公民有提出批评和建议，提出申诉、控告或者检举的权利，就是对国家机关及其工作人员重要的监督权利。

公民行使这项权利的对象是国家机关和国家工作人员。国家机关是指国家的各级权力机关、行政机关、监察机关、审判机关、检察机关及其所属部门；国家工作人员，是指上述国家机关的领导人员和普通工作人员。批评权是指公民对国家机关及其工作人员在工作中的缺点和错误，提出批评意见的权利。建议权是指公民为帮助国家机关及其工作人员改进工作，对国家机关及其工作人员的各项工作，提出意见和建议的权利。控告权是指公民向有关国家机关指控或者告发某些国家机关及其工作人员各种违法失职行为的权利，包括到行政机关、监察机关（党的纪律检查机关）、司法机关控告。申诉权是指公民对本人及其亲属所受到的有关处罚或者处分不服，或者受到不公正的待遇，向有关国家机关陈述理由、提出要求的权利。申诉分为司法申诉和非司法申诉。司法申诉是指公民对已经发生法律效力的判决或者裁定不服，而向上级司法机关申诉的行为。非司法申诉是指公民对有关国家机关给予的处分或者处罚不服而向司法机关以外的国家机关提出的申诉。检举权是指公民对国家机关及其工作人员违法失职行为向有关国家机关予以揭发的权利。

23. 公民如何依法取得国家赔偿？

取得赔偿权是指由于国家机关和国家工作人员侵犯公民权利而受到损失的人，有依照法律规定取得赔偿的权利。国家赔偿法是我国保护公民合法权益的一部重要法律。国家赔偿法第二条规定："国家机关和国家机关工作人员行使职权，有本法规定的侵犯公民、法人和其他组织合法权益的情形，造成损害的，受害人有依照本法取得国家赔偿的权利。本法规定的赔偿义务机关，应当依照本法及时履行赔偿义务。"国家赔偿有行政赔偿、刑事赔偿和民事行政司法赔偿三大类，国家赔偿法规定了赔偿范围、赔偿标准和赔偿程序，并对"精神损害抚慰金"作了明确规定。

24. 国家赔偿的范围是什么？

行政机关及其工作人员在行使行政职权时有下列侵犯人身权情形之一的，受害人有取得行政赔偿的权利：违法拘留或者违法采取限制公民人身自由的行政强制措施的；非法拘禁或者以其他方法非法剥夺公民人身自由的；以殴打、虐待等行为或者唆使、放纵他人以殴打、虐待等行为造成公民身体伤害或者死亡的；违法使用武器、警械造成公民身体伤害或者死亡的;造成公民身体伤害或者死亡的其他违法行为。行政机关及其工作人员在行使行政职权时有下列侵犯财产权情形之一的,受害人有取得行政赔偿的权利:违法实施罚款、吊销许可证和执照、责令停产停业、没收财物等行政处罚的;违法对财产采取查封、扣押、冻结等行政强制措施的;违法征收、征用财产的;造成财产损害的其他违法行为。但是,属于下列情形之一的,国家不承担赔偿责任:行政机关工作人员与行使职权无关的个人行为;因公民、法人和其他组织自己的行为致使损害发生的;法律规定的其他情形。

行使侦查、检察、审判职权的机关以及看守所、监狱管理机关及其工作人员在行使职权时有下列侵犯人身权情形之一的,受害人有取得刑事赔偿的权利:违反刑事诉讼法的规定对公民采取拘留措施的,或者依照刑事诉讼法规定的条件和程序对公民采取拘留措施,但是拘留时间超过刑事诉讼法规定的时限,其后决定撤销案件、不起诉或者判决宣告无罪终止追究刑事责任的;对公民采取逮捕措施后,决定撤销案件、不起诉或者判决宣告无罪终止追究刑事责任的;依照审判监督程序再审改判无罪,原判刑罚已经执行的;刑讯逼供或者以殴打、虐待等行为或者唆使、放纵他人以殴打、虐待等行为造成公民身体伤害或者死亡的;违法使用武器、警械造成公民身体伤害或者死亡的。行使侦查、检察、审判职权的机关以及看守所、监狱管理机关及其工作人员在行使职权时有下列侵犯财产权情形之一的,受害人有取得刑事赔偿的权利:违法对财产采取查封、扣押、冻结、追缴等措施的;依照审判监督程序再审改判无罪,原判罚金、没收财产已经执行的。但是,属于下列情形之一的,国家不承担赔偿责任:因公民自己故意作虚伪供述,或者伪造其他有罪证据被羁押或者被判处刑罚的；依照刑法规定不负刑事责任的人被羁押的；依照刑事诉讼法第十五条、第一百七十三条第二款、第二百七十三条第二款、第二百七十九条规定不追究刑事责任的人被羁押的；行使国家侦查、检察、审判职权的机关以及看守所、监狱管理机关的工作人员与行使职权无关的个人行为；因公民自伤、自残等故意行为致使损害发生的；法律规定的其他情形。

此外，民营经济促进法进一步规定，违反法律规定实施征收、征用或者查封、扣押、冻结等措施的，由有权机关责令改正，造成损失的，依法予以赔偿；国家机关、事业单位、国有企业违反法律、行政法规规定或者合同约定，拒绝或者拖延支付民营经济组织账款，地方各级人民政府及其有关部门不履行向民营经济组织依法作出的政策承诺、依法订立的合同的，由有权机关予以纠正，造成损失的，依法予以赔偿。

25. 公民如何申请行政赔偿？

赔偿请求人要求赔偿应当先向赔偿义务机关提出，也可以在申请行政复议和提起行政诉讼时一并提出。赔偿请求人可以向共同赔偿义务机关中的任何一个赔偿义务机关要求赔偿，该赔偿义务机关应当先予赔偿。赔偿请求人根据受到的不同损害，可以同时提出数项赔偿要求。

要求赔偿应当递交申请书，载明下列事项：（1）受害人的姓名、性别、年龄、工作单位和住所，法人或者其他组织的名称、住所和法定代表人或者主要负责人的姓名、职务。（2）具体的要求、事实根据和理由。（3）申请的年、月、日。赔偿请求人书写申请书确有困难的，可以委托他人代书；也可以口头申请，由赔偿义务机关记入笔录。

赔偿义务机关应当自收到申请之日起两个月内作出是否赔偿的决定。作出赔偿决定的，可以依照国家赔偿法第四章的规定与赔偿请求人就赔偿方式、赔偿项目和数额进行协商；赔偿义务机关作出不予赔偿决定或者赔偿请求人对赔偿数额有异议的，赔偿请求人可以自赔偿义务机关作出赔偿或不予赔偿决定之日起三个月内向人民法院提起诉讼。

26. 公民如何申请刑事赔偿？

赔偿请求人要求刑事赔偿，应当先向赔偿义务机关提出。赔偿义务机关应当自收到申请之日起两个月内，作出是否赔偿的决定。赔偿义务机关作出赔偿决定，应当充分听取赔偿请求人的意见，并可以与赔偿请求人就赔偿方式、赔偿项目和赔偿数额依照国家赔偿法第四章的规定进行协商。赔偿义务机关决定赔偿的，应当制作赔偿决定书，并自作出决定之日起十日内送达赔偿请求人；决定不予赔偿的，应当自作出决定之日起十日内书面通知赔偿请求人，并说明不予赔偿的理由；在规定期限内未作出是否赔偿的决定，赔偿请求人可以自期限届满之日起三十日内向赔偿义务机关的上一级机关申请复议。

赔偿请求人对赔偿的方式、项目、数额有异议的，或者赔偿义务机关作出不予赔偿决定的，赔偿请求人可以自赔偿义务机关作出赔偿或者不予赔偿决定之日起三十日内，向赔偿义务机关的上一级机关申请复议。赔偿义务机关是人民法院的，赔偿请求人可以依照国家赔偿法的规定向其上一级人民法院赔偿委员会申请作出赔偿决定。复议机关应当自收到申请之日起两个月内作出决定。赔偿请求人不服复议决定的，可以在收到复议决定之日起三十日内向复议机关所在地的同级人民法院赔偿委员会申请作出赔偿决定；复议机关逾期不作决定的，赔偿请求人可以自期限届满之日起三十日内向复议机关所在地的同级人民法院赔偿委员会申请作出赔偿决定。

人民法院赔偿委员会处理赔偿请求，赔偿请求人和赔偿义务机关对自己提出的主张，应当提供证据。被羁押人在羁押期间死亡或者丧失行为能力的，赔偿义务机关的行为与被羁押人的死亡或者丧失行为能力是否存在因果关系，赔偿义务机关应当提供证据。

人民法院赔偿委员会处理赔偿请求，采取书面审查的办法。必要时，可以向有关单位和人员调查情况、收集证据。赔偿请求人与赔偿义务机关对损害事实及因果关系有争议的，赔偿委员会可以听取赔偿请求人和赔偿义务机关的陈述和申辩，并可以进行质证。人民法院赔偿委员会应当自收到赔偿申请之日起三个月内作出决定；属于疑难、复杂、重大案件的，经本院院长批准，可以延长三个月。

中级以上的人民法院设立赔偿委员会，由人民法院三名以上审判员组成，组成人员的人数应当为单数。赔偿委员会作赔偿决定，实行少数服从多数的原则。赔偿委员会作出的赔偿决定，是发生法律效力的决定，必须执行。

赔偿请求人或者赔偿义务机关对赔偿委员会作出的决定，认为确有错误的，可以向上一级人民法院赔偿委员会提出申诉。赔偿委员会作出的赔偿决定生效后，如发现赔偿决定违反国家赔偿法规定的，经本院院长决定或者上级人民法院指令，赔偿委员会应当在两个月内重新审查并依法作出决定，上一级人民法院赔偿委员会也可以直接审查并作出决定。最高人民检察院对各级人民法院赔偿委员会作出的决定，上级人民检察院对下级人民法院赔偿委员会作出的决定，发现违反国家赔偿法规定的，应当向同级人民法院赔偿委员会提出意见，同级人民法院赔偿委员会应当在两个月内重新审查并依法作出决定。

27. 国家赔偿的方式和标准是什么？

国家赔偿以支付赔偿金为主要方式。能够返还财产或者恢复原状的，予以返还财产或者恢复原状。

侵犯公民人身自由的，每日赔偿金按照国家上年度职工日平均工资计算。

侵犯公民生命健康权的，赔偿金按照下列规定计算：（1）造成身体伤害的，应当支付医疗费、护理费，以及赔偿因误工减少的收入。减少的收入每日的赔偿金按照国家上年度职工日平均工资计算，最高额为国家上年度职工年平均工资的五倍。（2）造成部分或者全部丧失劳动能力的，应当支付医疗费、护理费、残疾生活辅助具费、康复费等因残疾而增加的必要支出和继续治疗所必需的费用，以及残疾赔偿金。残疾赔偿金根据丧失劳动能力的程度，按照国家规定的伤残等级确定，最高不超过国家上年度职工年平均工资的二十倍。造成全部丧失劳动能力的，对其扶养的无劳动能力的人，还应当支付生活费。（3）造成死亡的，应当支付死亡赔偿金、丧葬费，总额为国家上年度职工年平均工资的二十倍。对死者生前扶养的无劳动能力的人，还应当支付生活费。有关生活费的发放标准，参照当地最低生活保障标准执行。被扶养的人是未成年人的，生活费给付至十八周岁止；其他无劳动能力的人，生活费给付至死亡时止。致人精神损害的，应当在侵权行为影响的范围内,为受害人消除影响,恢复名誉,赔礼道歉;造成严重后果的,应当支付相应的精神损害抚慰金。

侵犯公民、法人和其他组织的财产权造成损害的,按照下列规定处理:(1)处罚款、罚金、追缴、没收财产或者违法征收、征用财产的,返还财产。(2)查封、扣押、冻结财产的,解除对财产的查封、扣押、冻结,造成财产损坏的,能够恢复原状的恢复原状,不能恢复原状的,按照损害程度给付相应的赔偿金;造成财产灭失的,给付相应的赔偿金。(3)应当返还的财产损坏的,能够恢复原状的恢复原状,不能恢复原状的,按照损害程度给付相应的赔偿金。(4)应当返还的财产灭失的,给付相应的赔偿金。(5)财产已经拍卖或者变卖的,给付拍卖或者变卖所得的价款;变卖的价款明显低于财产价值的,应当支付相应的赔偿金。(6)吊销许可证和执照、责令停产停业的,赔偿停产停业期间必要的经常性费用开支。(7)返还执行的罚款或者罚金、追缴或者没收的金钱,解除冻结的存款或者汇款的,应当支付银行同期存款利息。(8)对财产权造成其他损害的,按照直接损失给予赔偿。

国家对赔偿请求人取得的赔偿金不征税。

28. 为什么说劳动既是公民的权利又是公民的义务?

劳动的权利是指有劳动能力的公民有获得社会工作的资格。它包括三部分内容:(1)公民有按照自己的劳动能力获得劳动的机会;(2)公民在劳动中有获得适当劳动条件的权利;(3)公民享有根据劳动的数量和质量取得劳动报酬和其他劳动所得的权利。劳动权是公民的一项基本权利,也是公民实现自身价值最重要的途径。生产资料的社会主义公有制为劳动者和生产资料的结合提供了可能，因此，在社会主义条件下，国家和社会应当为劳动者提供和创造就业机会，努力保证每个有劳动能力的人都能获得劳动机会，享有适当的劳动条件，取得应得的劳动报酬。

国家应当积极为公民劳动权利的实现创造条件、做好服务。（1）国家通过各种途径，创造劳动就业条件，广开就业门路，扩大就业范围。（2）国家加强劳动保护，改善劳动条件，加强和改善为劳动者在劳动过程中的安全和健康而采取的各种劳动保险和安全措施。（3）国家对就业前的公民进行必要的劳动就业训练，以保障其就业时能掌握初步的劳动技能。（4）国家在发展生产的基础上，提高劳动报酬和福利待遇，最终使生产满足人民群众日益增长的物质和文化生活的需要。

在社会主义条件下，劳动已经不单纯是公民个人谋生的手段，也是公民为社会主义国家和集体利益做贡献的重要方式。为不断提高经济文化的发展水平，不断改善人民群众的物质文化生活水平，繁荣社会主义物质文明和精神文明，建设繁荣富强的社会主义国家，公民应当对国家和社会承担起劳动的义务。因此，劳动既是公民的权利，也是公民的光荣义务。所谓劳动的义务，是指有劳动能力的公民，应当以国家主人翁的态度对待劳动，忠于职守，遵守劳动纪律，完成劳动任务，将劳动视为自己的一项职责。具体地说，公民的劳动义务有以下几层含义：（1）劳动是一切有劳动能力的公民的光荣职责；（2）国有企业和城乡集体经济组织的劳动者应当以国家主人翁的态度对待劳动；（3）劳动是一切有劳动能力的公民获得报酬的条件；（4）国家提倡社会主义劳动竞赛，奖励劳动模范和先进工作者；（5）国家提倡公民从事义务劳动。

29. 劳动者享有哪些权利？

（1）平等就业的权利。这是指具有劳动能力的公民，有获得职业的权利。劳动是人们生活的第一个基本条件，是创造物质财富和精神财富的源泉。劳动就业权是有劳动能力的公民获得参加社会劳动和切实保证按劳取酬的权利。公民的劳动就业权是公民享有其他各项权利的基础。如果公民的劳动就业权不能实现，其他的一切权利也就失去了基础。

（2）选择职业的权利。这是指劳动者根据自己的意愿选择适合自己才能、爱好的职业。劳动者拥有自由选择职业的权利，有利于劳动者充分发挥自己的特长，促进社会生产力的发展。劳动者在劳动力市场上作为就业的主体，具有支配自身劳动力的权利，可根据自身的素质、能力、志趣和爱好，以及市场资讯，选择用人单位和工作岗位。选择职业的权利是劳动者劳动权利的体现，是社会进步的一个标志。

（3）取得劳动报酬的权利。随着劳动制度的改革，劳动报酬成为劳动者与用人单位所签订劳动合同的必备条款。劳动者付出劳动，依照合同及国家有关法律取得报酬，是劳动者的权利。而及时定额的向劳动者支付工资，则是用人单位的义务。用人单位违反这些应尽的义务，劳动者有权依法要求有关部门追究其责任。获取劳动报酬是劳动者持续地行使劳动权不可少的物质保证。

（4）获得劳动安全卫生保护的权利。这是保证劳动者在劳动中的生命安全和身体健康，是对享受劳动权利的主体切身利益最直接的保护，包括防止工伤事故和职业病。如果企业单位劳动保护工作欠缺，其后果不仅是某些权益的丧失，而且会使劳动者健康和生命直接受到伤害。

（5）休息的权利。我国宪法规定，劳动者有休息的权利，国家发展劳动者休息和休养的设施，规定职工的工作时间和休假制度。

（6）社会保险和福利的权利。疾病和年老是每一个劳动者都不可避免的，社会保险是劳动力再生产的一种客观需要。我国劳动保险包括养老保险、医疗保险、工伤保险、失业保险、生育保险等。但目前我国的社会保险还存在一些问题，社会保险基金制度不健全，国家负担过重，社会保险的实施范围不广泛，发展不平衡，社会化程度低，影响劳动力合理流动。

（7）接受职业技能培训的权利。我国宪法规定，公民有受教育的权利和义务。所谓受教育既包括受普通教育，也包括受职业教育。公民要实现自己的劳动权，必须拥有一定的职业技能，而要获得这些职业技能，越来越依赖于专门的职业培训。因此，劳动者若没有职业培训权利，那么劳动就业权利也就成为一句空话。

（8）提请劳动争议处理的权利。劳动争议是指劳动关系当事人因执行劳动法或履行集体合同和劳动合同的规定而引起的争议。劳动关系当事人，作为劳动关系的主体，各自存在不同的利益，双方不可避免地会产生分歧。用人单位与劳动者发生劳动争议，劳动者可以依法申请调解、仲裁、提起诉讼。劳动争议调解委员会由用人单位、工会和职工代表组成。劳动仲裁委员会由劳动行政部门的代表、同级工会、用人单位代表组成。解决劳动争议应该贯彻合法、公正、及时处理的原则。

（9）法律规定的其他权利。包括依法参加和组织工会的权利，依法享有参与民主管理的权利，依法享有参加社会义务劳动的权利，从事科学研究、技术革新、发明创造的权利，依法解除劳动合同的权利，对用人单位管理人员违章指挥、强令冒险作业拒绝执行的权利，对危害生命安全和身体健康的行为提出批评、举报和控告的权利，对违反劳动法的行为进行监督的权利等。

30. 我国劳动法律制度的构成及主要内容有哪些？

劳动法律制度，是指调整劳动关系以及与劳动关系有密切联系的其他社会关系的法律制度。劳动关系是劳动法律制度调整的核心内容，是劳动者与用人单位在实现劳动过程中发生的社会关系。其基本内容是劳动者提供劳动，用人单位使用该劳动者并支付工资。从该意义上说，它是一种合同关系，具有合同之债的财产要素。但与民法上债的关系不同的是，它还具有身份和社会公益的要素。劳动者必须亲自提供劳动而不能由他人代理；在劳动过程中，劳动者与用人单位会形成从属关系，劳动者需服从用人单位的管理，因此，劳动者在提供劳动的同时，与用人单位也建立了身份关系。由于劳动者是社会的大众，劳工问题也就成为基本的社会问题，劳动者与用人单位的劳动关系是否和谐，与社会大众的生活是否安定有着密切的联系，因此，劳动关系不应当仅仅看作劳动者与用人单位之间的关系，还应当着眼于整个社会的公益来看待。

此外，劳动法律制度也调整一些与劳动关系有密切联系的社会关系，这些关系是附随于劳动关系发生的。例如，劳动部门、就业服务机构在劳动力招收、职业指导、职业介绍、职业培训等方面发生的社会关系；工会组织在集体谈判、签订集体合同和维护职工权益方面发生的社会关系；社会保险机构与劳动者和用人单位在社会保险方面发生的社会关系；劳动监察机构在监督检查劳动法实施中发生的社会关系；劳动争议处理机构在处理劳动争议中发生的社会关系等。

我国已建立了以劳动法、劳动合同法、劳动争议调解仲裁法、就业促进法、社会保险法等法律为主体，行政法规、部门规章、地方性法规和地方政府规章、司法解释和国际公约等为辅助的劳动法律制度。

我国的劳动法律制度主要内容包括以下五个部分。

（1）劳动关系方面的法律制度。这是调整劳动关系最基础的法律制度，主要是指劳动合同法和集体合同规定。在市场经济条件下，劳动关系主要通过劳动者与用人单位订立劳动合同来建立。由于劳动者个人相对于企业而言总是处于弱势地位，在劳动合同中容易出现一些对劳动者不利的条款，这就需要通过集体合同来矫正，以提高企业的整体劳动条件和职工的工资福利待遇。集体合同一旦签订，对企业及劳动者都具有法律效力，个人与企业签订的劳动合同与集体合同条款相冲突的，以集体合同为准。

（2）劳动基准方面的法律制度。主要指国家制定的关于劳动者最基本劳动条件的法律规范，包括最低工资规定、国务院关于职工工作时间的规定、安全生产法等。其目的是改善劳动条件，保障劳动者的基本生活，避免伤亡事故的发生。劳动基准属于强制性规范，用人单位必须遵守执行。

（3）劳动力市场方面的法律制度。主要是指调节劳动力市场、促进劳动就业的法律制度，包括就业促进、职业培训和就业服务方面的规定。就业是民生之本，促进就业是现代国家的基本责任。国家必须采取各种宏观调控手段，创造就业机会，实现劳动者充分就业。

（4）社会保险方面的法律制度。主要是对劳动者基本生存条件的保障以及生活质量的提高进行规定,具体包括养老保险、医疗保险、失业保险、工伤保险、生育保险等方面的规定。

(5)劳动权利保障与救济方面的法律制度。主要包括劳动监察和劳动争议处理方面的法律规定。由于劳动关系具有身份属性,劳动者与用人单位之间形成了管理与被管理的关系,用人单位往往会忽视甚至侵犯劳动者的劳动权利。因此,劳动监察对劳动法律制度的实施和劳动者劳动权的实现起着至关重要的作用。在劳动关系存续中,劳动争议是难以避免的,关键是要建立起有效的解决劳动争议的制度,以此作为解决纠纷、保障当事人合法权益的最后屏障。

以劳动法为核心的劳动法律制度的建立,使我国劳动制度的各个方面逐步走向法治化,具有重要的社会意义:首先,它打破了以前劳动关系的行政调整模式和按照用人单位所有制性质管理劳动关系的模式,确立了市场经济下劳动关系调整的基本模式,有力地推动了经济体制改革和市场经济的发展;其次,它明确了劳动者享有平等就业权、自主择业权、劳动报酬权、休息休假权、劳动安全卫生保护权、职业培训权、社会保险权、提请劳动争议处理的权利等,完善了劳动权利保障与救济制度,从而使劳动权这一基本人权具有了实在内容和法律保障,维护了劳动者的合法权益;最后,它明确了劳动关系双方的权利义务,有利于减少纠纷,维护稳定、和谐的劳动关系,从而为构建和谐社会提供了重要保证。

31. 劳动者的休息权如何实现和保护?

劳动者的休息权是指为了提高劳动效率,保障劳动者的生活和健康，根据有关法律和制度的规定，劳动者所享有的休息和休养的权利。劳动者的休息权和劳动权是密切联系的，也可以说是劳动权的一个方面。休息权既可以保护劳动者的身体健康，提高劳动效率，也可以为劳动者提供一定时间参加文化和社会活动，丰富劳动者的文化生活和社会生活，提高生活质量。

在我国，劳动者的休息权主要是通过国家规定的工作时间和休假制度予以实现的。工作时间是指劳动者根据国家和企业事业单位的规定，从事劳动的时间。休假制度是劳动者根据国家和企业事业单位的规定，所享有的暂离工作岗位，保留工资进行休息和休假的制度。根据劳动法及相关规定，国家实行劳动者每日工作时间不超过 8 小时、平均每周工作时间不超过 40 小时的工时制度；用人单位应当保证劳动者每周至少休息 1 日；用人单位在元旦、春节、国际劳动节、国庆节以及法律、法规规定的其他节假日，应当依法安排劳动者休假；国家实行带薪年休假制度，劳动者连续工作 1 年以上的，享受带薪年休假。除规定劳动者的工作时间和休假制度外，宪法还规定，国家发展劳动者休息和休养的设施。这主要是指国家根据劳动者享受休息权的需要，在生产发展和国民经济发展的基础上，不断扩大和改善用于劳动者休息和休养的物质条件。

32. 我国的退休制度包括哪些内容？

退休是指企业事业组织的职工和国家机关工作人员达到一定年龄时，退出原来的生产和工作岗位，并按照规定领取一定的退休金。根据宪法的规定，我国实行的退休制度包括以下内容：（1）实行国家退休制度的对象是指企业事业组织的职工和国家机关的工作人员。(2) 国家和社会保障退休人员的生活。(3) 有关退休制度的具体事项由国家法律予以规定。目前，我国已经制定了社会保险法等一系列法律法规，对职工和国家工作人员的退休年龄、退休条件以及退休后的生活待遇作出规定。

关于我国的退休年龄，第五届全国人民代表大会常务委员会第二次会议批准的《国务院关于安置老弱病残干部的暂行办法》和《国务院关于工人退休、退职的暂行办法》规定，全民所有制企业、事业单位和党政机关、群众团体的工人，符合下列条件之一的，应予退休：(1) 男年满60周岁，女年满50周岁，连续工龄满10年的；(2) 从事井下、高空、高温、特别繁重体力劳动或其他有害身体健康的工作，男年满55周岁、女年满45周岁，连续工龄满10年的；(3) 男年满50周岁，女年满45周岁，连续工龄满10年，由医院证明，并经劳动鉴定委员会确认，完全丧失劳动能力的；(4) 因工致残，由医院证明，并经劳动鉴定委员会确认，完全丧失劳动能力的。上述法定退休年龄施行以来，对维护劳动者基本权利、促进经济社会发展发挥了重要作用。

随着我国经济社会发展和人口年龄结构变化，需要延迟法定退休年龄。一是适应我国人均预期寿命、新增劳动力平均受教育年限普遍增加的客观情况，提升人力资源开发利用效率。我国人均预期寿命由新中国成立之初的40岁左右提高到78.6岁，新增劳动力平均受教育年限从改革开放初期的8年多增加到14年。延迟法定退休年龄，可以提高人力资本投入产出比，充分开发利用人力资源。二是适应劳动年龄人口变化，增加全社会劳动力有效供给。我国劳动年龄人口数量从2012年起持续下降，年均减少300万人以上，未来劳动年龄人口占总人口比重还将进一步降低。延迟法定退休年龄，可以稳定劳动参与率，保持经济社会发展动力和活力。三是适应劳动者多样化需求，优化职业生涯规划自主选择。延迟法定退休年龄体现自愿、弹性，劳动者可以更好平衡工作与生活需求。2024年9月，全国人大常委会通过《关于实施渐进式延迟法定退休年龄的决定》，同步启动延迟男、女职工的法定退休年龄，用15年时间，逐步将男职工的法定退休年龄从原60周岁延迟至63周岁，将女职工的法定退休年龄从原50周岁、55周岁分别延迟至55周岁、58周岁。

参加基本养老保险的个人，达到法定退休年龄时累计缴费满15年的，按月领取基本养老金。从2030年1月1日起，将职工按月领取基本养老金最低缴费年限由15年逐步提高至20年，每年提高6个月。达到法定退休年龄时累计缴费不足最低年限的，可以按照规定通过延长缴费或者一次性缴费的办法达到最低缴费年限，按月领取基本养老金。

33. 公民如何从国家和社会获得物质帮助？

宪法第四十五条第一款规定："中华人民共和国公民在年老、疾病或者丧失劳动能力的情况下，有从国家和社会获得物质帮助的权利。国家发展为公民享受这些权利所需要的社会保险、社会救济和医疗卫生事业。""年老"是指公民在国家规定的职工退休年龄以上，已没有劳动能力或者不适于继续参加劳动。"疾病"是指公民因为患有某种疾病没有能力或者不适于继续参加劳动。"丧失劳动能力"是指包括年老、疾病或者其他原因而失去劳动能力。具备上述三个条件之一，公民即有权从国家和社会获得物质帮助。国家的物质帮助是指政府有关部门如民政、人力资源和社会保障等部门向上述公民提供基本生活条件方面的物质帮助。

社会的物质帮助是指集体经济组织、人民团体、基层群众自治组织以及社会其他方面提供的各类物质帮助。

根据宪法的规定，国家努力发展社会保障事业。国家社会保障事业发展的状况，直接关系到人民群众物质文化生活水平的整体发展，关系到社会稳定，关系到社会主义优越性的发挥。年老、疾病或者丧失劳动能力的公民，有权从国家和社会两个方面获得物质帮助，但国家在提供物质帮助方面应当起主要作用。为使公民能更好地享受到各类物质帮助，国家需要大力发展社会保障事业。具体说来，要在以下三个方面大力发展社会保障事业：(1) 发展社会保险事业。社会保险是通过保险方式为公民在年老、患病、丧失劳动能力等情况下提供各种帮助措施。(2) 发展社会救济事业。社会救济包括对既无人供养又丧失劳动能力的人的救济，也包括对因自然灾害或者其他不幸事故而受到灾难者的救济。(3) 发展医疗卫生事业。

根据宪法的规定，保障残废军人生活、优抚军烈属，以及帮助残疾人，也是发展社会保障事业的重要组成部分。残废军人是为了保家卫国而身体致残，军烈属是为了保家卫国而献出了生命的烈士的亲人，国家应当对他们的生活给予照顾和实行优抚。保障残废军人的生活，抚恤烈士家属，优待军人家属，不仅是国家的责任，也是全社会的责任。社会组织、人民团体、村民委员会、居民委员会等都应当组织人民群众帮助和照顾残废军人和军烈属的生活，使他们无后顾之忧。

此外，依据宪法的规定，国家和社会还努力保障残疾人等弱势社会群体的利益。国家和社会帮助安排盲、聋、哑和其他有残疾的公民的劳动、生活和教育。为落实宪法的这一规定，国家制定了残疾人保障法，对有关保障残疾人权益的事项作出了详细规定。

34. 为什么说受教育既是公民权利又是公民义务？

受教育的权利，是指公民有从国家获得接受教育的机会以及接受教育的物质帮助的权利。受教育权是人与生俱来的权利，也是实现其他人权的基础。涉及教育的问题不仅有专门的法律法规予以规定，同时散见于各种非专门的法律法规之中。所以，我们虽然可以主要地将教育以及受教育权的问题界定于义务教育、高等教育、科普教育、职业教育乃至国防教育、民办教育等已有法律规定的领域，但必须承认，受教育权是个相当有包容性的概念，其范围可以不断拓展和延伸。

受教育既是公民的一项权利，又是公民的一项义务，是权利和义务的结合。受教育为什么是公民的一项义务呢？一方面，对公民而言，人与动物的根本区别就在于，人是社会的人，必须谋求个人和社会的发展，而要谋求个人与社会的发展，受教育是一条基础性的不可缺少的途径，是人作为社会的一员所必须具备的条件。另一方面，对国家而言，公民是组成国家的具体要素，国家的最重要职能就是谋求个人的幸福和发展，提高民族精神，增进社会道德，推动科技发展，实现国家的繁荣富强；要达到这些目标，就必须不断提高作为组成国家要素的公民素质，而要提高公民的素质，使其接受教育又成为必由之路。因此，国家就自然会将接受教育作为公民的一项义务予以要求。为此，不少国家和地区的宪法和法律都将受教育作为公民的一项义务予以规定。公民受教育的义务不是无条件的。如果不分情况地要求公民有受教育的义务，就可能导致教育秩序和公民权利与义务的混乱。所以，对公民受教育的义务必须作出年龄阶段的限制。从各国通行的做法来看，受教育的义务基本是被界定于初等教育阶段的。我国的教育法和义务教育法对公民的义务教育界定于九年制义务教育，即学龄儿童、少年，必须完成小学和初级中学共九年的义务教育。

此外，我国宪法还对国家关心青少年的成长问题作出规定。青少年和儿童是祖国的未来，幼儿教育、小学教育、中学教育和大学教育是青少年儿童成长的关键阶段。在每一个阶段，国家都确立对他们的培养方针和目标，使得青年、少年、儿童在品德、智力、体质等方面全面发展。

35. 国家如何保障公民进行科学文化活动的自由？

宪法规定，公民有进行科学研究、文艺创造和文化活动的自由。

科学文化活动是经济发展和社会进步的动力。我国是社会主义国家，科学文化活动是社会主义精神文明的重要内容，是推动社会主义物质文明建设的强大动力。为促进科学文化的繁荣和发展，广大公民应当享有广泛的科学文化活动的自由和权利。国家对公民的科学文化活动自由也应当给予支持和帮助。

根据我国宪法的规定，公民享有的科学文化活动的自由和权利有以下三个方面：（1）公民有进行科学研究的自由。这里的科学研究包括自然科学，也包括社会科学。公民享有科学研究自由，是指公民有权通过各种方式从事各种科研工作，并可以在科学研究中自由地探讨问题，发表意见，对各种科学问题和各种学派可以持有不同的见解。（2）公民有从事文学艺术创作的自由。文学包括小说、诗歌、散文、戏剧等。艺术包括音乐、舞蹈、美术、摄影、书法、雕刻、电影、电视等。文化艺术活动自由是指公民有权按照自己的兴趣和意愿从事上述各项文化艺术活动,有权按照自己的特点形成和发展自己的文化艺术风格。(3)公民有权从事其他文化活动包括教育和各种体育活动、健康的娱乐活动等。国家通过各种方式促进科学文化事业的发展。对于从事教育、科学、技术、文学、艺术和其他文化事业的公民的有益于人民的创造性工作,给以鼓励和帮助。国家通过制定政策和法律,鼓励和帮助公民进行科学文化活动。目前,我国已确立了"科教兴国"战略,在教育、科学、文化等方面制定了一系列促进和保护科学文化事业发展的法律法规。

36. 我国宪法如何保护妇女与男子的平等权?

根据宪法的规定,妇女与男子的平等权包括以下四个方面:(1)妇女在政治方面享有与男子平等的权利,即妇女在参与国家政治生活方面与男子平等,平等地享有选举权与被选举权,平等地参与国家管理,平等地担任国家和社会职务,平等地享有荣誉称号。(2)妇女在经济方面享有与男子平等的权利,即妇女与男子一样,享有参加劳动的权利,按劳取酬的权利,休息的权利以及享受社会保障的权利。(3)妇女在文化方面享有与男子平等的权利,即妇女与男子一样,享有受教育的权利,享有从事科学研究、文学艺术创作和其他文化活动的自由。妇女权益保障法第三十七条第一款规定:"学校和有关部门应当执行国家有关规定,保障妇女在入学、升学、授予学位、派出留学、就业指导和服务等方面享有与男子平等的权利。"(4)妇女在社会和家庭生活方面享有与男子平等的权利,即妇女和男子一样可以参加各种社会活动，在婚姻关系、家庭关系、继承关系等方面都同男子享有平等的权利。

根据宪法的规定，国家对妇女权益的保护方针有三个方面：（1）国家保护妇女的权利和利益，即妇女依法享有的各项权利和利益，都受到宪法和法律的保护，任何个人和组织都不得侵犯。目前，我国的民法典、刑法、选举法等法律对妇女的权利和权益都有专门保护，国家还制定了妇女权益保障法和母婴保健法等专门保护妇女权利和利益的法律。（2）国家实行男女同工同酬，即如果妇女与男子从事同一种工作，技术水平、熟练程度与男子相同，就应当获得与男子相同的报酬。（3）国家培养和选拔妇女干部，即国家在挑选干部人选时要注意妇女干部的配备，大胆使用和提拔经过实践证明有能力、群众信得过的、德才兼备的妇女干部，提高妇女在国家和社会生活中的地位。对于国家培养和选拔妇女干部，妇女权益保障法第十五条规定："国家积极培养和选拔女干部，重视培养和选拔少数民族女干部。国家机关、群团组织、企业事业单位培养、选拔和任用干部，应当坚持男女平等的原则，并有适当数量的妇女担任领导成员。妇女联合会及其团体会员，可以向国家机关、群团组织、企业事业单位推荐女干部。国家采取措施支持女性人才成长。"

37. 国家如何保护婚姻、家庭、母亲和儿童？

婚姻是指根据我国法律的规定，男女两性符合结婚条件，自愿结合，经婚姻登记机关登记批准而结成的夫妻关系，是为法律所承认和保护的社会关系。家庭是以婚姻和血缘关系为基础而结成的共同生活的组织。家庭以一夫一妻制为基础，主要包括父母、子女等成员。法律保护家庭是指法律保护家庭成员的身份关系，以及由身份关系而产生的各种权利和义务关系，以及财产关系、继承关系、抚养关系等。母亲是指已生育的妇女，儿童是指少年儿童。目前，我国已制定了民法典（婚姻家庭编、继承编）、收养法、母婴保健法、妇女权益保障法、老年人权益保障法、未成年人保护法、家庭教育法等法律，对婚姻、家庭的各项关系，以及母亲和儿童的权利作出了具体规定。

宪法第四十九条第四款特别规定："禁止破坏婚姻自由，禁止虐待老人、妇女和儿童。"因此，除夫妻双方有实行计划生育的义务外，在社会主义的婚姻家庭关系中，家庭成员还要履行以下四项具体的义务。

（1）父母有抚养教育未成年子女的义务。"抚养"即抚助养育，是指父母为子女提供基本的生活保障，照顾子女的身心健康，并保护他们的权利和利益。"教育"即家庭教育，是指父母在家庭中有责任对子女进行德、智、体方面的基本教育。"未成年子女"是指未满十八周岁的子女。未成年人保护法第十五条规定："未成年人的父母或者其他监护人应当学习家庭教育知识，接受家庭教育指导，创造良好、和睦、文明的家庭环境。共同生活的其他成年家庭成员应当协助未成年人的父母或者其他监护人抚养、教育和保护未成年人。"监护职责包括：为未成年人提供生活、健康、安全等方面的保障；关注未成年人的生理、心理状况和情感需求；教育和引导未成年人遵纪守法、勤俭节约，养成良好的思想品德和行为习惯；对未成年人进行安全教育，提高未成年人的自我保护意识和能力；尊重未成年人受教育的权利，保障适龄未成年人依法接受并完成义务教育；保障未成年人休息、娱乐和体育锻炼的时间，引导未成年人进行有益身心健康的活动；妥善管理和保护未成年人的财产；依法代理未成年人实施民事法律行为；预防和制止未成年人的不良行为和违法犯罪行为，并进行合理管教；等等。根据家庭教育促进法第二条的规定，父母或者其他监护人为促进未成年人全面健康成长，应当对其实施的道德品质、身体素质、生活技能、文化修养、行为习惯等方面的培育、引导和影响。

（2）成年子女有赡养扶助父母的义务。"赡养扶助"是指成年子女对无劳动能力或者有劳动能力但生活困难的父母，提供基本的生活条件，照顾他们的生活的责任。老年人权益保障法规定，赡养人应当履行对老年人经济上供养、生活上照料和精神上慰藉的义务，照顾老年人的特殊需要。家庭成员应当关心老年人的精神需求，不得忽视、冷落老年人。与老年人分开居住的家庭成员，应当经常看望或者问候老年人。

（3）禁止破坏婚姻自由。"婚姻自由"是指婚姻当事人有权依照法律的规定决定自己的婚姻问题，不受其他任何人、任何组织的强制和干涉。婚姻自由包括结婚的自由，也包括离婚的自由。民法典第一千零四十六条规定："结婚应当男女双方完全自愿，禁止任何一方对另一方加以强迫，禁止任何组织或者个人加以干涉。"第一千零五十二条规定："因胁迫结婚的，受胁迫的一方可以向人民法院请求撤销婚姻。请求撤销婚姻的，应当自胁迫行为终止之日起一年内提出。被非法限制人身自由的当事人请求撤销婚姻的，应当自恢复人身自由之日起一年内提出。"第一千零七十八条规定："婚姻登记机关查明双方确实是自愿离婚，并已经对子女抚养、财产以及债务处理等事项协商一致的，予以登记，发给离婚证。"

（4）禁止虐待老人、妇女和儿童。"虐待"是指在生活上、身体上、精神上对老人、妇女和儿童进行摧残和迫害的行为。老年人权益保障法规定，禁止歧视、侮辱、虐待或者遗弃老年人。对老年人负有赡养义务、扶养义务而拒绝赡养、扶养，虐待老年人或者对老年人实施家庭暴力的，由有关单位给予批评教育；构成违反治安管理行为的，依法给予治安管理处罚；构成犯罪的，依法追究刑事责任。妇女权益保障法规定，禁止虐待、遗弃、残害、买卖以及其他侵害女性生命健康权益的行为。未成年人保护法规定，禁止虐待、遗弃、非法送养未成年人或者对未成年人实施家庭暴力。根据我国刑法的规定，破坏婚姻自由以及虐待老人、妇女和儿童，情节恶劣，构成犯罪的行为，需要承担相应的刑事责任。

38. 我国实行怎样的计划生育政策？

我国宪法规定，国家推行计划生育，使人口的增长同经济和社会发展计划相适应。计划生育是我国的一项基本国策。

新中国成立以来，由于卫生工作的进步和人民生活条件的改善，人口死亡率尤其是婴儿死亡率大大降低，寿命大大延长。但是，我国长期对人口出生率没有适当控制，致使人口增长过快，影响到经济的发展和人民生活水平的提高。改革开放初期，为控制我国人口过快增长，党和国家号召每对夫妻只生一个孩子。这一政策于1982年被写入宪法，被确定为基本国策，并规定为夫妻双方的宪法义务。应当说，这一规定在当时以及相当长的一段时间内成就巨大，有效控制了人口过快增长，有效缓解了人口对资源环境的压力，而且与优生优育齐头并进，提高了我国的人口素质。2001年，我国制定了人口与计划生育法，对国家的计划生育制度作出了详细规定。根据这部法律当时的规定，我国的计划生育的核心是"一孩"政策："国家稳定现行生育政策，鼓励公民晚婚晚育，提倡一对夫妻只生一个子女；符合法律、法规规定条件的，可以要求安排生育二个子女。"这样的政策，是国家在特定历史条件下为缓解严峻的人口形势而推行的一项重大战略。实践证明，实行计划生育，对于控制人口过快增长、缓解资源环境压力发挥了重要作用。这是我国在特定历史发展阶段作出的正确选择。

进入 21 世纪以来，随着经济社会发展，我国人口发展的内在动力和外部条件发生显著变化，人口形势出现了新的情况。一是育龄妇女规模减小，出生人口下降，人口发展进入关键转折期。二是群众生育意愿降低，生育观念已总体转向少生优生；同时，由于来自诸多方面的压力和影响，我国适龄人口生育意愿受到制约。三是近年来人口老龄化程度不断加深，积极应对人口老龄化已经成为我国发展面临的重大课题。党的十八大以来，以习近平同志为核心的党中央高度重视人口问题，根据我国人口发展新形势新变化，作出一系列调整完善生育政策、促进人口长期均衡发展的重大决策。2013 年 11 月，党的十八届三中全会调整完善生育政策，实施"单独两孩"政策。2015 年 10 月，党的十八届五中全会决定实施"全面两孩"政策。2018 年 2 月，党的十九届三中全会通过《深化党和国家机构改革方案》，确定组建国家卫生健康委员会，不再保留国家卫生和计划生育委员会。2020 年 10 月，党的十九届五中全会提出，"实施积极应对人口老龄化国家战略"，"优化生育政策，增强生育政策包容性"。2021 年 6 月，为进一步适应人口形势新变化和推动高质量发展新要求，党中央印发《中共中央国务院关于优化生育政策促进人口长期均衡发展的决定》，优化生育政策，实施一对夫妻可以生育三个子女政策，并取消社会抚养费等制约措施、清理和废止相关处罚规定，配套实施积极生育支持措施。这一系列政策调整，有利于改善人口结构，落实积极应对人口老龄化国家战略；有利于保持人力资源禀赋优势，应对世界百年未有之大变局；有利于平缓总和生育率下降趋势，推动实现适度生育水平；有利于巩固全面建成小康社会成果，促进人与自然和谐共生。人口和计划生育法也适时作了相应修改。

党和国家始终坚持人口与发展综合决策，科学把握人口发展规律，根据我国人口发展变化的形势，适时逐步调整完善生育政策。因此，我国计划生育政策不是一成不变的，而是历经调整变化，在不同时期具有不尽相同的政策内涵和时代特征。我国宪法有关计划生育的规定，体现了问题导向与目标导向相统一、指向性与方向性相统一，具有相当的包容性和适应性，可以涵盖不同修改时期实行的生育政策、相关工作及配套措施。

39. 华侨、归侨和侨眷的哪些权利和利益受国家保护？

保护华侨的正当的权利和利益，保护归侨和侨眷的合法的权利和利益，是我国政府的一贯政策。"华侨"是指居住在国外、依据国籍法享有中国国籍的中国公民。"正当的权利和利益"是指按照国际法和国际惯例，我国华侨旅居外国所应当享有的一切权利和利益。"归侨"是指回国定居的华侨。"侨眷"是指华侨、归侨在国内的亲属，包括华侨、归侨的配偶，父母、子女及其配偶，兄弟姐妹，祖父母，外祖父母，孙子女、外孙子女，以及同华侨、侨眷有长期扶养关系的其他亲属。归侨和侨眷的合法的权利和利益，是指归侨和侨眷依据宪法和法律享有的各项公民权利，以及国家根据他们的实际情况和特点，所规定的特殊的权利和利益。为保护归侨和侨眷的合法的权利和利益，我国已制定了专门的归侨侨眷权益保护法。

根据归侨侨眷权益保护法，国家对归侨和侨眷的权益保护主要体现在：国家对回国定居的华侨给予安置。归侨、侨眷有权依法申请成立社会团体，进行适合归侨、侨眷需要的合法的社会活动。归侨、侨眷依法成立的社会团体的财产受法律保护，任何组织或者个人不得侵犯。国家对安置归侨的农场、林场等企业给予扶持，任何组织或者个人不得侵占其合法使用的土地，不得侵犯其合法权益。在安置归侨的农场、林场等企业所在的地方，可以根据需要合理设置学校和医疗保健机构，国家在人员、设备、经费等方面给予扶助。国家依法维护归侨、侨眷职工的社会保障权益。用人单位及归侨、侨眷职工应当依法参加当地的社会保险，缴纳社会保险费用。对丧失劳动能力又无经济来源或者生活确有困难的归侨、侨眷，当地人民政府应当给予救济。国家鼓励和引导归侨、侨眷依法投资兴办产业，特别是兴办高新技术企业，其合法权益受法律保护。归侨、侨眷在国内兴办公益事业，各级人民政府应当给予支持，其合法权益受法律保护。归侨、侨眷境外亲友捐赠的物资用于国内公益事业的，依照法律、行政法规的规定减征或者免征关税和进口环节的增值税。各级人民政府应当对归侨、侨眷就业给予照顾，提供必要的指导和服务。归侨学生、归侨子女和华侨在国内的子女升学，按照国家有关规定给予照顾。归侨、侨眷申请出境的，有关主管部门应当在规定期限内办理手续。归侨、侨眷确因境外直系亲属病危、死亡或者限期处理境外财产等特殊情况急需出境的，有关主管部门应当根据申请人提供的有效证明优先办理手续。归侨、侨眷可以按照国家有关规定申请出境定居，经批准出境定居的，任何组织或者个人不得损害其合法权益。离休、退休、退职的归侨、侨眷职工出境定居的，其离休金、退休金、退职金、养老金照发。国家对归侨、侨眷在境外的正当权益，根据中华人民共和国缔结或者参加的国际条约或者国际惯例，给予保护。

40. 公民行使自由和权利的底线是什么？

权利必须依据法律的规定才能实现，同样，权利也只有依据法律行使才受到国家的保护。超越法律的规定行使权利和自由，就必然要破坏法律秩序，损害国家的、集体的和其他公民的合法权利和利益。因此，宪法规定，公民在行使权利和自由的时候，不得损害国家的、社会的、集体的利益和其他公民的合法的自由和权利，即公民在行使宪法和法律规定的权利和自由时，不得损害国家的利益、社会公共生活的利益和集体组织的利益，也不得损害其他公民的合法的自由和权利。任何损害国家的、社会的、集体的利益以及其他公民的合法权利和自由的行为，造成一定的危害后果，就要承担相应的法律责任。

41. 为什么说维护国家统一和全国各民族团结是公民的一项基本义务？

维护国家统一是公民的一项基本义务。国家的统一包括以下三个方面的内容：（1）国家领土的统一，即国家的领陆、领水、领空是完整的统一体，属于中华人民共和国所有。中华人民共和国享有完整的所有权和管辖权,任何人不得破坏和分裂。(2) 国家政权的统一,即中华人民共和国中央人民政府是中国唯一合法的统辖全国的政府,任何人不得分裂国家政权,破坏国家政权的统一。(3) 国家主权的统一,即中华人民共和国享有独立自主地处理本国对内对外事务,不受外国或者其他势力干预的权力。任何人不得以任何方式破坏国家主权的统一,使国家主权从属于外国支配。

各民族平等团结互助和谐,共同铸牢中华民族共同体意识,是各民族共同发展和繁荣的基本条件。各民族之间应当提倡互爱、互谅、互助。维护民族团结是指公民有责任维护民族之间的平等团结互助和谐的关系。任何人不得以任何形式制造民族纠纷,破坏民族团结。

42. 公民如何履行保守国家秘密的义务?

国家秘密是指在国家活动中,不应当公布和向外透露的秘密文件、秘密资料、秘密情报和秘密情况等。保守国家秘密,就是要严格保护国家秘密不被泄露,防止国内外敌对分子窃取国家秘密,防止各种人员泄露、遗失国家秘密。为保证国家秘密不被泄露,我国已制定了保守国家秘密法,并在刑法中对泄露国家机密的犯罪行为规定了刑事责任。公民发现国家秘密已经泄露或者可能泄露时,应当立即采取补救措施并及时报告有关机关、单位。机关、单位接到报告后,应当立即作出处理,并及时向保密行政管理部门报告。

43. 公民如何履行爱护公共财产的义务？

公共财产是指一切国家财产和集体财产。爱护公共财产包括两个方面的内容：一是任何人都必须珍惜和保护国家和集体的财产；二是当公共财产受到破坏、威胁和出现危险的时候，任何公民都有责任保护、捍卫和维护公共财产的安全。

44. 公民如何履行遵守劳动纪律的义务？

劳动纪律是指在社会共同劳动中，劳动者必须共同遵守的劳动规章和制度，是用人单位为形成和维持生产经营秩序，保证劳动合同得以履行，要求全体员工在集体劳动、工作、生活过程中，以及与劳动、工作紧密相关的其他过程中必须共同遵守的规则。劳动纪律的目的是保证生产、工作的正常运行；劳动纪律的本质是全体员工共同遵守的规则。

劳动纪律的范畴大致包括以下内容：严格履行劳动合同及违约应承担的责任（履约纪律）；按规定的时间、地点到达工作岗位，按要求请休事假、病假、年休假、探亲假等（考勤纪律）；根据生产、工作岗位职责及规则，按质、按量完成工作任务（生产、工作纪律）；严格遵守技术操作规程和安全卫生规程（安全卫生纪律）；节约原材料、爱护用人单位的财产和物品（日常工作生活纪律）；保守用人单位的商业秘密和技术秘密（保密纪律）；遵纪奖励与违纪惩罚规则（奖惩制度）；与劳动、工作紧密相关的规章制度及其他规则（其他纪律）。在社会主义国家，劳动既是公民的权利，也是公民的光荣义务。因此，公民必须遵守劳动纪律，积极行使劳动权利，履行劳动义务。

在实践中，劳动纪律一般由用人单位制定。相关法律法规对劳动纪律生效作了十分明确的规定：一是内容合法，不得与法律相抵触。用人单位有用工自主权，制定劳动纪律是用工自主权的集中体现，因此法律承认合法制定的劳动纪律具有法律效力。二是程序合法，劳动纪律应当经过民主、法定的程序制定，将制度草案交实际操作部门审核，起草过程中应当征求工会、员工代表意见，起草完成后应当采取合适的方式公布。

45. 公民如何履行遵守公共秩序的义务？

公共秩序也称"社会秩序"，为维护社会公共生活所必需的秩序，由法律，行政法规，国家机关、企业事业单位和社会团体的规章制度等所确定。内容包括公共场所的活动秩序、交通秩序、工作秩序、社会管理秩序和群众生活秩序等。我国刑法和治安管理处罚法对各类危害社会秩序的行为规定了处罚方式。遵守公共秩序是中国公民的基本义务之一。公共秩序不仅关系到人们的生活质量，也关系到社会的文明程度。

维护社会公共秩序对于一个社会的发展是非常重要的。首先，它是维系社会生活正常化的基本保证。随着社会生活的复杂化和多样化，公共场所已成为人们共同生活、娱乐必不可少的地方，如居民小区、影剧院、体育场馆、公园、商店等。这些场所秩序良好，会给人们生活带来极大的愉快；反之，不仅影响正常生活，甚至会危及人们的生命安全。其次，它是社会文明的标志。有无良好的社会公共秩序，是衡量一个地方管理水平和文明程度的显著标志。最后，它是衡量一个人精神道德风貌和文明素养的重要尺度。在公共场所自觉约束自己、方便他人、维护秩序，是做人的起码原则；反之，则表明缺乏道德修养。所以，作为公民，每个人都有遵守社会公共秩序的义务。

46. 宪法为什么要求公民必须尊重社会公德？

道德的力量是无穷的。中华文明源远流长，蕴育了中华民族的宝贵精神品格，培育了中国人民的崇高价值追求。自强不息、厚德载物的思想，支撑着中华民族生生不息、薪火相传。只要中华民族一代接着一代追求美好崇高的道德境界，我们的民族就永远充满希望。

社会公德是要求一般人共同遵守的公共道德准则，包括遵守纪律、讲究礼貌、讲究卫生等。我国是社会主义国家，一贯强调精神文明建设，通过引导公民道德素质的提升，促进社会和谐和国家进步。需要注意的是，社会公德属于道德范畴，其发挥作用的方式不同于法律，并不是通过强制力来推行的，而是通过政府引导、社会倡导和公民自觉来实现的。因此，宪法强调，公民必须"尊重"社会公德，而非"遵守"社会公德。

社会公德也是一个历史演进的产物，在不同历史阶段有着不同的要求。党的十八大报告提出，倡导富强、民主、文明、和谐，倡导自由、平等、公正、法治，倡导爱国、敬业、诚信、友善，积极培育和践行社会主义核心价值观。2018年宪法修正案增加国家倡导社会主义核心价值观的内容。

47. 公民如何履行维护祖国安全、荣誉和利益的义务？

国家的安全、荣誉和利益是维护国家的政权稳定和公民依法行使各项自由和权利的根本保障。因此，维护国家的安全、荣誉和利益是每一个公民的义务。公民不得以任何理由、任何形式，侵犯、损害和危及国家的安全、荣誉和利益。

"祖国的安全"是指中华人民共和国的国家安全。它主要包括：（1）国家的领土、主权不受侵犯；（2）国家的政权不受威胁；（3）国家的社会秩序不被破坏；（4）国家的秘密不被泄露。"祖国的荣誉"是指中华人民共和国国家的荣誉和尊严。它主要包括：（1）国家的尊严不受侵犯；（2）国家的信誉不受破坏；（3）国家的荣誉不受玷污；（4）国家的名誉不受侮辱。"祖国的利益"是指中华人民共和国的国家利益。国家利益的范围十分广泛，对外主要是指国家政治、经济、文化、荣誉等方面的权利和利益；对内主要是指相对于集体利益和个人利益的国家利益。对于危害国家安全、荣誉和利益的行为及其法律责任，国家安全法、刑法、反间谍法等法律都已经作出了规定。

48. 公民如何履行保卫祖国和服兵役的义务？

国家的安全、领土完整和主权独立，关系到全体人民各项权利和自由能否实现，关系到改革开放和社会主义现代化建设能否顺利进行，关系到中华民族的生死存亡，因此，保卫祖国、抵抗侵略，是每一个公民义不容辞的光荣职责。"保卫祖国"是指保卫国家领土完整、主权独立、政权统一以及捍卫国家的尊严。

"抵抗侵略"是指抵御抗拒外国及其他外来势力对我国领土的非法入侵。公民保卫祖国、抵抗侵略的直接方式就是服兵役和参加民兵组织。"服兵役"包括参加中国人民解放军和中国人民武装警察部队。"民兵组织"是指不脱离生产的群众武装组织,是中国人民解放军的助手和后备力量。

服兵役、参加民兵组织是公民的一项光荣义务和神圣职责。由于公民服兵役、参加民兵组织的义务,是涉及保卫祖国、抵抗侵略、巩固国防建设的重大事项,因此必须由法律作出规定。目前,我国已制定了国防法、兵役法、现役军官法、预备役人员法、民兵工作条例、中国人民解放军现役士兵服役条例、中国人民解放军军官军衔条例、关于中国人民解放军现役士兵衔级制度的决定等一系列法律法规,对公民保卫祖国、抵抗侵略的神圣职责,以及依法服兵役、参加民兵组织的制度作出详细规定。根据兵役法的规定,服兵役的义务是指中华人民共和国公民不分民族、种族、职业、家庭出身、宗教信仰和教育程度,都有义务服兵役,但是,有严重生理缺陷或者严重残疾不适合服兵役的人,免服兵役;依照法律被剥夺政治权利的人,不得服兵役。

49. 公民为什么必须依法纳税?

税收是以实现国家公共财政职能为目的,基于政治权力和法律规定,由政府专门机构向居民和非居民就其财产或特定行为实施强制、非罚与不直接偿还的金钱或实物课征,是国家最主要的一种财政收入形式。它具有以下三个特点。

(1)强制性,即国家以社会管理者的身份,凭借政权力量,依据政治权力,通过颁布法律或政令来进行强制征收。负有纳税义务的社会集团和社会成员，都必须遵守国家强制性的税收法令，在国家税法规定的限度内，纳税人必须依法纳税，否则就要受到法律的制裁，这是税收具有法律地位的体现。强制性特征体现在两个方面：一方面税收分配关系的建立具有强制性，即税收征收完全是凭借国家拥有的政治权力；另一方面是税收的征收过程具有强制性，即如果出现了税务违法行为，国家可以依法进行处罚。

（2）无偿性，即通过征税，社会集团和社会成员的一部分收入转归国家所有，国家不向纳税人支付任何报酬或代价。税收这种无偿性是与国家凭借政治权力进行收入分配的本质相联系的。无偿性体现在两个方面：一方面是指政府获得税收收入后无须向纳税人直接支付任何报酬；另一方面是指政府征得的税收收入不再直接返还给纳税人。税收无偿性是税收的本质体现，它反映的是一种社会产品所有权、支配权的单方面转移关系，而不是等价交换关系。税收的无偿性是区分税收收入和其他财政收入形式的重要特征。

（3）固定性或法定性，即税收是按照国家法令规定的标准征收，纳税人、课税对象、税目、税率、计价办法和期限等，都是由税收法令预先规定，有一个比较稳定的适用期间，是一种固定的连续收入。对于税收预先规定的标准，征税和纳税双方都必须共同遵守，非经国家法令修订或调整，征纳双方都不得违背或改变这个固定的比例或数额以及其他制度规定。

建立和维持国家政权机关，供养国家公职人员，就必须有各项经费开支。维护国家机构正常运转的经费，必须由国家的组成要素包括公民和各类生产经营组织缴纳。在社会主义国家，国家的一切权力属于人民，人民通过选举产生各级国家政权机关，代表人民行使当家作主的权利。国家政权机关以及其他具有公共服务职能的机构,职责是为人民服务。为实现为人民服务的职能,需要适当数量的经费开支,因而需要建立税收制度,向公民征税。但社会主义国家税收的基本原则是取之于民,用之于民。公民向国家纳税,是实现人民民主专政的国家职能所必需的,是一项光荣的义务。

作为公民的一项重要义务,有关公民纳税的事项必须由国家法律作出规定。一方面,税收是一项严肃和稳定的国家活动,具有很大的强制性、无偿性和权威性,因此必须由具有很高位阶的法律予以规定。另一方面,也是最重要的,由于税收涉及全体公民和义务纳税单位的财产权利,因此创设税法、规定税收的权力应当属于全体人民或者由全体人民选出的代议机关。在我国,决定税收的机关应当是全国人大及其常委会。根据宪法的规定,只有法律才能规定公民的纳税义务。1984年全国人大常委会决定,授权国务院在经济体制改革期间,就改革工商税制发布有关条例草案试行。因此,国务院根据授权制定了一些确定公民纳税义务的行政法规。2015年立法法修改时规定,税种的设立、税率的确定和税收征收管理等税收基本制度的事项,属于全国人大及其常委会的专属立法权限,即只能制定法律予以规定。目前,我国的18个税种中,已有14个制定了相应的法律。立法法同时明确规定,应当制定法律的事项,国务院根据全国人大及其常委会的授权决定先制定的行政法规,经过实践检验,制定法律的条件成熟时,国务院应及时提请全国人大及其常委会制定法律。

五、国家机构

（一）全国人民代表大会及其常务委员会

1. 全国人大及其常委会的地位是什么？

全国人民代表大会是最高国家权力机关；全国人大常委会是其常设机关，也是最高国家权力机关的组成部分。

全国人民代表大会是最高国家权力机关，体现在以下三个方面：(1) 在我国各级人民代表大会中，全国人大处于最高地位，有权撤销省、自治区、直辖市的国家权力机关制定的同宪法、法律和行政法规相抵触的地方性法规和决议。(2) 在中央国家机关中，全国人大处于核心地位，国家的最高行政机关、监察机关、审判机关和检察机关由它产生，向它负责，受它监督。(3) 国家政治、经济和社会生活中的重大问题也都由全国人大决定。

我国地域辽阔，人口众多，为保证足够的代表性，全国人大代表的人数不宜太少，但是人数多了又不便于开会议事。选举法第十六条第二款规定："全国人民代表大会代表的名额不超过三千人。"实际选出的代表人数都接近三千人。全国人大会议一般每年召开一次，会议只对国家最重大的问题作出决定。为此，宪法第五十七条规定："中华人民共和国全国人民代表大会是最高国家权力机关。它的常设机关是全国人民代表大会常务委员会。"全国人大常委会组成人员为170人左右,人数相对比较少,便于经常开会,可以在全国人大闭会期间,及时对国家的重大问题作出决定,充分发挥最高国家权力机关的职能,保证国家机关能够经常、有效地运行。

全国人大常委会不是一个独立于全国人大之外的国家机关,全国人大常委会对全国人大负责并报告工作,受它监督。在每年的全国人大会议上,全国人大常委会向大会报告一年的工作,在换届的代表大会上,要报告一届的工作,请代表审议,并由大会作出决议。决议通过后,全国人大常委会必须贯彻执行。全国人大有权改变或者撤销全国人大常委会不适当的决定,有权依照法定程序罢免全国人大常委会组成人员。

2. 全国人大及其常委会是怎样产生的?

全国人民代表大会由省、自治区、直辖市、特别行政区和军队选出的代表组成。全国人大代表的名额不得超过3000名,近几届全国人大一般都稳定在2900多名,采取间接选举的方式选举产生。全国人大代表的名额按照一定的分配原则分配到各个省、自治区、直辖市、特别行政区和人民解放军武警部队,各个选举单位按照所分配的名额,在规定时间内选举出全国人大代表。(1)省、自治区、直辖市的全国人大代表由各省、自治区、直辖市人民代表大会选举产生。(2)台湾省出席全国人大会议的代表,暂由各省、自治区、直辖市以及中央和国家机关、中国人民解放军和中国人民武装警察部队中的台湾省籍同胞组成的协商选举会议选举产生,选举采用差额选举和无记名投票的方式。(3)人民解放军和武警部队选举全国人大代表适用《中国人民解放军选举全国人民代表大会和县级以上地方各级人民代表大会代表的办法》。解放军团级以上单位都成立选举委员会，设立专门工作机构；基层单位普遍召开军人大会，直接选举产生旅（团）级单位军人代表大会代表；旅（团）级以上单位自下而上召开军人代表大会，选举产生上一级军人代表大会代表。在此基础上，各战区、各军兵种、军委机关各部门、军事科学院、国防大学、国防科技大学等23个选举单位召开军人代表大会或军人大会，以无记名投票的方式差额选举产生十三届全国人大代表。(4) 香港和澳门选举全国人大代表适用专门的选举办法，如《中华人民共和国香港特别行政区选举第十四届全国人民代表大会代表的办法》，目前采用选举会议选举的方式。

全国人大常委会由全国人大选举产生，对全国人大负责并报告工作。全国人大常委会由委员长、副委员长若干人、秘书长和委员若干人组成，上述人员统称常委会组成人员。全国人大有权罢免全国人民代表大会常务委员会的组成人员。全国人大常委会组成人员的候选人，由全国人大的大会主席团从全国人大代表中提名，经全体代表酝酿讨论后确定正式候选人，交大会选举。全国人大常委会组成人员的产生，过去曾实行等额选举，从1988年召开的七届全国人大一次会议开始，常委会委员实行差额选举。第六届至第九届全国人大，常委会组成人员的名额均为155名。为了改善全国人大常委会组成人员的年龄结构和知识结构，加强全国人大常委会经常性工作，提高议案审议质量，第十届全国人大常委会组成人员增加到175名，所增加的20名用于选举部分相对比较年轻、具有业务专长的委员。十一届、十二届、十三届全国人大常委会维持这一做法，常委会组成人员名额仍然保持在

175 名。在十三届全国人大常委会组成人员中，按照党的十九大报告中关于"优化人大常委会和专门委员会组成人员结构"的要求，以及党的十八届四中全会决定提出的"增加有法治实践经验的专职常委比例"的要求，增加了专职常委会委员的比例。

此外，为了保证全国人大常委会对行政机关、监察机关、审判机关和检察机关的工作进行有效监督，保证常委会组成人员能够集中精力从事人大工作，宪法第六十五条第四款规定："全国人民代表大会常务委员会的组成人员不得担任国家行政机关、监察机关、审判机关和检察机关的职务。"如果担任上述职务，必须辞去全国人大常委会组成人员的职务。

全国人大的任期为 5 年，全国人大常委会是全国人大的常设机构，其任期和全国人大相同，也是每届 5 年。为了使全国人大做到按期换届，全国人大代表的选举必须提前完成，每届全国人大在任期届满的两个月以前，全国人大常委会必须完成下届全国人大代表的选举。如果遇到非常情况，不能按时完成选举，例如遇到战争、特大自然灾害或者其他特殊情况，导致在全国范围内无法组织选举，经过全国人大常委会三分之二多数决定后，全国人大的任期可以依法延长。但是一旦非常情况结束，在一年内必须完成选举。

3. 全国人大有哪些职权？

（1）修改宪法和监督宪法实施。宪法是国家的根本法，它规定国家的根本制度和根本任务、公民的基本权利和义务，具有最高的法律效力。全国人大是最高国家权力机关，它的性质决定了只有全国人大才能修改宪法。修宪权是全国人大专有的权力。修改宪法要经过特别严格的程序，宪法修正案必须由全国人大常委会或者全国人大五分之一以上的代表联名才可以提出,并由全国人大全体代表的三分之二以上多数才能通过。为了维护宪法的权威和尊严,保证国家法制统一,全国人大还有权监督宪法的实施。

(2) 立法权。全国人大及其常委会统一行使国家立法权,在立法体制中居于最高地位,是其他立法活动的基础和依据。全国人大及其常委会所行使的国家立法权,反映了一个国家对主权的行使;除不得与宪法相抵触外,无须再以其他立法作为依据;其制定的法律在效力上高于行政法规、地方性法规等。全国人大制定和修改刑事、民事、国家机构的和其他的基本法律。虽然宪法规定全国人大制定基本法律,但事实上全国人大的立法权并不仅限于基本法律,由于其最高国家权力机关的性质,它也有权制定基本法律以外的法律。

(3) 选举任免权。全国人大有权选举中华人民共和国主席、副主席;根据中华人民共和国主席的提名,决定国务院总理的人选;根据国务院总理的提名,决定国务院副总理、国务委员、各部部长、各委员会主任、审计长、秘书长的人选;选举中央军事委员会主席;根据中央军事委员会主席的提名,决定中央军事委员会其他组成人员的人选;选举国家监察委员会主任;选举最高人民法院院长;选举最高人民检察院检察长。全国人大有权罢免中华人民共和国主席、副主席;国务院总理、副总理、国务委员、各部部长、各委员会主任、审计长、秘书长;中央军事委员会主席和中央军事委员会其他组成人员;国家监察委员会主任;最高人民法院院长;最高人民检察院检察长。

(4) 重大事项决定权。全国人大有权审查和批准国民经济和社会发展计划和计划执行情况的报告;审查和批准国家的预算和预算执行情况的报告;批准省、自治区和直辖市的建置;决定特别行政区的设立及其制度；决定战争与和平的问题。

（5）监督权。全国人大常委会对全国人大负责并报告工作，全国人大有权改变或者撤销全国人大常委会不适当的决定；国务院对全国人大负责并报告工作；中央军事委员会、国家监察委员会、最高人民法院、最高人民检察院对全国人大负责。全国人大每年在会议中都要听取和审议国务院、最高人民法院和最高人民检察院的工作报告。一个代表团或者30名以上代表联名，可以书面提出对国务院和国务院各部、各委员会，最高人民法院，最高人民检察院的质询案。受质询的机关必须负责答复。全国人大认为必要时，可以组织关于特定问题的调查委员会，并根据调查委员会的报告，作出相应的决议。

4. 全国人大常委会有哪些职权？

（1）解释宪法，监督宪法的实施。宪法解释对于维护宪法的权威和尊严，保障宪法的正确实施，保证国家法制的统一非常重要。监督宪法的实施，一是通过建设中国特色社会主义法治体系推动宪法实施。在党中央领导下，以宪法作为最高法律规范，加快形成完备的法律规范体系、高效的法治实施体系、严密的法治监督体系、有力的法治保障体系，形成完善的党内法规体系，用科学有效、系统完备的制度体系保证宪法实施。二是通过发展国家经济建设、政治建设、文化建设、社会建设、生态文明建设和国家各方面事业推动宪法实施，实现宪法规定的国家的根本任务、发展道路、奋斗目标和大政方针。三是通过开展宪法解释、推进合宪性审查、加强宪法监督、配合宪法宣传等，保证宪法实施。

（2）立法权和法律解释权。全国人大常委会制定和修改除应当由全国人大制定的法律外的其他法律；在全国人大闭会期间，在不与该法律基本原则抵触的前提下，对全国人大制定的法律进行部分补充和修改。当法律的规定需要进一步明确具体含义，或者法律制定后出现新的情况，需要明确适用法律依据时，由全国人大常委会进行法律解释。全国人大常委会的法律解释同法律具有同等效力。

（3）重大事项决定权。在全国人大闭会期间，全国人大常委会审查和批准国民经济和社会发展计划、国家预算在执行过程中所必须作的部分调整方案；决定同外国缔结的条约和重要协定的批准和废除；规定军人和外交人员的衔级制度和其他专门衔级制度；规定和决定授予国家的勋章和荣誉称号；决定特赦；在全国人大闭会期间，如果遇到国家遭受武装侵犯或者必须履行国际间共同防止侵略的条约的情况，决定战争状态的宣布；决定全国总动员或者局部动员；决定全国或者个别省、自治区、直辖市进入紧急状态等。

（4）任免权。在全国人大闭会期间，全国人大常委会根据国务院总理的提名，决定国务院的部长、委员会主任、审计长、秘书长的人选；根据中央军事委员会主席的提名，决定中央军事委员会其他组成人员的人选；根据委员长会议的提名，补充任命专门委员会个别副主任委员和部分委员人选；根据国家监察委员会主任的提请，任免国家监察委员会副主任、委员；根据最高人民法院院长的提请，任免最高人民法院副院长、审判员、审判委员会委员和军事法院院长；根据最高人民检察院检察长的提请，任免最高人民检察院副检察长、检察员、检察委员会委员和军事检察院检察长，并且批准省、自治区、直辖市的人民检察院检察长的任免；决定国家驻外全权代表的任免。接受国家机关领导人员的辞职和决定代理人选，也属于全国人大常委会的任免权。在全国人大闭会期间，常委会可以接受常委会组成人员、国家主席、副主席、总理、副总理、国务委员、中央军委主席、国家监察委员会主任、最高人民法院院长和最高人民检察院检察长的辞职，报请全国人大下次会议确认。全国人大闭会期间，国务院、中央军委、国家监察委员会、最高人民法院和最高人民检察院正职领导缺位的，可分别从上述机关的副职领导人中决定代理人选。

（5）监督权。全国人大常委会的监督是党和国家监督体系的重要组成部分，是具有法律效力的监督。依照监督法和有关法律的规定，全国人大常委会的监督工作主要有四个方面：第一，听取和审议国务院、国家监察委员会、最高人民法院和最高人民检察院专项工作报告。第二，定期听取有关报告，包括关于国民经济和社会发展计划、预算执行情况的报告，关于国民经济和社会发展五年规划纲要实施情况的中期评估报告，决算报告、审计工作报告、审计查出问题整改情况的报告，国务院关于年度环境状况和环境保护目标完成情况的报告，国务院关于国有资产管理情况的报告，国务院关于金融工作有关情况的报告等。第三，组织执法检查，对法律的实施情况进行检查监督。第四，进行规范性文件的备案审查，听取常委会法制工作委员会关于备案审查工作情况的报告。此外，询问和质询、特定问题调查等，也都是全国人大常委会法定的监督方式，根据不同情况，依照法律规定行使。

5. 全国人大常委会委员长会议的职责是什么？

全国人大常委会委员长会议是处理常委会重要日常工作的机构，由委员长、副委员长、秘书长组成。委员长会议由委员长召集并主持，也可以委托副委员长主持会议。委员长会议根据需要不定期召开，委员长会议的议题，由秘书长提出、委员长确定。会议举行前两天，全国人大常委会办公厅应将开会日期、建议会议讨论的主要事项，通知委员长会议成员。临时召集的会议，可以临时通知。

关于委员长会议的职责，2021年全国人民代表大会组织法修改时，对此作了规定：（1）决定常委会每次会议的会期，拟订会议议程草案，必要时提出调整会议议程的建议；（2）对向常委会提出的议案和质询案，决定交由有关的专门委员会审议或者提请常委会全体会议审议；（3）决定是否将议案和决定草案、决议草案提请常委会全体会议表决，对暂不交付表决的，提出下一步处理意见；（4）通过常委会年度工作要点、立法工作计划、监督工作计划、代表工作计划、专项工作规划和工作规范性文件等；（5）指导和协调各专门委员会的日常工作；（6）处理常委会其他重要日常工作。此外，委员长会议还可以向常委会提出属于常委会职权范围内的议案，决定质询案的提请常委会审议和答复形式等。

各专门委员会主任委员，常委会副秘书长，各工作委员会主任、副主任列席委员长会议。委员长会议通过的文件，由委员长签发。委员长也可以委托副委员长或者秘书长签发。委员长会议应作会议记录并编印会议纪要。会议纪要由秘书长签发。

6. 全国人大及其常委会的工作方式是什么？

全国人民代表大会的基本工作方式就是举行全国人民代表大会会议，听取和审议政府工作报告、最高人民法院和最高人民检察院的工作报告，审议法律案和各项议案，讨论和决定国家的重大问题，并选举、决定和罢免国家机关领导人员。全国人民代表大会会议一般于每年第一季度举行，遇有特殊情况，全国人民代表大会常务委员会可以决定适当提前或者推迟召开会议。全国人大常委会认为必要，或者有五分之一以上的全国人大代表提议，可以召开全国人大临时会议。全国人大会议由全国人大常委会召集。每届全国人大第一次会议，在本届全国人大代表选举完成后的两个月内，由上届全国人大常委会召集。会议有三分之二以上的代表出席，始得举行。全国人大代表按照选举单位组成代表团。全国人大会议由主席团主持。国务院的组成人员，中央军事委员会的组成人员，国家监察委员会主任，最高人民法院院长和最高人民检察院检察长，列席全国人大会议；其他有关机关、团体的负责人，经全国人大常委会决定，可以列席全国人大会议。

全国人大常委会的工作方式是召开常委会会议。全国人大常委会会议一般每两个月举行一次，会议召开的时间相对固定，一般在双月的下旬召开。每次常委会的会期，根据会议议程确定，一般为五天左右。另外，如有特殊需要时，可以临时召集常委会会议。常委会会议由委员长召集并主持。委员长可以委托副委员长主持会议。常委会会议必须有全体常委会组成人员过半数参加，才得举行。常委会举行会议时，国务院、中央军委、国家监察委员会、最高人民法院、最高人民检察院负责人，不是常委会委员的人大专门委员会组成人员，各省、自治区、直辖市人大常委会主任或者副主任一人，列席会议。全国人大代表、其他有关部门负责人，经邀请可以列席会议。常委会会议分为全体会议、分组会议和联组会议三种形式。常务委员会分组会议由委员长会议确定若干名召集人，轮流主持会议。联组会议由委员长主持，委员长可以委托副委员长主持会议。

7. 全国人大专门委员会的性质和职责是什么？

全国人大根据需要设立若干专门委员会。专门委员会是全国人大的常设机构，受全国人大领导，在全国人大闭会期间受全国人大常委会领导，协助全国人大及其常委会行使职权。全国人大目前共设有十个专门委员会，即民族委员会、宪法和法律委员会、监察和司法委员会、财政经济委员会、教育科学文化卫生委员会、外事委员会、华侨委员会、环境与资源保护委员会、农业与农村委员会、社会建设委员会。

各专门委员会由主任委员、副主任委员若干人和委员若干人组成，其人选由主席团在代表中提名，大会通过。在大会闭会期间，全国人大常委会可以补充任命专委会的个别副主任委员和部分委员，由委员长会议提名，常委会通过。各专委会主任委员主持委员会会议和委员会的工作，副主任委员协助主任委员工作。专门委员会成员如果因各种原因丧失代表资格，其专门委员会成员的职务相应终止。

根据2021年修改的全国人民代表大会组织法规定，各专门委员会的工作具体包括：（1）审议全国人民代表大会主席团或者全国人大常委会交付的议案；（2）向全国人民代表大会主席团或者全国人大常委会提出属于全国人大或者全国人大常委会职权范围内同本委员会有关的议案，组织起草法律草案和其他议案草案；（3）承担全国人大常委会听取和审议专项工作报告有关具体工作；（4）承担全国人大常委会执法检查的具体组织实施工作；（5）承担全国人大常委会专题询问有关具体工作；（6）按照全国人大常委会工作安排，听取国务院有关部门和国家监察委员会、最高人民法院、最高人民检察院的专题汇报，提出建议；（7）对属于全国人大或者全国人大常委会职权范围内同本委员会有关的问题，进行调查研究，提出建议；（8）审议全国人大常委会交付的被认为同宪法、法律相抵触的国务院的行政法规、决定和命令，国务院各部门的命令、指示和规章，国家监察委员会的监察法规，省、自治区、直辖市和设区的市、自治州的人民代表大会及其常务委员会的地方性法规和决定、决议，省、自治区、直辖市和设区的市、自治州的人民政府的决定、命令和规章，民族自治地方的自治条例和单行条例，经济特区法规，以及最高人民法院、最高人民检察院具体应用法律问题的解释，提出意见；（9）审议全国人民代表大会主席团或者全国人大常委会交付的质询案，听取受质询机关对质询案的答复，必要的时候向全国人民代表大会主席团或者全国人大常委会提出报告；（10）研究办理代表建议、批评和意见，负责有关建议、批评和意见的督促办理工作；（11）按照全国人大常委会的安排开展对外交往；（12）全国人民代表大会及其常委会交办的其他工作。

同时，法律还对一些专门委员会的职责作了特别规定。民族委员会审议报请全国人大常委会批准的自治区的自治条例和单行条例，向全国人大常委会提出报告；并可以对加强民族团结问题进行调查研究，提出建议。宪法和法律委员会统一审议向全国人大或者全国人大常委会提出的法律案；宪法和法律委员会还承担推动宪法实施、开展宪法解释、推进合宪性审查、加强宪法监督、配合宪法宣传等职责。其他专门委员会就有关的法律案进行审议，向宪法和法律委员会提出意见，并印发全国人大会议或者常委会会议。财政经济委员会要根据各代表团和有关的专委会的审查意见，对国民经济和社会发展计划及计划执行情况的报告、关于国家预算及预算执行情况的报告进行审查，向主席团提出审查结果的报告，主席团审议通过后，印发会议。外事委员会审议向全国人大常委会提出的关于提请批准同外国缔结的条约和重要协定的议案，向全国人大常委会提出审核结果的报告。

8. 全国人大常委会有哪些办事机构和工作机构？

全国人大常委会要履行宪法和法律赋予的职责，有大量的经常性工作要做，需要一定的办事机构和工作机构及相应的工作人员承担。全国人大常委会的办事机构和工作机构包括办公厅、法制工作委员会、预算工作委员会、香港特别行政区基本法委员会和澳门特别行政区基本法委员会。

（1）办公厅。办公厅是全国人大常委会的综合办事机构，在全国人大常委会秘书长领导下工作。办公厅下设秘书局、研究室、人事局、外事局、新闻局、信访局、机关事务管理局等部门。秘书局主要承担全国人大会议、全国人大常委会会议、委员长会议的各项筹备和会务工作；受委员长会议委托，拟定有关的议案草案和常委会工作的有关计划。研究室承担全国人大及其常委会行使职权的调研工作。外事局承办全国人大及其常委会同外国议会、议会国际组织的交往联系工作。新闻局负责全国人大及其常委会的新闻发布和宣传工作。信访局办理和接待全国人大代表和人民群众的来信来访。机关事务管理局承担全国人大及其常委会的后勤保障和会议服务工作等。

办公厅还下设培训中心、信息中心、机关服务中心、会议中心、全国人大图书馆、《中国人大》杂志社等单位，承担常委会机关的相关工作。

（2）法制工作委员会。法制工作委员会是全国人大常委会的法制工作机构，其主要职责是：受委员长会议委托，拟定有关法律方面的议案草案；为全国人大及其常委会审议法律草案服务，对提请全国人大及其常委会审议的有关法律草案进行调查研究，征求意见，提供有关资料，提出修改建议；在法律草案交付表决前，负责法律用语的规范和文字方面的工作；对各省、自治区、直辖市人大常委会及中央和国家机关有关部门提出的有关法律方面的问题的询问进行研究，予以答复，并报常务委员会备案；对报全国人大常委会备案的行政法规和地方性法规是否与宪法和法律相抵触进行研究，提出意见；研究处理并答复全国人大代表提出的有关法制工作的建议、批评和意见以及全国政协委员的有关提案；进行与人大工作有关的法学理论、法制史和比较法学的研究，开展法治宣传工作；负责汇编、译审法律文献的有关工作；办理全国人大常委会和委员长会议交办的其他事项。

（3）预算工作委员会。预算工作委员会是全国人民代表大会常务委员会的工作机构，协助财政经济委员会承担全国人民代表大会及其常务委员会审查预决算、审查预算调整方案和监督预算执行方面的具体工作，受常务委员会委员长会议委托，承担有关法律草案的起草工作，协助财政经济委员会承担有关法律草案审议方面的具体工作，以及承办预算法、《全国人民代表大会常务委员会关于加强中央预算审查监督的决定》规定的和常务委员会、委员长会议交办以及财政经济委员会需要协助办理的其他有关财政预算的具体事项。经委员长会议专项同意，预算工作委员会可以要求政府有关部门和单位提供预算情况，并获取相关信息资料及说明。经委员长会议专项批准，可以对各部门、各预算单位、重大建设项目的预算资金使用和专项资金的使用进行调查。

（4）香港特别行政区基本法委员会和澳门特别行政区基本法委员会。香港、澳门特别行政区基本法委员会，是全国人民代表大会常务委员会下设的工作机构，其主要任务是，分别就香港特别行政区基本法、澳门特别行政区基本法有关条款实施中的问题进行研究，并向全国人大常委会提供意见。香港特别行政区基本法委员会由主任、副主任和委员组成，任期5年，均由全国人大常委会任命。

（5）代表工作委员会。该委员会是2023年设立的，其主要职责是：负责全国人大代表名额分配、资格审查、联络服务有关工作；承担代表集中视察、专题调研、联系群众有关制度制定和指导协调工作；负责全国人大代表议案建议工作的统筹管理；负责全国人大代表履职的监督管理；负责全国人大代表学习培训的统筹规划和管理；指导省级人大常委会代表工作；承担全国人大常委会代表资格审查委员会的具体工作；承办全国人大常委会交办的其他事项。

（6）代表资格审查委员会。全国人民代表大会组织法规定，常务委员会设立代表资格审查委员会。代表资格审查委员会的主任委员、副主任委员和委员的人选，由委员长会议在常务委员会组成人员中提名，常务委员会会议通过。全国人民代表大会代表选出后，由代表资格审查委员会进行审查，全国人大常委会根据代表资格审查委员会提出的报告，确认代表的资格或者确定个别代表的当选无效，在每届全国人大一次会议前公布代表名单。补选的全国人大代表，代表资格审查委员会同样依照法定的程序进行资格审查。实践中，代表资格审查委员会对代表资格进行审查，主要是对选举是否符合法律规定进行审查，如当选代表有无选举权利、是否获得当选的法定票数、是否实行了差额选举、投票方式是否合法等。至于当选代表本身有无缺点和错误，不属于审查范围。如果代表确有错误和违法行为或者其他情况，不适宜继续当全国人大代表的，可以依法终止代表资格、原选举单位予以罢免或者辞去代表职务。

9. 全国人大代表和常委会组成人员提出议案的程序是什么？

全国人大代表和全国人大常委会组成人员，有权依照法律规定的程序分别提出属于全国人大及其常委会职权范围内的议案。议案是人大代表向国家权力机关即人民代表大会提出的议事原案，也可以说，议案是人大代表讨论、解决某一问题的办法、措施、意见和方案。

全国人大代表和常委会组成人员联名提出议案主要有以下几个方面要求：（1）提出议案的人数要求。由30名以上的全国人大代表或者10名以上的常委会组成人员联名，才可以提出议案。（2）提出议案的形式要求。提案应当包括案由、案据和方案，也就是说要有可供会议讨论的草案，提法律案时，要有法律草案文本。（3）议案内容要求。议案涉及的事项必须在全国人大及其常委会的职权范围内。（4）时间要求。议案应在大会举行前提出，或者在大会期间于规定的议案截止时间前提出，如果在议案截止时间以后提出的，就要当作建议、批评和意见来处理。

代表或者常委会组成人员提出的议案，由主席团或者委员长会议决定是否列入会议议程。主席团或者委员长会议也可以先交有关的专门委员会审议，提出是否列入会议议程的意见，再决定是否列入会议议程。

(二) 中华人民共和国主席

1. 国家主席的性质和职权是什么？

中华人民共和国主席（国家主席）是中华人民共和国的国家元首，也是国家机构之一，由全国人民代表大会选举产生，是国家的最高代表。

根据宪法的规定，国家主席行使下列职权：（1）公布法律。根据宪法第八十条的规定，中华人民共和国主席根据全国人民代表大会的决定和全国人民代表大会常务委员会的决定，公布法律。全国人大和全国人大常委会通过法律案后，由国家主席公布。（2）任免国家工作人员。根据宪法的规定，国家主席向全国人大提名国务院总理人选；根据全国人大和全国人大常委会的决定，任免国务院总理、副总理、国务委员、各部部长、各委员会主任、审计长、秘书长。（3）发布有关令。根据全国人大和全国人大常委会的决定，发布特赦令，宣布进入紧急状态，宣布战争状态，发布动员令。（4）根据全国人大常委会的决定，授予国家勋章和荣誉称号。国家勋章和国家荣誉称号法规定，国家主席根据全国人大常委会的决定，向国家勋章和国家荣誉称号获得者授予国家勋章、国家荣誉称号奖章，签发证书。（5）从事对外活动。宪法第八十一条规定："中华人民共和国主席代表中华人民共和国，进行国事活动，接受外国使节；根据全国人民代表大会常务委员会的决定，派遣和召回驻外全权代表，批准和废除同外国缔结的条约和重要协定。"国家主席进行国事活动，可以直接授予外国政要、国际友人等人士"友谊勋章"。

国家副主席没有独立的职权,其工作和国家主席的职责紧密联系,主要任务是协助主席工作。国家副主席受主席委托,可以代行主席的部分职权。

国家主席、副主席行使职权到下届全国人大选出的主席、副主席就职为止。

2. 国家主席是怎样产生的?

国家主席在国家政治生活中具有十分重要的地位和作用。宪法第七十九条第一款规定:"中华人民共和国主席、副主席由全国人民代表大会选举。"其选举的程序是,首先由大会主席团提名,并交由各代表团酝酿协商,然后由大会主席团根据多数代表的意见确定正式候选人名单,最后由全体代表无记名投票选举产生,以全体代表的过半数才能当选。

在我国,年满18周岁的公民,除依法被剥夺政治权利外,都享有选举权和被选举权。国家主席是一个十分重要的职务,不仅需要以国家最高代表的身份,在国家内部事务中以国家的名义进行活动,同时在国际事务中,以国家象征的身份代表国家的尊严和地位。对于如此重要的职务,需要担任者在国内外享有较高的声誉和威望,具备较强的政治素质与工作能力,具备丰富的处事经验和成熟的人生阅历,只有到了一定年龄的人才可能具备这种条件。因此,宪法第七十九条第二款规定:"有选举权和被选举权的年满四十五周岁的中华人民共和国公民可以被选为中华人民共和国主席、副主席。"

国家主席、副主席每届任期同全国人民代表大会任期相同,每届任期5年。

宪法第八十四条规定:"中华人民共和国主席缺位的时候,由副主席继任主席的职位。中华人民共和国副主席缺位的时候,由全国人民代表大会补选。中华人民共和国主席、副主席都缺位的时候,由全国人民代表大会补选;在补选以前,由全国人民代表大会常务委员会委员长暂时代理主席职位。"宪法对国家主席出缺、继任、补选和代理的规定,体现了国家领导体制的健全和完善,这也是依法治国的必然要求。

(三) 国务院

1. 国务院的性质是什么,它的地位如何?

宪法第八十五条规定:"中华人民共和国国务院,即中央人民政府,是最高国家权力机关的执行机关,是最高国家行政机关。"第九十二条规定:"国务院对全国人民代表大会负责并报告工作;在全国人民代表大会闭会期间,对全国人民代表大会常务委员会负责并报告工作。"这些规定明确了国务院的性质和国务院在国家机构体系中的地位。

(1) 国务院是中央人民政府。这是相对于地方各级人民政府而言的。在全国,中央人民政府只有一个,即国务院,它对外以中国政府名义进行活动,对内则同地方各级人民政府组成国家行政机关体系。地方行政机关虽然由本级国家权力机关产生,对它负责并报告工作,但同时要统一服从中央人民政府的领导。这是我国单一制的国家结构在中央和地方关系上的一种体现。

（2）国务院是最高国家权力机关的执行机关。国务院由全国人大产生，对它负责并报告工作，接受全国人大及其常委会的监督。国务院是全国人大的执行机关。国务院处理国家行政事务不能违反最高国家权力机关制定的法律和通过的决议，也不能行使宪法和法律未作规定或者未授予的职权。

（3）国务院是最高国家行政机关。国务院统一领导各部、各委员会的工作以及全国地方各级国家行政机关的工作，在国家行政机关体系具有最高地位，是最高国家行政机关。

2. 国务院是如何组成的，任期如何？

根据宪法第八十六条的规定，国务院由总理、副总理若干人、国务委员若干人、各部部长、各委员会主任、审计长和秘书长组成。

国务院总理的人选，由国家主席提名，全国人大决定，国家主席任免；国务院副总理、国务委员、各部部长、各委员会主任、审计长、秘书长的人选，由国务院总理提名，全国人大决定，国家主席任免。在全国人大闭会期间，部长、委员会主任、审计长、秘书长的人选由总理提名，全国人大常委会决定，国家主席任免。

总理是国务院的行政首长，全面领导和主持国务院的工作，对国务院的工作负责。副总理协助总理开展工作。国务委员相当于副总理级，受总理委托，负责某些方面的工作或者专项任务。各部部长是各部的行政首长，领导和主持国务院某一方面的行政工作。委员会主任是各委员会的行政首长，主持该委员会的工作。审计长是审计署的行政首长，领导和主持审计署的工作。国务院秘书长在总理领导下，负责处理国务院的日常工作。国务院设副秘书长若干人，协助秘书长工作。国务院设立办公厅，由秘书长领导。

根据宪法第八十七条的规定，国务院每届任期同全国人民代表大会每届任期相同。总理、副总理、国务委员连续任职不得超过两届。

3. 总理负责制、部长主任负责制是什么？

宪法第八十六条第二款规定："国务院实行总理负责制。各部、各委员会实行部长、主任负责制。"

总理负责制表现为：（1）国务院其他组成人员的人选包括副总理、国务委员、各部部长、各委员会主任、审计长、秘书长，由总理提名，全国人大决定，国家主席任命；在全国人大闭会期间，部长、委员会主任、审计长、秘书长的人选由总理提名，全国人大常委会决定，国家主席任命。（2）国务院各部、各委员会的成立、撤销或者合并，经总理提出，由全国人民代表大会决定；在全国人民代表大会闭会期间，由全国人大常委会决定。（3）总理领导国务院的工作，副总理、国务委员协助总理工作。根据国务院组织法，副总理、国务委员按分工处理分管工作，受总理委托负责其他方面的工作或者专项任务，并可代表国务院进行外事活动。（4）总理召集和主持国务院全体会议和国务院常务会议。（5）国务院发布的决定、命令和行政法规，向全国人大或者全国人大常委会提出的议案，任免人员，由总理签署。

部长、主任负责制表现为：各部部长、各委员会主任领导本部门的工作，召集和主持部务会议或者委员会会议、委务会议，讨论决定本部门的工作，签署上报国务院的重要请示、报告和下达的命令、指示。副部长、副主任协助部长、主任工作。现在，一些国务院部门还设有部长助理、主任助理，其职责也是协助部长、主任负责本部门内某一方面的工作，其级别一般低于副部长、副主任。

4. 国务院采用怎样的会议制度？

根据宪法第八十八条和国务院组织法第七条的规定，国务院的会议分为国务院常务会议和国务院全体会议。国务院工作中的重大问题，必须经国务院常务会议或者国务院全体会议讨论决定。这一点同总理负责制并不矛盾，总理的最后决定权，应当建立在广泛听取意见、充分讨论的基础上，这是防止决策失误的重要措施。

国务院全体会议由国务院全体成员组成，即总理、副总理、国务委员、各部部长、各委员会主任、审计长、秘书长组成，由总理召集和主持。主要任务是：（1）讨论决定国务院工作中的重大事项；（2）部署国务院的重要工作。国务院全体会议一般每半年召开一次，根据需要可安排有关部门、单位负责人列席会议。国务院全体会议的主要任务是讨论决定政府工作报告、国民经济和社会发展规划等国务院工作中的重大事项，部署国务院的重要工作。

国务院常务会议由总理、副总理、国务委员、秘书长组成，由总理召集和主持。主要任务是讨论法律草案、审议行政法规草案，讨论、决定、通报国务院工作中的重要事项。国务院常务会议一般每周召开一次。根据需要可安排有关部门、单位负责人列席会议。

将国务院的会议分为两类，主要是为了提高工作效率，方便讨论决定问题。国务院全体会议包括全体组成人员，人数达几十人之多，不便于经常开会，集体讨论工作，而国务院常务会议，人数只有十人左右，可以经常开会，集体讨论工作。此外，国务院根据需要召开总理办公会议和国务院专题会议。

5. 国务院行使哪些职权？

宪法第八十九条规定了国务院的17项职权以及全国人大及其常委会授予的其他职权。这些职权大体上可以归纳为以下几个方面。

（1）根据宪法和法律，规定行政措施，制定行政法规，发布决定和命令。这是国务院进行行政管理活动的主要方式，反映了国务院作为最高权力机关的执行机关的特点。行政措施，是指国务院为执行宪法、法律和履行国际条约所采取的具体办法和步骤。行政法规，是指国务院根据宪法和法律制定的具有普遍约束力的规范性文件，其位阶低于法律。根据立法法的规定，行政法规可以就下列事项作出规定：为执行法律的规定需要制定行政法规的事项；宪法第八十九条规定的国务院行政管理职权的事项。国务院发布的决定，是指国务院对重要事项或者重大行动作出安排而形成的文件。国务院发布的命令，是指国务院用于发布行政法规，采取重大的强制性行政措施，任免、奖惩有关人员，撤销下级机关不适当的决定所采取的形式。

（2）向全国人大和全国人大常委会提出议案。国务院是最高国家行政机关，在工作中需要由全国人大或者全国人大常委会制定法律或者作出决议的事项，有权向全国人大或者全国人大常委会提出议案。国务院所提议案的范围包括法律案、预算案、任免案、条约案、国民经济和社会发展计划案，以及在国务院职权范围内必须由最高国家权力机关审议和决定的其他事项。

（3）统一领导国家行政机关的工作。这类职权包括：规定各部和各委员会的任务和职责，统一领导各部和各委员会的工作，并且领导不属于各部和各委员会的全国性的行政工作；统一领导全国地方各级国家行政机关的工作，规定中央和省、自治区、直辖市的国家行政机关的职权的具体划分；改变或者撤销各部、各委员会发布的不适当的命令、指示和规章；改变或者撤销地方各级国家行政机关的不适当的决定和命令；审定行政机构的编制，依照法律规定任免、培训、考核和奖惩行政人员。

（4）领导和管理国家内政、外交等各方面的行政工作。这类职权包括：编制和执行国民经济与社会发展计划和国家预算；领导和管理经济工作和城乡建设、生态文明建设，教育、科学、文化、卫生、体育、计划生育、民政、公安、司法行政等工作，国防建设；管理对外事务，同外国缔结条约和协定；领导和管理民族事务，保障少数民族的平等权利和民族自治地方的自治权利；保护华侨的正当的权利和利益，保护归侨和侨眷的合法的权利和利益；批准省、自治区、直辖市的区域划分，批准自治州、县、自治县、市的建置和区域划分；依照法律规定决定省、自治区、直辖市的范围内部分地区进入紧急状态。

（5）全国人大和全国人大常委会授予的其他职权。如根据立法法的规定，应当制定法律的事项尚未制定法律的，全国人大及其常委会有权作出决定，授权国务院可以根据实际需要，对其中的部分事项先制定行政法规，但是有关犯罪和刑罚、对公民政治权利的剥夺和限制人身自由的强制措施和处罚、司法制度等事项除外。

6. 国务院的机构有哪几类,具体包含哪些机构?

《国务院行政机构设置和编制管理条例》第六条第一款规定:"国务院行政机构根据职能分为国务院办公厅、国务院组成部门、国务院直属机构、国务院办事机构、国务院组成部门管理的国家行政机构和国务院议事协调机构。"根据第十三届全国人民代表大会第一次会议审议批准的《国务院机构改革方案》和国务院第一次常务会议审议通过的国务院直属特设机构、直属机构、办事机构、直属事业单位设置方案,国务院机构分为以下几类。

(1)国务院办公厅。国务院办公厅是协助国务院领导同志处理国务院日常工作的机构。

(2)国务院组成部门。包括外交部、国防部、国家发展和改革委员会、教育部、科学技术部、工业和信息化部、国家民族事务委员会、公安部、国家安全部、民政部、司法部、财政部、人力资源和社会保障部、自然资源部、生态环境部、住房和城乡建设部、交通运输部、水利部、农业农村部、商务部、文化和旅游部、国家卫生健康委员会、退役军人事务部、应急管理部、中国人民银行、审计署。教育部对外保留国家语言文字工作委员会牌子。工业和信息化部对外保留国家航天局、国家原子能机构牌子。人力资源和社会保障部加挂国家外国专家局牌子。自然资源部对外保留国家海洋局牌子。生态环境部对外保留国家核安全局牌子。农业农村部加挂国家乡村振兴局牌子。

(3)国务院直属特设机构。国务院直属特设机构,是指国务院为了管理某类特殊的事项或履行特殊的职能而单独设立的一类机构。目前,直属特设机构只有国务院国有资产监督管理委员会一家。

(4) 国务院直属机构。国务院直属机构主管国务院的某项专门业务,具有独立的行政管理职能,包括海关总署、国家税务总局、国家市场监督管理总局、国家金融监督管理总局、中国证券监督管理委员会、国家广播电视总局、国家体育总局、国家信访局、国家统计局、国家知识产权局、国家国际发展合作署、国家医疗保障局、国务院参事室、国家机关事务管理局。国家市场监督管理总局对外保留国家反垄断局、国家认证认可监督管理委员会、国家标准化管理委员会牌子。国家新闻出版署(国家版权局)在中央宣传部加挂牌子,由中央宣传部承担相关职责。国家宗教事务局在中央统战部加挂牌子,由中央统战部承担相关职责。

(5) 国务院办事机构。国务院办事机构,主要职责是负责专门事项的研究、发布,因此不具有行政主体资格,主要是国务院研究室。国务院侨务办公室在中央统战部加挂牌子,由中央统战部承担相关职责。国务院港澳事务办公室在中共中央港澳工作办公室加挂牌子,由中共中央港澳工作办公室承担相关职责。国务院台湾事务办公室与中共中央台湾工作办公室、国家互联网信息办公室与中央网络安全和信息化委员会办公室,一个机构两块牌子,列入中共中央直属机构序列。国务院新闻办公室在中央宣传部加挂牌子,由中央宣传部承担相关职责。

(6) 国务院部委管理的国家行政机构,这些机构由国务院组成部门管理,主管特定业务,行使行政管理职能,包括国家粮食和物资储备局(由国家发展和改革委员会管理)、国家能源局(由国家发展和改革委员会管理)、国家数据局(由国家发展和改革委员会管理)、国家国防科技工业局(由工业和信息化部管理)、国家移民管理局(由公安部管理)、国家林业和草原局(由自然资源部管理)、国家烟草专卖局(由工业和信息化部管理)、国家铁路局(由交通运输部管理)、中国民用航空局(由交通运输部管理)、国家邮政局(由交通运输部管理)、国家文物局(由文化和旅游部管理)、国家中医药管理局(由国家卫生健康委员会管理)、国家疾病预防控制局(由国家卫生健康委员会管理)、国家矿山安全监察局(由应急管理部管理)、国家消防救援局(由应急管理部管理)、国家外汇管理局(由中国人民银行管理)、国家药品监督管理局(由国家市场监督管理总局管理)。国家移民管理局加挂中华人民共和国出入境管理局牌子。国家林业和草原局加挂国家公园管理局牌子。国家公务员局在中央组织部加挂牌子,由中央组织部承担相关职责。国家档案局与中央档案馆、国家保密局与中央保密委员会办公室、国家密码管理局与中央密码工作领导小组办公室,一个机构两块牌子,列入中共中央直属机关的下属机构序列。

除上述行政机构外,国务院还有一些直属事业单位,包括新华通讯社、中国科学院、中国社会科学院、中国工程院、国务院发展研究中心、中央广播电视总台、中国气象局。国家行政学院与中央党校,一个机构两块牌子,作为党中央直属事业单位。它们不是国家行政机关,但国务院授权其中一些单位行使一定的行政职能。

7. 国务院行政机构的设立需要经过怎样的程序?

不同类别的国务院机构,其设置程序有所不同。国务院组成部门的设立、撤销、变更或者合并由国务院机构编制管理机关提出方案，经国务院常务会议讨论通过后，由国务院总理提请全国人民代表大会决定，在全国人民代表大会闭会期间，提请全国人民代表大会常务委员会决定。国务院直属机构、国务院办事机构和国务院组成部门管理的国家行政机构的设立、撤销或者合并，由国务院机构编制管理机关提出方案，报国务院决定。

设立国务院组成部门、国务院直属机构、国务院办事机构和国务院组成部门管理的国家行政机构的方案，应当包括下列事项：（1）设立机构的必要性和可行性；（2）机构的类型、名称和职能；（3）司级内设机构的名称和职能；（4）与业务相近的国务院行政机构职能的划分；（5）机构的编制。

撤销或者合并上述所列机构的方案，应当包括下列事项：（1）撤销或者合并的理由；（2）撤销或者合并机构后职能的消失、转移情况；（3）撤销或者合并机构后编制的调整和人员的分流。

国务院行政机构设立后，需要对职能进行调整的，由国务院机构编制管理机关提出方案，报国务院决定。

8. 国务院行政机构的内设机构如何设置？

国务院办公厅、国务院组成部门、国务院直属机构、国务院办事机构在职能分解的基础上设立司、处两级内设机构；国务院组成部门管理的国家行政机构根据工作需要可以设立司、处两级内设机构，也可以只设立处级内设机构。

司级内设机构的增设、撤销或者合并，经国务院机构编制管理机关审核方案，报国务院批准。处级内设机构的设立、撤销或者合并,由国务院行政机构根据国家有关规定决定,按年度报国务院机构编制管理机关备案。

增设国务院行政机构的司级内设机构的方案,应当包括下列事项:(1)增设机构的必要性;(2)增设机构的名称和职能;(3)与业务相近的司级内设机构职能的划分。

撤销或者合并上述所列机构的方案,应当包括下列事项:(1)撤销或者合并机构的理由;(2)撤销或者合并机构后职能的消失、转移情况;(3)撤销或者合并机构后编制的调整。

国务院行政机构及其司级内设机构的名称应当规范、明确,并与该机构的类型和职能相称。国务院行政机构及其司级内设机构不得擅自变更名称。

9. 审计机关的职能和地位是什么？

宪法第九十一条规定:"国务院设立审计机关,对国务院各部门和地方各级政府的财政收支,对国家的财政金融机构和企业事业组织的财务收支,进行审计监督。"第一百零九条规定:"县级以上的地方各级人民政府设立审计机关。地方各级审计机关依照法律规定独立行使审计监督权,对本级人民政府和上一级审计机关负责。"

根据上述规定,我国的审计机关是对财政、财务收支活动专司审计监督的行政机关。根据审计法和审计法实施条例的规定,"审计"是指审计机关依法独立检查被审计单位的会计凭证、会计账簿、财务会计报告以及其他与财政收支、财务收支有关的资料和资产,监督财政收支、财务收支真实、合法和效益的行为。这些财政收支、财务收支具体包括,中央和地方各级预算执行情况、决算草案以及其他财政收支情况，中央银行的财务收支，国家的事业组织和使用财政资金的其他事业组织的财务收支，国有企业、国有金融机构和国有资本占控股地位或者主导地位的企业、金融机构的资产、负债、损益以及其他财务收支情况，政府投资和以政府投资为主的建设项目的预算执行情况和决算，关系国家利益和公共利益的重大公共工程项目的资金管理使用和建设运营情况，国有资源、国有资产，社会保险基金、全国社会保障基金、社会捐赠资金以及其他公共资金的财务收支，国际组织和外国政府援助、贷款项目的财务收支等。此外，遇有涉及国家财政金融重大利益情形，为维护国家经济安全，经国务院批准，审计署可以对非国有（控股）的金融机构进行专项审计调查或者审计。

国务院各部门和地方各级人民政府及其各部门的财政收支，国有的金融机构和企业事业组织的财务收支，以及其他依照审计法规定应当接受审计的财政收支、财务收支，都应接受审计监督。审计机关依照法定的职责、权限和程序进行审计监督，依照有关财政收支、财务收支的法律、法规，以及国家有关政策、标准、项目目标等方面的规定进行审计评价，对被审计单位违反国家规定的财政收支、财务收支行为，在法定职权范围内作出处理、处罚的决定。

国务院各部门受国务院领导，通常表现为由国务院副总理或者国务委员分管，然后向总理报告。审计机关则有所不同，它既是政府机构的一部分，又独立于其他行政部门。国务院设立的审计机关，即中华人民共和国审计署，在国务院总理领导下，主管全国的审计工作，履行审计法和国务院规定的职责。宪法第九十一条第二款规定："审计机关在国务院总理领导下，依照法律规定独立行使审计监督权,不受其他行政机关、社会团体和个人的干涉。"这样规定,旨在赋予审计机关一定的权威,保证它能够履行职责。如果审计机关不能独立行使监督权,就无法监督不合法、不合理的收支活动。

(四) 中央军事委员会

1. 为什么要设立中央军事委员会?

中国人民解放军是中国共产党缔造和领导的人民军队。中共中央军事委员会是中国共产党在领导革命战争中逐步形成的最高军事领导机关。新中国成立初期,根据共同纲领和中央人民政府组织法的规定,中央人民政府委员会组织人民革命军事委员会作为国家最高军事领导机关,统一管辖并指挥中国人民解放军和人民公安部队,党内不再设中央军事委员会。1954年宪法规定设立中华人民共和国国防委员会,但国防委员会"在实质上是一个有利于对敌斗争的统一战线性质的组织"。1954年9月28日,中共中央政治局决定,在中央政治局和书记处之下,重新成立中共中央军事委员会,担负整个军事工作的领导。1982年宪法总结新中国成立以来的历史经验,根据我国的实际情况和需要,规定设立中华人民共和国中央军事委员会领导全国武装力量。中华人民共和国中央军事委员会和中共中央军事委员会,均简称"中央军事委员会",两个机构的组成人员、领导机构相同。

设立国家的中央军事委员会是有关国家体制和军事领导体制的重要改革。在国家的中央军事委员会成立后,中共中央军事委员会仍然作为党中央的军事领导机关。这样的领导体制，既保证了党对军队的领导，又加强了军队各方面的工作，有利于军队的革命化、现代化和正规化建设。

2. 中央军事委员会的性质、地位如何？

宪法第九十三条第一款规定："中华人民共和国中央军事委员会领导全国武装力量。"这一规定表明，中央军事委员会是国家最高军事领导机关。

国防法第二十二条第一款规定："中华人民共和国的武装力量，由中国人民解放军、中国人民武装警察部队、民兵组成。"中国人民解放军现役部队是国家的常备军，主要担负防卫作战任务，必要时可以依照法律规定协助维护社会秩序；预备役部队平时按照规定进行训练，必要时可以依照法律规定协助维护社会秩序，战时根据国家发布的动员令转为现役部队。中国人民武装警察部队在国务院、中央军事委员会的领导指挥下，担负国家赋予的安全保卫任务，维护社会秩序。民兵在军事机关的指挥下，担负战备勤务、防卫作战任务，协助维护社会秩序。

宪法第九十四条规定："中央军事委员会主席对全国人民代表大会和全国人民代表大会常务委员会负责。"中央军事委员会是由全国人大选举产生的国家最高军事领导机关，军队实行高度集中统一领导，中央军委主席对中央军委的工作负全责，而不像行政机关那样，由国务院向最高权力机关负责。这是军事工作的特殊性所决定的，说明中央军委比国务院具有更高的集中程度和个人责任程度，也体现出中央军事委员会在国家机构体系中处于从属于最高国家权力机关的地位。

3. 中央军事委员会是如何组成的,任期如何?

根据宪法第九十三条的规定,中央军事委员会由主席,副主席若干人,委员若干人组成。中央军事委员会主席由全国人大选举产生;中央军事委员会其他组成人员的人选,根据中央军事委员会主席的提名,由全国人大决定;在全国人大闭会期间,中央军事委员会其他组成人员的人选,根据中央军事委员会主席的提名,由全国人大常委会决定。全国人大有权罢免中央军事委员会主席和中央军事委员会其他组成人员。

中央军事委员会每届任期同全国人民代表大会每届任期相同。考虑到军事领导工作的特殊性,宪法对中央军委主席副主席、委员不设任职届数的限制。

4. 中央军事委员会的职权是什么?

中央军事委员会作为国家武装力量的最高领导机关,其职能是领导全国武装力量完成宪法赋予人民军队和其他武装力量巩固国防、抵抗侵略、保卫祖国、保卫人民的和平劳动,参加国家建设事业和努力为人民服务。

根据国防法第十五条的规定,中央军事委员会领导全国武装力量,行使下列职权:(1)统一指挥全国武装力量;(2)决定军事战略和武装力量的作战方针;(3)领导和管理中国人民解放军、中国人民武装警察部队的建设,制定规划、计划并组织实施;(4)向全国人大或者全国人大常委会提出议案;(5)根据宪法和法律,制定军事法规,发布决定和命令;(6)决定中国人民解放军、中国人民武装警察部队的体制和编制，规定中央军事委员会机关部门、战区、军兵种和中国人民武装警察部队等单位的任务和职责；（7）依据法律、军事法规的规定，任免、培训、考核和奖惩武装力量成员；（8）决定武装力量的武器装备体制，制定武器装备发展规划、计划，协同国务院领导和管理国防科研生产；（9）会同国务院管理国防经费和国防资产；（10）领导和管理人民武装动员、预备役工作；（11）组织开展国际军事交流与合作；（12）法律规定的其他职权。

此外，根据国防法第十四条、第三十一条的规定，中央军事委员会统一领导边防、海防、空防和其他重大安全领域的防卫工作。

5. 中央军事委员会实行什么样的领导体制？

宪法第九十三条第三款规定："中央军事委员会实行主席负责制。"这一规定表明，中央军事委员会在组织形式上是一个集体组成的国家机关，但其领导体制是首长负责制。主要表现在：（1）中央军事委员会其他组成人员的人选，由中央军事委员会主席提名，全国人民代表大会决定；在全国人民代表大会闭会期间，由中央军事委员会主席提名，全国人大常委会决定。（2）中央军事委员会主席对全国人大及其常委会负责。（3）中央军事委员会领导全国武装力量，有关重大问题必须经中央军事委员会讨论决定，中央军事委员会主席领导中央军事委员会的工作。

（五）地方各级人民代表大会和地方各级人民政府

1. 我国实行什么样的地方政权体制？

我国的地方政权一般分为四级，有的是三级。根据宪法第三十条的规定，我国地方行政区划分为省、自治区、直辖市；县、自治县、不设区的市、市辖区；乡、民族乡、镇三级。现在，各省、自治区普遍设立自治州和设区的市，共有四级地方政权，即省、自治区；自治州、设区的市；县、自治县、不设区的市、市辖区；乡、民族乡、镇。我国地方政权的设置与行政区划相一致，即凡属一级行政区划都设立人民代表大会和人民政府。

在我国政权体制中，地方各级人民代表大会是地方国家权力机关。县级以上地方人大设立常委会。县级以上地方各级人大常委会是本级人大的常设机关，对本级人大负责并报告工作。地方各级人民政府是地方各级人大的执行机关，是地方各级国家行政机关。地方各级人民政府作为本级国家权力机关的执行机关，它的任务是执行本级人大及其常委会所通过和批准的本级国民经济和社会发展计划、财政预算，就政治、经济、文化等重大事项所作的决定、决议，以及所制定的地方性法规等。地方各级人大及其常委会与本级人民政府的关系是决定和执行、监督与被监督的关系。

我国是单一制国家，实行下级服从上级、地方服从中央的民主集中制原则。地方各级人民政府必须接受双重领导，在对本级人大负责并报告工作的同时，又要对上一级人民政府负责并报告工作。国务院是最高国家行政机关，统一领导全国的行政工作。地方各级人民政府都必须接受国务院的领导，必须贯彻执行国务院发布的行政法规、采取的行政措施和发布的命令、决定。在整个国家行政系统中，地方各级人民政府必须接受上级国家行政机关的领导，执行上级国家行政机关的决定和命令，并服从国务院的统一领导。

2. 地方各级人大如何产生？

地方组织法规定，省、自治区、直辖市、自治州、设区的市的人民代表大会代表由下一级的人民代表大会选举；县、自治县、不设区的市、市辖区、乡、民族乡、镇的人民代表大会代表由选民直接选举。

根据宪法、选举法和地方组织法的规定，我国地方各级人大代表的选举方式分为直接选举和间接选举两种。直接选举是指人大代表由选民直接投票选举产生，间接选举是指人大代表由下一级人大选举产生。县、乡两级人大代表由选民直接选举产生，全国人大代表和省、自治区、直辖市以及自治州、设区的市三级人大代表由下一级人大间接选举产生。

值得注意的是，凡是不设区的市和市辖区都必须实行直接选举，而不论其行政级别如何。有一些不设区的市，如东莞、中山、嘉峪关、儋州，由于经济发展比较快，其行政级别也相应由县级提升为地级。这些市只要没有设区、县，其市人大代表就应当直接选举产生，不能因为是地级市就实行间接选举。还有直辖市的区，虽然是地厅级，但也是市辖区，为县级政权，因此也必须实行直接选举。

3. 地方各级人大的职权是什么？

省、自治区、直辖市人大根据本行政区域的具体情况和实际需要，在不同宪法、法律、行政法规相抵触的前提下，可以制定和颁布地方性法规，报全国人大常委会和国务院备案。设区的市、自治州人大根据本市的具体情况和实际需要，在不同宪法、法律、行政法规和本省、自治区的地方性法规相抵触的前提下，可以制定地方性法规，报省、自治区的人大常委会批准后施行，并由省、自治区的人大常委会报全国人大常委会和国务院备案。

此外，地方组织法对县级以上地方各级人大的职权和乡、镇人大的职权分别作了规定。县级以上地方各级人大的职权主要包括：（1）在本行政区域内，保证宪法、法律、行政法规和上级人大及其常委会决议的遵守和执行，保证国家计划和国家预算的执行；（2）审查和批准本行政区域内的国民经济和社会发展计划、预算以及它们执行情况的报告；（3）讨论、决定本行政区域内的政治、经济、教育、科学、文化、卫生、生态环境保护、自然资源、城乡建设、民政、社会保障、民族等工作的重大事项和项目；（4）选举人大常委会的组成人员；（5）选举省长、副省长，自治区主席、副主席，市长、副市长，州长、副州长，县长、副县长，区长、副区长；（6）选举本级监察委员会主任、人民法院院长和人民检察院检察长；选出的人民检察院检察长，须报经上一级人民检察院检察长提请该级人大常委会批准；（7）选举上一级人民代表大会代表；（8）听取和审议本级人大常委会的工作报告；（9）听取和审议本级人民政府和人民法院、人民检察院的工作报告；（10）改变或者撤销本级人大常委会的不适当的决议；

（11）撤销本级人民政府的不适当的决定和命令；（12）保护社会主义的全民所有的财产和劳动群众集体所有的财产，保护公民私人所有的合法财产，维护社会秩序，保障公民的人身权利、民主权利和其他权利；（13）保护各种经济组织的合法权益；（14）铸牢中华民族共同体意识，促进各民族广泛交往交流交融，保障少数民族的合法权利和利益；（15）保障宪法和法律赋予妇女的男女平等、同工同酬和婚姻自由等各项权利。

乡镇人大的职权与县级以上地方各级人大的职权稍有区别。乡镇是我国行政区划的最小单位，管辖的范围较小，乡镇不制定国民经济和社会发展计划，但决定经济、文化事业和公共事业的建设计划和项目，决定民政工作的实施计划。乡镇人大不设常委会，乡镇不设一级监察委员会、法院和检察院，当然也就没有选举相关人员和听取审议相关工作报告的任务。

4. 地方各级人大多久开一次会？

根据地方组织法第十四条的规定，地方各级人大会议每年至少举行一次，乡镇人大会议一般每年举行两次；经过五分之一以上的代表提议，可以临时召集本级人大会议。在这里，"每年至少举行一次"，不是只能举行一次，而是必须举行一次以上，对举行几次没有限制。乡镇人大不设常委会，因此可以多开几次会议。从一些地方的经验看，乡镇人大一般每上下半年各召开一次会议比较合适，如有特殊情况，也可以召开三次、四次或更多次会议。

有些乡镇怕麻烦，不愿开人民代表大会会议，遇到乡长、副乡长、镇长、副镇长职务调整时，也只召开"人大主席团会议"作决定，交下次人大会议"追认"，这种做法是不合法律规定的。

根据地方组织法对乡镇人大主席团职权的规定，乡镇人大主席团不能作出实质性的决议、决定。

临时会议，是指不是按照议事规则规定或者管理或者事先议定召开的会议，临时会议由常委会或者乡镇人大主席团认为有必要时召集，或者由本级人大五分之一以上代表提议召开。代表提议临时召开会议，必须有明确的会议议题。代表提议后，仍须由常委会或者主席团会议临时召集会议，代表不能自行召集。在由五分之一以上代表提议召开临时会议时，常委会或者乡镇人大主席团必须召集会议，不得推辞。

5. 地方各级人民代表大会会议如何召集？

一般情况下，县级以上地方各级人大会议由本级人大常委会召集。常委会是本级人大的常设机关，县级以上地方各级人大会议由常委会召集比较合适。常委会召集人大会议不只是发个通知，必须做好会议的筹备工作，包括提出会议议程草案，主席团和秘书长名单草案，列席人员名单等其他有关事项。按照全国人大常委会的做法，常委会决定以上事项，都要交付表决。开会的时间和建议会议讨论的主要事项，应当提前通知代表，以便代表做好审议准备和时间安排。

乡、民族乡、镇人大不设常委会，在举行会议的时候，大会选举主席团，由主席团主持会议，并负责召集下一次的本级人大会议。

地方各级人大每届第一次会议，由于本届人大常委会还没有选出，由上届本级人大常委会或者乡、民族乡、镇的上次人民代表大会主席团召集。

6. 县级以上地方各级人大常委会如何设立，其职权是什么？

省、自治区、直辖市、自治州、县、自治县、市、市辖区的人民代表大会设立常务委员会。县级以上的地方各级人大常委会是本级人大的常设机关，对本级人大负责并报告工作。省、自治区、直辖市、自治州、设区的市的人大常委会由本级人大在代表中选举主任、副主任若干人、秘书长、委员若干人组成。县、自治县、不设区的市、市辖区的人大常委会由本级人大在代表中选举主任、副主任若干人和委员若干人组成。常委会的组成人员不得担任国家行政机关、监察机关、审判机关和检察机关的职务，如果担任上述职务，必须辞去常委会组成人员的职务。省、自治区、直辖市每届人大常委会组成人员的名额，由省、自治区、直辖市的人大依照法律规定，按人口多少确定。自治州、县、自治县、市、市辖区每届人大常委会组成人员的名额，由省、自治区、直辖市的人大常委会依照法律规定，按人口多少确定。每届人大常委会组成人员的名额经确定后，在本届人大的任期内不再变动。县级以上的地方各级人大常委会每届任期同本级人大每届任期相同，它行使职权到下届本级人大选出新的常委会为止。

省、自治区、直辖市、设区的市、自治州的人大常委会在本级人大闭会期间，根据本行政区域的具体情况和实际需要，在不同宪法、法律、行政法规相抵触的前提下，可以制地方性法规，报全国人大常委会和国务院备案。设区的市、自治州的人大常委会制定的地方性法规，须报省、自治区的人大常委会批准后施行。

此外，地方组织法还规定了县级以上地方各级人大常委会的14项职权，归纳起来可以分为四类：（1）组织方面的职权，包括领导或者主持本级人大的选举，召集本级人大会议。（2）决定权，主要是对地方重大事项的决定权，包括本行政区域内的政治、经济、教育、科学、文化、卫生、生态环境保护、自然资源、城乡建设、民政、社会保障、民族等工作的重大事项和项目，审查和批准本行政区域内的国民经济和社会发展规划纲要、计划和本级预算的调整方案。（3）任免权，主要是任免本级人民政府秘书长、厅长、局长、委员会主任、科长，本级监察委员会副主任、委员，本级人民法院审判人员和人民检察院检察人员。（4）监督权，主要是监督政府、监察委员会、法院、检察院是否依照宪法和法律办事，是否认真贯彻执行国家的政策等。

7. 地方各级人民政府的职权是什么？

地方各级人民政府是地方各级人民代表大会的执行机关，是地方各级国家行政机关。省、自治区、直辖市的人民政府可以根据法律、行政法规和本省、自治区、直辖市的地方性法规，制定规章，报国务院和本级人民代表大会常务委员会备案。设区的市、自治州人民政府，可以根据法律、行政法规和本省、自治区的地方性法规，制定规章，报国务院和省、自治区的人民代表大会常务委员会、人民政府以及本级人民代表大会常务委员会备案。

此外，地方组织法还分别规定了县级以上地方各级人民政府的职权和乡、镇人民政府的职权。县级以上地方各级人民政府的职权主要包括：（1）执行本级人大及其常委会的决议，以及上级国家行政机关的决定和命令，规定行政措施，发布决定和命令；（2）领导所属各工作部门和下级人民政府的工作；（3）改变或者撤销所属各工作部门的不适当的命令、指示和下级人民政府的不适当的决定、命令；（4）依照法律的规定任免、培训、考核和奖惩国家行政机关工作人员；（5）编制和执行国民经济和社会发展规划纲要、计划和预算，管理本行政区域内的经济、教育、科学、文化、卫生、体育、城乡建设等事业和生态环境保护、自然资源、财政、民政、社会保障、公安、民族事务、司法行政、人口与计划生育等行政工作；（6）保护社会主义的全民所有的财产和劳动群众集体所有的财产，保护公民私人所有的合法财产，维护社会秩序，保障公民的人身权利、民主权利和其他权利；（7）履行国有资产管理职责；（8）保护各种经济组织的合法权益；（9）铸牢中华民族共同体意识，促进各民族广泛交往交流交融，保障少数民族的合法权利和利益，保障少数民族保持或者改革自己的风俗习惯的自由，帮助本行政区域内的民族自治地方依照宪法和法律实行区域自治，帮助各少数民族发展政治、经济和文化的建设事业；（10）保障宪法和法律赋予妇女的男女平等、同工同酬和婚姻自由等各项权利；（11）办理上级国家行政机关交办的其他事项。

乡、民族乡、镇的人民政府的职权主要包括：（1）执行本级人大的决议和上级国家行政机关的决定和命令，发布决定和命令；（2）执行本行政区域内的经济和社会发展计划、预算，管理本行政区域内的经济、教育、科学、文化、卫生、体育等事业和生态环境保护、财政、民政、社会保障、公安、司法行政、人口与计划生育等行政工作；（3）保护社会主义的全民所有的财产和劳动群众集体所有的财产，保护公民私人所有的合法财产，维护社会秩序，保障公民的人身权利、民主权利和其他权利；（4）保护各种经济组织的合法权益；（5）铸牢中华民族共同体意识，促进各民族广泛交往交流交融，保障少数民族的合法权利和利益，保障少数民族保持或者改革自己的风俗习惯的自由；（6）保障宪法和法律赋予妇女的男女平等、同工同酬和婚姻自由等各项权利；（7）办理上级人民政府交办的其他事项。

8. 地方人民政府的设置经历了怎样的历史变化？

新中国成立以来，地方各级人民政府的设置，大体经历了以下四个阶段。

第一阶段是1949—1953年，主要实行大区、省、县、乡四级制，各级设地方人民政府。当时国家处于成立初期，应普选的人民代表大会尚未召开，县以上地方各级人民政府委员会实际上成为本行政区域内的国家权力机关，同时又是行政机关，地方人民政府执行中央和上级人民政府的决议、命令，统一领导所属工作部门和下级人民政府的工作。为了在中央统一的方针和政策指导下因地制宜地领导各级地方政府的工作，当时曾先后成立了东北、华北、西北、华东、中南、西南六大行政区，简称大区，作为省以上的一级区域建制，设立大区人民政府或军政委员会。它一方面是中央人民政府的派出机关，另一方面是地方一级政府。每个大区辖若干省、自治区和市，如东北行政区辖辽东、辽西、吉林、黑龙江、松江、热河六省及沈阳、鞍山、抚顺、本溪、长春、哈尔滨六市和旅大行署。对于县制，撤销和合并了一些过小的县，分设了一些过大的县，以便于发挥基层政权的作用，发动群众进行土地改革。这种大区、省、县、乡四级行政建制，基本上适应了当时政治、经济建设的需要,巩固了我国新生的人民民主专政的政权,并为以后的行政工作和地方政权的建设积累了十分宝贵的经验。

第二阶段是1954—1967年,实行省、县、乡(人民公社)三级制。1954年宪法、地方组织法颁布后,地方各级人民政府的组织形式和地位都有了新的发展,地方各级人民政府都由本级人民代表大会选举产生,名称改为人民委员会。县以上各级人民委员会下设厅、局、委、办、处、科,县级以下设科等工作部门。根据宪法规定,地方各级人民委员会是本级人民代表大会的执行机关,是地方国家行政机关。同时,人民委员会又行使本级人民代表大会常设机关的职权。在这一时期,为了加强中央的集中统一领导,减少行政层次,中央人民政府委员会于1954年6月19日通过决议,撤销大区一级行政建制,对省级建制也作了适当调整和合并减少。这一时期总的趋势是减少行政层级,扩大行政区域的范围,并建立民族自治地方。在乡镇一级,由于1958年推行社,取消了乡制。农村基层实行政社合一,乡人民委员会改为人民公社管理委员会。

第三阶段是1967—1977年,是我国行政区划和各级地方政府建设遭受严重破坏的时期。1967年1月以后,全国各地纷纷建立起了"一元化""三结合"的革命委员会。地方各级人民委员会在事实上已不复存在。当时,地方各级人民代表大会不能召开,地方各级党委陷于瘫痪状态,革命委员会实际上拥有地方党委、地方国家权力机关、地方国家行政机关的全部权力。1975年宪法第二十二条规定:"地方各级革命委员会是地方各级人民代表大会的常设机关,同时又是地方政府。"原省级行政机关的派出机构行署改称为地区,作为省与县之间的一级地方政权组织存在,使地方行政建制由三级变为四级,增加了管理层次。某些工矿区推行政企合一体制,使得农村的经济组织与政权组织合二为一的体制推广到工矿区,影响了工矿区的经济建设。

第四阶段是1978年至今,党的十一届三中全会对"文化大革命"进行了拨乱反正,我国开始了社会主义现代化建设的新时期。1978年宪法颁布后,各地方人民代表大会陆续召开。1978年宪法规定,地方各级革命委员会,即地方各级人民政府,是地方各级人民代表大会的执行机关,是地方各级国家行政机关。1979年召开的第五届全国人民代表大会第二次会议对1978年宪法作了部分修改,同时通过了地方组织法,地方各级革命委员会改称人民政府,县以上地方各级人民政府不再行使本级人民代表大会的常设机关的职权。1982年宪法总结新中国成立以来行政区划工作和地方政权建设的经验教训,规定我国的行政区划体制基本上划分为三级:省(自治区、直辖市),县(自治县、市),乡(民族乡、镇)。1982年地方组织法也进行了修改,主要内容有:地方各级人民政府实行首长负责制;对地方各级国家权力机关和行政机关的职权作了合理划分;在县级以上地方政府中设立审计机关;改变农村人民公社的政社合一体制,设立乡人民政权。1986年12月,地方组织法进行了第二次修改,对地方人民政府组成人员、县级以上政府的职权、乡级政府的职权、省级政府派出机构等内容作了修改,并增加了县级以上人民政府会议制度、审计机关依法独立行使审计权的规定。1995年2月,地方组织法进行了第三次修改,县一级人民政府的任期由3年改为5年;明确了依法行政的原则;增加规定新一届政府领导人员选举产生后,应当在两个月内提请本级人大常委会任命政府组成人员,以避免国家政权机关换届后,地方政府组成人员不能及时到位,职务长期空缺的情况；对地方政府规章的制定程序作了规定，以期其更加科学和民主。2004年，地方组织法进行了第四次修改，乡镇一级人大和政府的任期由3年改为5年，由此全国各级人大和政府的每届任期均为5年。2015年，地方组织法进行第五次修改，充实了县乡两级人大的有关规定，加强了县乡两级人大建设。2022年，地方组织法进行第六次修改，发展全过程人民民主，充实完善国家机构制度。

9. 地方各级人民政府的性质和地位是什么？

我国宪法规定，国家的一切权力属于人民，人民行使权力的机关是全国人大和地方各级人大。全国人大和地方各级人大由民主选举产生，对人民负责，受人民监督。国家的行政机关、监察机关、审判机关、检察机关都由人民代表大会产生，对它负责，受它监督。在国家政权体制中，地方各级人民政府是地方各级人大的执行机关，是地方各级国家行政机关。

地方各级人民政府就其地位来说，是地方各级人民代表大会的执行机关。它从属于地方各级国家权力机关，其任务是执行同级人大及其常委会所通过和批准的本行政区域的国民经济和社会发展计划、财政预算，就政治、经济、文化等重大事项所作的决定、决议，以及所制定的地方性法规等。

地方人大与政府的关系是决定和执行、监督与被监督的关系，地方政府从属于地方人大。我国的国家权力由人民代表大会统一行使，行政机关、监察机关、审判机关、检察机关与人大不是相互制衡的关系。人大的决定，反映人民的意志，作为执行机关的人民政府，执行的是人民的意志。因此，地方各级人民政府执行本级人民代表大会的决定、决议或地方性法规，管理本地方的行政事务，实质上是接受人民的委托为人民服务的表现。地方人大与政府之间的决定和执行的关系，并不意味着地方政府是消极被动的。地方政府在职权范围内，应积极主动地开展工作。

地方各级政府就其性质来说，是国家的行政机关，负责和组织本行政区域内的行政工作，是国家行政机关的重要组成部分，是国家行政机关体系的基础。在整个国家行政机关系统中，下级行政机关必须接受上级行政机关的领导，执行上级行政机关的决定和命令，并服从国务院的统一领导。同时，国家行政机关的命令、指示、决定以及行政法规等，都要靠地方各级人民政府来贯彻落实。

地方各级行政机关作为同级国家权力机关的执行机关，必须对同级人大负责，并报告工作，受其监督。但它同时又是地方国家行政机关，必须对上级国家行政机关负责、接受其领导。地方政府的这种双重角色机制，既有利于维护国家行政活动的统一，也有利于发挥地方的主动性、积极性，提高行政效率。从根本上说，两者是统一的。但地方政府的双重角色也容易在某些具体问题上发生冲突，如行政机关执行本级权力机关的决定与接受上级行政机关的领导产生矛盾，需妥善处理。

由于这种双重属性，地方人民政府既要对本级人大负责并报告工作，又要对上级国家行政机关负责并报告工作。地方政府向本级人大报告本级人大及其常委会通过的国民经济和社会发展计划、预算和决定、决议以及地方性法规等的执行情况，报告行政管理工作的情况。县级以上的地方各级人民政府在本级人大闭会期间，向本级人大常委会负责并报告工作。向本级人大所作的报告主要是政府一年来的全面工作报告，向常委会作的报告一般是政府某一方面或某几方面的专项工作报告。我国是单一制国家，实行下级服从上级，地方服从中央的民主集中制原则，地方各级人民政府必须接受双重领导，在对本级人大负责并报告工作的同时，对上一级人民政府负责并报告工作。国务院是最高国家行政机关，统一领导全国的行政工作。地方各级人民政府都必须接受国务院的领导，必须贯彻和执行国务院发布的各项行政法规、指示、命令和决定。

10. 地方各级人民政府如何组成？

地方各级人民政府组成分为以下三种不同的情况。

（1）省、自治区、直辖市、自治州和设区的市人民政府：由于这些地方的人民政府设秘书长，因此它们的政府分别由省长、副省长，自治区主席、副主席，市长、副市长，州长、副州长和秘书长、厅长、局长、委员会主任等组成。

（2）县级人民政府：由于县一级人民政府不设秘书长，因此县、自治县、不设区的市、市辖区的人民政府分别由县长、副县长，市长、副市长，区长、副区长和局长、科长等组成。

（3）乡级人民政府：乡、民族乡、镇人民政府是基层人民政府，没有规定设工作部门，因此，其政府由乡长、副乡长，镇长、副镇长组成。目前，乡一级人民政府为了开展工作，设有一些助理，协助乡长、镇长搞好基层政府工作，但助理不是乡政府的组成人员。

地方各级人民政府的组成分为三种情况，是以它们的行政管理事务简繁程度为根据的。设区的市以上的人民政府的地域比县大，人口比县多，行政管理事务比县繁重，所以在政府组成人员中设立了秘书长一职。县级政府的地域又比乡镇大，人口也较多，行政管理事务比较繁杂，所以其政府组成人员中比乡镇政府多了所属工作部门负责人这部分。乡镇一级政府只设行政首长，是因为其管辖范围小，人口少，行政管理事务比较单一，没有必要设置工作部门。

民族乡人民政府的法律地位与一般的乡人民政府一样。民族乡不同于自治县、自治州、自治区，不是民族区域自治的行政建制，不享有民族区域自治权。但民族乡政府有不同于一般乡政府的特点，主要表现在政府人员构成和职权行使等问题上。为了体现我国的少数民族政策，地方组织法明确规定了民族乡的乡长由建立民族乡的少数民族公民担任。

11. 地方各级人民政府的工作制度是怎样的？

地方组织法规定，地方各级人民政府实行省长、自治区主席、市长、州长、县长、区长、乡长、镇长负责制，也就是说实行"首长负责制"。省长、自治区主席、市长、州长、县长、区长、乡长、镇长是行政首长，政府副职协助他们工作。各级政府作出的决定，发布的命令，制定的行政措施或规章，以及向同级人大提出的议案等，都要行政首长签署以示负责。在决策时，意见有分歧时，行政首长有权作出最后的决定，下级单位和工作人员都必须执行，出了问题由行政首长承担责任。

世界各国对首长负责制的规定不一，有的国家实行个人全权负责和个人决定一切的个人负责制。我国地方各级政府实行的是民主集中制原则指导下的首长个人负责制，即重大问题在集体讨论研究的基础上，由行政首长个人作出决定，并对各项行政工作负全部责任的领导制度。这样的制度兼备了个人负责制和委员会制两种领导体制的优点。国务院组织法规定，国务院工作中的重大问题，必须经国务院常务会议或者国务院全体会议讨论决定。地方组织法规定，政府工作中的重大问题，须经政府常务会议或者全体会议讨论决定。因此，我国的行政首长负责制是建立在充分体现民主集中制原则，充分发挥集体智慧基础上的，是民主集中制的一种形式。地方各级人民政府是地方各级行政机关，它的任务纷繁复杂、具体琐细，需要快速、高效率的行动和雷厉风行的作风。实行首长负责制，责任明确，权力集中，行动果断迅速，有利于提高工作效率，克服官僚主义，促进社会主义建设事业发展。

12. 县级以上地方各级人民政府采用什么会议制度？

县级以上的地方各级人民政府会议，分为全体会议和常务会议两种。之所以作出这种区分，是因为县级以上地方各级人民政府的组成人员人数较多，经常召开政府全体会议不方便，因此地方组织法参照国务院组织法作出了全体会议和常务会议的区分。

全体会议由本级政府全体成员组成。分为两种情况：一是省、自治区、直辖市、自治州、设区的市的人民政府全体会议，分别由正、副省长，自治区正、副主席，正、副市长，正、副州长和秘书长、厅长、局长、委员会主任组成。二是县、自治县、不设区的市、市辖区的人民政府的全体会议分别由正、副县长，正、副市长，正、副区长，局长、科长组成。

常务会议的组成也分两种情况：一是省、自治区、直辖市、自治州、设区的市的人民政府常务会议，分别由省长、副省长，自治区主席、副主席，市长、副市长、州长、副州长和秘书长组成。二是县、自治县、不设区的市、市辖区的人民政府的常务会议分别由正、副县长，正、副市长，正、副区长组成。

省长、自治区主席、市长、州长、县长、区长召集和主持本级人民政府全体会议和常务会议，决定开会日期、议事内容等问题。政府工作中的哪些问题是重大问题，哪些问题须经政府常务会议讨论决定，哪些问题须经全体会议讨论决定，全体会议和常务会议每月应召开的次数，法律没有规定，由各级人民政府根据本行政区域内的实际情况，自行决定。

13. 地方各级人民政府如何设立工作部门？

地方各级人民政府设立的工作部门，是指地方各级人民政府根据国家法律的规定和行政管理任务的需要而设立的职能部门或工作机构。如省政府的厅、局、委员会，县政府的局、科等。

地方人民政府设置哪些工作部门，地方组织法并未作出具体的规定，只规定"根据工作需要和精干的原则，设立必要的工作部门"。所谓"工作需要"，就是指本级政府管辖的区域内某一类行政事务较为集中，有设立相应的机构统一归口管理的必要。根据工作需要的原则设置工作部门，就不一定要搞上下级相同、对口，更不能岗位安排、照顾干部而"因神设庙""因人设事"。"精干"原则，就是要人员少、效率高，政府内部的横向工作部门要尽量少，一个工作部门内部的纵向层次要尽量少，各工作部门的层次不一定完全一致。如果有的厅局下只设处就能适应工作需要，那么就不必设科。要从实际需要出发，考虑层次的设置。同时，设立的工作部门还应当是必要的，可设可不设的一律不设。如果由少量工作人员就能完成的，可以把工作任务带到其他相近的工作部门中去，就不要设立独立的部门。根据《深化党和国家机构改革方案》，对地方机构改革，要求"统筹设置党政群机构，在省市县对职能相近的党政机关探索合并设立或合署办公，市县要加大党政机关合并设立或合署办公力度"。

县级以上地方各级人民政府工作机构的设立、撤销或者合并，由本级人民政府讨论决定，报上一级人民政府批准。具体说来就是：省级人民政府的厅、局、委员会的设立、增加、减少或合并，由本级人民政府讨论决定，报请国务院批准；自治州、县、自治县、市、市辖区的人民政府的局、科等工作部门的设立、增加、减少或者合并，由本级人民政府讨论决定，报请上一级政府批准。由于政府工作部门的设立、撤销、合并是地方政权建设的重要内容，涉及政府职能和管理体制以及人事任免等重大问题，为了更好地实现人大对本级政府的监督，地方各级人民政府工作部门的设立、撤销或者合并，还应报本级人大常委会备案。

14. 县级以上各级人民政府工作部门与本级政府和上一级政府相应工作部门之间的关系是怎样的？

我国县级以上地方各级人民政府的工作部门，是为了完成本级人民政府的职能而设置的业务管理机构，它的负责人由人民政府首长提请本级人大及其常委会任免。因此，县级以上地方各级人民政府的工作部门受本级人民政府的领导，执行本级人民政府的决定、命令，其负责人应当对本级人民政府负责并报告工作。

同时，我国是单一制国家，整个社会生活和经济生活受中央统一领导，国家统一管理内政外交、安全保卫、经济文化等事务。因此，县级以上地方各级人民政府的工作部门在接受本级政府统一领导时，还必须依照法律或者行政法规的规定接受上一级人民政府相应的主管部门的业务指导或者领导。

地方人民政府现行的领导体制，是完整制与分离制相结合的体制。政府各部门仅受本级政府统一领导，在行政管理上称为完整制。政府各部门分别接受相应的上级主管部门的领导，在行政管理上称为分离制。我国的地方政府在领导体制上经历了由完整制走向完整制与分离制相结合，并逐步走向法治化的过程。在新中国成立初期的省人民政府委员会时期，省人民政府各工作部门统一受人民政府委员会领导。中央人民政府各部门与省政府各工作部门之间只存在业务与技术上的指导关系，这是完整制。

1954年的地方组织法对省人民委员会各工作部门的领导关系作了部分改变，规定"人民委员会的各工作部门受人民委员会的统一领导，并且受国务院主管部门的领导"。这种由中央和地方双重领导的体制，是完整制与分离制并行的体制。

1979年地方组织法修改，将有关体制改为"人民政府的各工作部门受人民政府统一领导，并且受上级人民政府主管部门的领导或者业务指导"，形成了完整制与分离制相结合的体制。

1995年修改地方组织法，将"业务指导"和"领导"前后对调，意在强调国务院主管部门对地方政府的工作部门以业务指导为主。同时明确了县级以上地方各级人民政府工作部门，"依照法律或者行政法规"的规定，接受指导或者领导，即上下级部门之间是指导关系还是领导关系，应有法律或者行政法规的规定，如果没有法律特别规定，则应按照业务指导关系对待。另外，接受业务指导或领导的方式、范围、内容都应遵循法律或行政法规的规定。

15. 县级以上地方各级人民政府怎样设立派出机关？

派出机关，是指县级以上地方各级人民政府根据需要，经上一级国家行政机关批准，在其辖区内设立的，并委托它们指导下级国家行政机关工作和办理各项事宜的行政机关。它们不是一级国家政权，不设与之相应的国家权力机关，具体有以下三种。

（1）省、自治区的人民政府根据需要，经国务院批准，在其所辖行政区域内按地区设立的派出机关。这种派出机关在新中国成立后被称为"专员公署"，"文化大革命"期间被改为一级政权机关，"文化大革命"后改为行政公署。1986年修改地方组织法，将"行政公署"的提法删去，关于派出机关的名称，地方组织法未作规定，具体名称由国务院决定。在实践中，省、自治区人民政府的派出机关称"行政公署"或"盟"，"盟"是内蒙古自治区特有的，由专员（盟长）主持工作。行政公署、盟的行政领导皆由省、自治区政府任免。经过近二十年的发展，我国原来的大部分地区、盟已经改设为设区的市，目前全国总共还有7个地区3个盟。

（2）市辖区、不设区的市的人民政府根据需要，经上一级人民政府批准，设立的街道办事处。街道办事处是城市地区的基层行政组织，由主任、副主任主持工作。其主要任务是办理市辖区、不设区的市人民政府交办的有关居民的事项，指导居民委员会的工作，反映居民的意见和要求。随着城市建设的不断发展，街道办事处的任务不断增加，主要有：在本辖区内办理派出它的人民政府交办的公共服务、公共管理、公共安全等工作，依法履行综合管理、统筹协调、应急处置和行政执法等职责，反映居民的意见和要求，对辖区内基层群众性自治组织的工作给予指导、支持和帮助。

（3）县、自治县的人民政府根据需要，经上一级人民政府批准，设立的区公所。其主要任务是代表县、自治县人民政府督促、检查、指导所属乡、民族乡、镇的工作，办理上级人民政府交办的事项。这种形式的派出机关，到今天在全国仅剩两处。

（六）民族自治地方的自治机关

1. 什么是民族自治地方？

我国是全国各族人民共同缔造的统一的多民族国家。民族区域自治是中国共产党解决我国民族问题的基本政策，是国家的一项基本政治制度。实行民族区域自治，体现了国家充分尊重和保障各少数民族管理本民族内部事务权利的精神，体现了国家坚持实行各民族平等、团结和共同繁荣的原则。实行民族区域自治，对铸牢中华民族共同体意识，保障少数民族的合法权利和利益，发挥各族人民当家作主的积极性，发展平等团结互助和谐的社会主义民族关系，促进各民族广泛交往交流交融，巩固国家的统一，促进民族自治地方和全国社会主义建设事业的发展，都起了巨大的作用。

民族区域自治是在国家统一领导下，各少数民族聚居的地方实行区域自治，设立自治机关，行使自治权。民族自治地方包括自治区、自治州和自治县。民族乡不属于民族自治地方，但是依据有关法律法规规定，民族乡在配备政府工作人员，使用通用语言文字，因地制宜发展当地经济、教育、科技、文化、卫生等事业。少数民族聚居的地方，根据当地民族关系、经济发展等条件，并参酌历史情况，可以建立以一个或者几个少数民族聚居区为基础的自治地方。民族自治地方内其他少数民族聚居的地方，建立相应的自治地方或者民族乡。民族自治地方依据本地方的实际情况，可以包括一部分汉族或者其他民族的居民区和城镇。民族自治地方的名称，除特殊情况外，按照地方名称、民族名称、行政地位的顺序组成。

2. 民族自治地方的自治机关有哪些？

民族自治地方的自治机关是指自治区、自治州、自治县的人大和政府，自治机关也是国家的一级地方政权机关。国家在民族自治地方设立的监察委员会、人民法院和人民检察院不属于自治机关。民族自治地方的人民代表大会是民族自治地方的国家权力机关，人民政府是民族自治地方的国家行政机关。民族自治地方的自治机关作为国家的一级地方政权机关，首先要行使一般地方政权机关的职权，自治区、自治州、自治县分别行使省、设区的市和县的地方国家机关的职权。例如，自治区人大及其常委会与省、直辖市的人大及其常委会一样，都可以根据本区域的具体情况和实际需要，依法制定、颁布地方性法规。作为地方国家权力机关制定的地方性法规，在内容、制定程序等方面，与下文介绍的依据民族自治权制定自治条例和单行条例不相同，不能相互混淆。自治机关的组织结构、内部关系以及与上级国家机关的关系，都与地方组织法规定的普通地方国家机关类似。

宪法、民族区域自治法和有关法律也赋予自治机关不同于一般地方政权机关的民族自治权。同时，民族自治地方的自治机关可以通过制定自治条例和单行条例，对其组织和工作依据当地民族特点作出相关变通规定。另外，为突显民族自治的特点，法律对自治机关的组成有特别要求。如自治地方人民政府的正职领导人员应当由实行区域自治的民族的公民担任；应当由实行区域自治的民族的公民担任人大常委会主任或者副主任；人大代表和人大常委会组成人员的构成以及干部的配备，要充分考虑当地的民族关系，特别是人大代表中，除实行区域自治的民族的代表外，其他居住在本行政区域内的民族也应当有适当名额的代表；民族自治地方的自治机关所属工作部门的干部中，应当合理配备实行区域自治的民族和其他少数民族的人员等。

3. 民族自治地方的立法权与一般的地方立法权有何不同？

根据宪法和民族区域自治法的规定，民族自治地方的人民代表大会有权依照当地民族的政治、经济和文化的特点，制定自治条例和单行条例。自治条例，是指由民族自治地方的人民代表大会依照宪法和民族区域自治法的规定制定的关于民族自治地方的自治机关的组织、活动原则、自治机关的自治权以及自治地方经济、文化重大事项的全面性规范性文件。单行条例，是指民族自治地方的人民代表大会依照当地民族的政治、经济和文化特点制定的关于某一方面具体事项的规范性文件。

与一般的地方立法权相比，民族自治地方的自治机关制定自治条例和单行条例的职权，具有特殊性，二者不能混淆。特别是自治区的人民代表大会既可以根据本区域的具体情况和实际需要，依法制定、颁布地方性法规；又可以制定自治条例和单行条例，实践中要特别注意区分。（1）在立法的主体上，一般地方性法规的立法主体是省、自治区、直辖市、设区的市、自治州人大及其常委会；而民族自治地方的自治条例和单行条例的制定主体是自治区、自治州、自治县的人民代表大会，自治区、自治州、自治县的人大常委会不可以制定自治条例、单行条例。（2）立法的权限不同。民族自治地方的人民代表大会有权依照当地民族的政治、经济和文化的特点，制定自治条例和单行条例，对法律和行政法规的规定作出变通。但是，自治条例和单行条例不得对法律和行政法规的基本原则作出变通规定。另外，自治条例和单行条例也不得对宪法和民族区域自治法以及其他有关法律、行政法规专门就民族自治地方所作的规定作出变通规定。（3）省、自治区、直辖市人大及其常委会制定的地方性法规，报全国人大常委会备案即可；设区的市、自治州制定的地方性法规，报省级人大常委会批准后施行，并由省级人大常委会报全国人大常委会和国务院备案。而自治区的自治条例和单行条例需要报全国人大常委会批准后生效，自治州、自治县的自治条例和单行条例则由省、自治区的人大常委会批准。全国人大常委会或者省级人大常委会对报请批准的自治条例和单行条例依法进行审查，认为有关的变通规定是适当的，则作出批准的决定，该自治条例和单行条例生效；否则，可以不予批准。另外，自治州、自治县制定的自治条例、单行条例，经省、自治区、直辖市人大常委会批准后，还需要由批准机关报全国人大常委会和国务院备案。

4. 民族自治地方的自治机关还具有哪些职权？

除制定自治条例和单行条例的职权外，民族自治机关的职权主要还包括以下几个方面。

第一，上级国家机关的决议、决定、命令和指示变通执行或者停止执行。上级国家机关的决议、决定、命令和指示，如有不适合民族自治地方实际情况的，自治机关可以报经该上级国家机关批准，变通执行或者停止执行；该上级国家机关应当在收到报告之日起60日内给予答复。

第二，自主管理地方财政。民族自治地方是国家的一级地方行政区域，民族自治地方的财政也是我国地方财政的组成部分，虽然享有自治权，但仍然要接受中央财政的领导、指导和监督。在这一基础上，民族自治地方的财政管理自治权主要表现在：（1）凡是依照国家财政体制属于民族自治地方的财政收入，都应当由民族自治地方的自治机关自主地安排使用。（2）民族自治地方在全国统一的财政体制下，通过国家实行的规范的财政转移支付制度，享受上级财政的照顾。（3）民族自治地方的财政预算支出，按照国家规定，设机动资金，预备费在预算中所占比例高于一般地区。（4）民族自治地方的自治机关在执行财政预算过程中，自行安排使用收入的超收和支出的结余资金。

第三，自主安排和管理地方经济建设事业。（1）民族自治地方在国家的统一计划和规划下，可以根据当地的自然条件、经济状况和民族特点，充分利用地理条件、自然资源等方面的优势，自主安排和管理地方性的经济建设事业，促进当地经济的发展。对可以由本地方开发的自然资源，可以优先合理开发利用。（2）民族自治地方的自治机关在国家计划的指导下，根据本地方的财力、物力和其他具体条件，自主安排地方基本建设项目。（3）民族自治地方的自治机关自主地管理隶属于本地方的企业、事业。（4）民族自治地方依照国家规定，可以开展对外经济贸易活动，经国务院批准，可以开辟对外贸易口岸。与外国接壤的民族自治地方经国务院批准，开展边境贸易。民族自治地方的自治机关在对外经济贸易活动中，享受国家的优惠政策。另外，虽然根据宪法规定，民族自治地方的自然资源也属于国家所有，但国家在民族自治地方开发资源、进行建设的时候，要给予民族自治地方一定的照顾和倾斜。

第四，自主管理本地方的教科文卫体事业。民族自治地方的自治机关自主地管理本地方的教育、科学、文化、卫生、体育事业，保护和整理民族的文化遗产，发展和繁荣民族文化。

第五，民族自治地方的自治机关在执行职务的时候，可以依照本民族自治地方自治条例的规定，使用当地通用的一种或者几种语言文字。同时使用几种通用的语言文字执行职务的，可以以实行区域自治的民族的语言文字为主。

第六，培养干部、专业人才和技术人才等。上级国家机关应当根据民族自治地方的需要，采取多种形式调派适当数量的教师、医生、科学技术和经营管理人员，参加民族自治地方的文化教育、医疗卫生和经济建设工作。同时，根据民族自治地方的工作需要，为民族自治地方培养优秀的民族干部、各类专业人才和技术工人，不断充实到民族自治地方的各项建设事业中，完成民族区域自治的重大使命，实现各民族的共同繁荣和富裕。

（七）监察委员会

1. 监察委员会是如何建立的？

2012年11月15日，习近平等十八届中共中央政治局常委同中外记者见面，提出："全党必须警醒起来。打铁还需自身硬。我们的责任，就是同全党同志一道，坚持党要管党、从严治党，切实解决自身存在的突出问题，切实改进工作作风，密切联系群众，使我们党始终成为中国特色社会主义事业的坚强领导核心。"[1] 党的十八大以来，以习近平同志为核心的党中央以强烈的历史责任感、深沉的使命忧患意识和顽强的意志品质，大力推进党风廉政建设和反腐败斗争，在这场"输不起的斗争"中向党和人民交出了一份优异的答卷。从"腐败和反腐败呈胶着状态"，到"反腐败斗争压倒性态势正在形成"，再到"反腐败斗争压倒性态势已经形成"，对于反腐败斗争具有极大的意义。"得罪千百人，不负十三亿"，这是再明白不过的政治账。认识上的清醒是政治决断的前提。对反腐败斗争，习近平总书记和党中央旗帜鲜明、立场坚定、意志品质顽强、领导坚强有力，有腐必反、有贪必肃，"老虎""苍蝇"一起打，无禁区、零容忍、全覆盖——党的最高领导层这种巨大的政治勇气和决心，是反腐败斗争能够取得成效并形成压倒性态势的关键所在。

国家监察体制改革之前，党的纪律检查机关依照党章党规对党员的违纪行为进行审查，行政监察机关依照行政监察法对行政机关工作人员的违法违纪行为进行监察，人民检察院依照刑事诉讼法对国家工作人员职务犯罪行为进行查处，反腐败职能既分别行使，又交叉重叠，没有形成合力。深化国家监察体制改革，是以习近平同志为核心的党中央作出的重大决策部署，体现了全面深化改革、全面依法治国和全面从严治党的有机统一。这一重大

---

[1] 《习近平等十八届中共中央政治局常委同中外记者见面》，载中国政府网，https：//www.gov.cn/ldhd/2012-11/15/content_ 2266858.htm，最后访问时间：2025年6月3日。

举措，有助于解决行政监察覆盖范围过窄、反腐败力量分散、纪律与法律衔接不畅等问题，整合反腐败资源力量，加强党对反腐败工作的集中统一领导，构建集中统一、权威高效的中国特色国家监察体制，实现对所有行使公权力的公职人员监察全覆盖。改革的目标是，深化国家监察体制改革是组织创新、制度创新，必须打破体制机制障碍，建立崭新的国家监察机构。

2016年12月，第十二届全国人民代表大会常务委员会第二十五次会议通过《关于在北京市、山西省、浙江省开展国家监察体制改革试点工作的决定》。决定要求，在三省（市）及所辖县、市、市辖区设立监察委员会，将同级人民政府的监察厅（局）、预防腐败局及人民检察院查处贪污贿赂、失职渎职以及预防犯罪等部门的相关职能整合至监察委员会。在试点期间，暂时调整或者暂时停止适用行政监察法，以及刑事诉讼法、检察院组织法、检察官法、地方组织法等法律的部分条款。党的十九大报告提出，深化国家监察体制改革，将试点工作在全国推开，组建国家、省、市、县监察委员会。之后，中共中央办公厅印发《关于在全国各地推开国家监察体制改革试点方案》。2017年11月，为了贯彻落实党的十九大精神，根据党中央确定的《关于在全国各地推开监察体制改革试点方案》，在认真总结三省市开展国家监察体制改革试点工作经验的基础上，第十二届全国人民代表大会常务委员会第三十次会议决定，在全国各地推开国家监察体制改革试点工作。全国地方各级监察委员会据此成立。

2018年3月，第十三届全国人民代表大会第一次会议通过宪法修正案，在宪法第三章"国家机构"第六节后增加一节，作为第七节"监察委员会"（共五条），就国家监察委员会和地方各级监察委员会的性质、地位、名称、人员组成、任期任届、领导体制、工作机制等作出规定。宪法修正案获得高票通过，使得国家监察体制改革于宪有据。根据宪法修正案的规定，2018年3月18日第十三届全国人民代表大会第一次会议选举杨晓渡为首任国家监察委员会主任。2018年3月20日，第十三届全国人民代表大会第一次会议表决通过《中华人民共和国监察法》，并于2024年作了修改。

2. 监察委员会如何设置？

宪法第一百二十四条第一款规定："中华人民共和国设立国家监察委员会和地方各级监察委员会。"监察法第七条规定："中华人民共和国国家监察委员会是最高监察机关。省、自治区、直辖市、自治州、县、自治县、市、市辖区设立监察委员会。"根据上述宪法和法律的规定，我国在中央一级设立国家监察委员会，在省级、设区的市（自治州）、县级设立三级地方监察委员会。同时，在各级别中设立若干派出（派驻）机构（专员）。

国家监察委员会是我国中央层级的监察委员会，是我国最高监察机关，领导地方各级监察委员会的工作。在我国，各类国家机关在中央都有其最高机关，但表示其最高层级的名称各有不同。国家权力机关是全国人民代表大会和全国人民代表大会常务委员会，行政机关是国务院（中央人民政府），监察机关是国家监察委员会，审判机关是最高人民法院，检察机关是最高人民检察院。

根据宪法和监察法的规定，我国地方各级监察委员会有三个层级：第一个层级是省、自治区、直辖市监察委员会，如上海市监察委员会、山东省监察委员会、广西壮族自治区监察委员会、第二个层级是设区的市、自治州监察委员会，如江苏省苏州市监察委员会、吉林省延边朝鲜族自治州监察委员会。第三个层级是县、自治县、市、市辖区监察委员会，如湖南省洞口县监察委员会、四川省北川羌族自治县监察委员会、湖北省天门市监察委员会、北京市朝阳区监察委员会。乡、民族乡、镇不设监察委员会。

各级监察委员会可以向本级中国共产党机关、国家机关、中国人民政治协商会议委员会机关、法律法规授权或者委托管理公共事务的组织和单位以及辖区内特定区域、国有企业、事业单位等派驻或者派出监察机构、监察专员。经国家监察委员会批准，国家监察委员会派驻本级实行垂直管理或者双重领导并以上级单位领导为主的单位、国有企业的监察机构、监察专员，可以向驻在单位的下一级单位再派出。监察机构、监察专员对派驻或者派出它的监察委员会或者监察机构、监察专员负责。

3. 监察委员会的组成人员有哪些？

我国的国家机关的组成，一般由机关领导人（首长）、副职领导人和其他组成人员构成。在人民代表大会之下，各类国家机关都由人民代表大会产生，但具体方式各有不同。与人民政府、人民法院、人民检察院一样，各级监察委员会由本级人民代表大会产生。机关是由人员组成的，在机关内担任不同职务的人员，其产生方式又有不同。根据宪法和监察法的规定，监察委员会由主任，副主任若干人，委员若干人组成，主任与副主任、委员的产生方式有所不同，主任由本级人民代表大会选举产生，副主任、委员由监察委员会主任提请本级人大常委会任免。宪法和监察法规定，监察委员会主任每届任期同本级人民代表大会每届任期相同。全国人民代表大会每届任期5年，地方各级人民代表大会每届任期5年，即各级监察委员会主任的每届任期为5年。

宪法第六十二条规定，全国人民代表大会选举国家监察委员会主任。第六十三条规定，全国人民代表大会有权罢免国家监察委员会主任。第一百零一条第二款规定，县级以上的地方各级人民代表大会选举并且有权罢免本级监察委员会主任。监察法第八条规定，国家监察委员会主任由全国人民代表大会选举。第九条第二款规定，地方各级监察委员会主任由本级人民代表大会选举。

除主任外的其他监察委员会组成人员，经主任提请，由本级人大常委会任免，而非由本级人民代表大会选举。这一规定与我国各级人民法院、人民检察院的副职领导人和其他组成人员的任免方式相同。

此外，宪法规定，全国人民代表大会常务委员会的组成人员不得担任国家行政机关、监察机关、审判机关和检察机关的职务；县级以上的地方各级人民代表大会常务委员会的组成人员不得担任国家行政机关、监察机关、审判机关和检察机关的职务。

4. 监察委员会的领导体制是怎样的？

宪法第一百二十五条第二款规定："国家监察委员会领导地方各级监察委员会的工作，上级监察委员会领导下级监察委员会的工作。"根据宪法的规定，监察法第十条规定："国家监察委员会领导地方各级监察委员会的工作，上级监察委员会领导下级监察委员会的工作。"这就明确规定了上下级监察委员会的关系，是领导与被领导的关系。

除宪法第一百二十五条和监察法第十条外，监察法中还有一些规定体现了监察委员会上下级之间的领导与被领导关系。

一是明确地方各级监察委员会的双重负责制。监察法第九条第四款规定："地方各级监察委员会对本级人民代表大会及其常务委员会和上一级监察委员会负责，并接受其监督。"

二是规定上级监察委员会对下级监察委员会监察事项有办理权和管辖调整权。监察法第十六条第二款规定："上级监察机关可以办理下一级监察机关管辖范围内的监察事项，必要时也可以办理所辖各级监察机关管辖范围内的监察事项。"第十七条第一款规定："上级监察机关可以将其所管辖的监察事项指定下级监察机关管辖，也可以将下级监察机关有管辖权的监察事项指定给其他监察机关管辖。"

三是规定有关程序应报上一级监察委员会批准。监察法第三十四条规定，涉嫌职务犯罪的被调查人主动认罪认罚，并有法律规定的情形的，监察机关经领导人员集体研究，并报上一级监察机关批准，可以在移送人民检察院时提出从宽处罚的建议。第三十五条规定，职务违法犯罪的涉案人员揭发有关被调查人职务违法犯罪行为，查证属实的，或者提供重要线索，有助于调查其他案件的，监察机关经领导人员集体研究，并报上一级监察机关批准，可以在移送人民检察院时提出从宽处罚的建议。第四十七条规定，设区的市级以下监察机关采取留置措施，应当报上一级监察机关批准。省级以下监察机关采取留置措施的，延长留置时间应当报上一级监察机关批准。

四是规定复审、复查由上一级监察委员会进行。监察法第五十六条规定，监察对象对监察机关作出的涉及本人的处理决定不服的，可以在收到处理决定之日起一个月内，向作出决定的监察机关申请复审，复审机关应当在一个月内作出复审决定；监察对象对复审决定仍不服的，可以在收到复审决定之日起一个月内，向上一级监察机关申请复核，复核机关应当在二个月内作出复核决定。第六十九条规定，监察机关及其工作人员有违反法律法规、侵害被调查人合法权益的行为的，被调查人及其近亲属有权向该机关申诉；申诉人对处理决定不服的，可以在收到处理决定之日起一个月内向上一级监察机关申请复查，上一级监察机关应当在收到复查申请之日起二个月内作出处理决定，情况属实的，及时予以纠正。

规定上下级监察委员会是领导关系，既是中央精神的要求，也是实际工作的需要。在十八届中央纪委五次全会上，习近平总书记明确要求，深化党的纪律检查体制改革，加强制度创新，强化上级纪委对下级党委和纪委的监督，推动纪委双重领导体制落到实处。[①] 党的十九届三中全会通过《深化党和国家机构改革方案》规定，组建国家监察委员会，同中央纪律检查委员会合署办公，履行纪检、监察两项职责，实行一套工作机构、两个机关名称。深化党的纪律检查体制改革，推进纪检工作双重领导体制具体化、程序化、制度化，强化上级纪委对下级纪委的领导。因此，监察委员会的领导体制，要与党的纪律检查委员会的领导体制相一致。中国共产党章程规定，党的地方各级纪律检查委员会和基层纪律检查委员会在同级党的委员会和上级纪律检查委员会双重领导下进行工作。上级党的纪律检查委员会加强对下级纪律检查委员会的领导。党的十八届三中全会通过的《中共中央关于全面深化改革若干重大问题的决定》明确提出，推动党的纪律检

[①] 《习近平在十八届中央纪委五次全会上发表重要讲话》，载中国共产党新闻网，https：//jhsjk.people.cn/article/26380006，最后访问时间：2025 年 4 月 10 日。

查工作双重领导体制具体化、程序化、制度化，强化上级纪委对下级纪委的领导。

党的各级纪律检查委员会与监察委员会合署办公，在监察法中明确规定国家监察委员会领导地方各级监察委员会的工作，上级监察委员会领导下级监察委员会的工作，为落实纪委双重领导体制和纪委监察委员会合署办公的体制，提供了坚实的法律保障。

5. 各级监察委员会怎样对同级人大负责？

宪法第一百二十六条规定："国家监察委员会对全国人民代表大会和全国人民代表大会常务委员会负责。地方各级监察委员会对产生它的国家权力机关和上一级监察委员会负责。"这就很明确地规定了监察委员会与人民代表大会之间的关系：产生和监督。监察法第六十条对人大监督作了更加具体详细的规定："各级监察委员会应当接受本级人民代表大会及其常务委员会的监督。各级人民代表大会常务委员会听取和审议本级监察委员会的专项工作报告，组织执法检查。县级以上各级人民代表大会及其常务委员会举行会议时，人民代表大会代表或者常务委员会组成人员可以依照法律规定的程序，就监察工作中的有关问题提出询问或者质询。"

6. 监察委员会如何独立行使监察权？

宪法第一百二十七条第一款规定："监察委员会依照法律规定独立行使监察权，不受行政机关、社会团体和个人的干涉。"监察法也作了同样的规定。

监察委员会依法独立行使监察权,"依法"是前提。监察委员会作为行使国家监察职能的专责机关,履行职责必须遵循社会主义法治原则的基本要求,必须严格依照法律进行活动,既不能滥用职权,违反法定程序,也不能不担当、不作为,更不允许以权谋私、徇私枉法。监察法根据宪法制定,规定了监察委员会的组织、职责、监察范围、监察管辖、监察委员会权限、监察程序,各级监察委员会和监察人员行使监察权时,必须严格按照法律规定的权力和职责行事。监察委员会依法独立行使监察权,核心要义是"独立",即排除各种不合法的"干涉"。"干涉"主要是指行政机关、社会团体和个人利用职权、地位,或者采取其他不正当手段干扰、影响监察人员依法行使职权的行为,如利用职权组织监察人员开展案件调查,利用职权威胁、引诱他人不配合监察委员会的监督、调查、处置工作等。监察委员会独立行使审判权,是"有法必依、执法必严"在制度上的保障,也是我国人民当家作主在法律上的保障,其本质是崇尚宪法和法律在国家政治生活中的权威。具体来说有以下三个方面。

一是要排除行政机关的干涉。行政机关,在我国主要是指国务院及其组成部门,以及地方各级人民政府及其组成部门。从中央行政机关即国务院的工作部门和职权看,其管理的事务范围之广,掌握的行政资源之多,其对国家和社会事务的决定力和影响力就可见一斑。由于所掌握的行政资源多,又实行首长负责制,行政机关内的一些岗位,特别是领导岗位,相较于其他国家机关更容易出现廉政风险点,本身就是各级监察委员会开展廉政建设和反腐败工作的对象。加上行政机关凭借其所掌握的行政资源,对监察工作和司法工作进行干预,是有一定可能性和便利性的。

二是要排除社会团体的干涉。社会团体,是指中国公民自愿组成，为实现会员共同意愿，按照其章程开展活动的非营利性社会组织。社会团体是当代中国政治生活的重要组成部分。中国有全国性社会团体近2000个。其中使用行政编制或事业编制，由国家财政拨款的社会团体约200个。它们虽然是非政府性的组织，但掌握着大量行政性资源。因此，它们也存在一定的可能性和便利性，去干涉监察委员会独立行使监察权。

三是要排除个人的干涉。一般来说，个人的力量不如行政机关、社会团体，但是一些个人凭借其职务、地位，或者所掌握的经济资源，也是可能干涉监察权行使的。党的十八大以来，在一些地方官员落马的背后，往往都存在更大的"老虎"，以及当地企业家、商人的影子，他们在当地影响力大，也容易干涉监察委员会独立、公正行使监察权。

独立行使监察权的主体是各级监察委员会，而不是监察官、监察人员个人。监察官、监察人员属于公务员，按照公务员法的要求，应当忠于职守，勤勉尽责，服从和执行上级依法作出的决定和命令。这是党性和政治素质的具体体现，必须严格遵守，不能自行其是。如果监察人员认为上级的决定或者命令有错误的，可以向上级提出改正或者撤销该决定或者命令的意见；上级不改变该决定或者命令，或者要求立即执行的，公务员应当执行该决定或者命令，执行的后果由上级负责，公务员不承担责任；但是，公务员执行明显违法的决定或者命令的，应当依法承担相应的责任。

7. 监察机关如何与其他国家机关互相配合？

宪法第一百二十七条第二款规定："监察机关办理职务违法和职务犯罪案件，应当与审判机关、检察机关、执法部门互相配合，互相制约。"监察法也作了同样的规定。

从工作程序上看，监察委员会办理职务违法和职务犯罪案件，需要与人民法院、人民检察院和其他执法部门分工协作。监察法第五章对监察程序作了详细而明确的规定，监察工作从接受报案、举报，到立案调查，采取留置措施，到最后依法作出处置，各环节都离不开司法机关和其他执法部门的协调配合。有的配合是管辖上的"非我即你"。如监察法第三十七条规定："人民法院、人民检察院、公安机关、审计机关等国家机关在工作中发现公职人员涉嫌贪污贿赂、失职渎职等职务违法或者职务犯罪的问题线索，应当移送监察机关，由监察机关依法调查处置。被调查人既涉嫌严重职务违法或者职务犯罪，又涉嫌其他违法犯罪的，一般应当由监察机关为主调查，其他机关予以协助。"第三十八条规定："监察机关对于报案或者举报，应当接受并按照有关规定处理。对于不属于本机关管辖的，应当移送主管机关处理。"上述规定有两层含义：第一层含义是有关报案或者举报，属于监察机关管辖，但不属于接受报案或者举报的监察机关管辖，如向A市监察委员会举报B市某局局长，根据监察法的规定应由B市监察委员会管辖，A市监察委员会就应当及时将举报移送主管机关B市监察委员会。第二层含义是有关报案或者举报，不属于监察机关的权限范围，如某民营企业向监察委员会举报企业内部发生职务侵占行为，接到报案或者举报的监察委员会，应当及时将案件移送有管辖权的司法机关。

有的配合是工作上的互相协助。以监察机关与公安机关的配合为例，监察法第四十九条规定："监察机关采取强制到案、责令候查、管护、留置措施，可以根据工作需要提请公安机关配合。公安机关应当依法予以协助。省级以下监察机关留置场所的看护勤务由公安机关负责,国家监察委员会留置场所的看护勤务由国家另行规定。留置看护队伍的管理依照国家有关规定执行。"各级监察委员会不配备类似法警的强制执行队伍,在采取留置等措施的过程中,需要公安机关对一些需要强制执行力的工作提供协助配合。一般来说,公安机关配合协助留置工作有两种情况:一种是监察委员会对被调查人采取留置措施,将其带至留置场所,为防止相关单位或者个人阻挠甚至发生武力冲突,就需要公安机关协助配合执行留置。另一种是被调查人被留置于特定场所后,为保证其安全,不发生自杀、自残、外逃等安全事故,保证留置期间相关调查工作顺利进行,需要公安机关派人进行看护。比如,需要采取技术调查措施的,根据监察法第三十一条的规定,监察机关调查涉嫌重大贪污贿赂等职务犯罪,根据需要,经过严格的批准手续,可以采取技术调查措施,按照规定交有关机关执行。比如,需要通缉的,根据监察法第三十二条的规定,依法应当留置的被调查人如果在逃,监察机关可以决定在本行政区域内通缉,由公安机关发布通缉令,追捕归案。有些与执法机关配合的内容,监察法中没有明确规定具体情况,但在调查案件过程中也会经常遇到,如涉及公共资金使用、流向的,需要审计部门、反洗钱部门甚至国家安全部门提供协助。

有的配合是程序上的转移接续。根据监察法第五十二条第一款第四项的规定,对涉嫌职务犯罪的,监察机关经调查认为犯罪事实清楚,证据确实、充分的,制作起诉意见书,连同案卷材料、证据一并移送人民检察院依法审查、提起公诉。根据第五十四条的规定,对监察机关移送的案件,人民检察院依照刑事诉讼法对被调查人采取强制措施。人民检察院经审查,认为犯罪事实已经查清,证据确实、充分,依法应当追究刑事责任的,应当作出起诉决定。根据第五十五条的规定，监察机关在调查贪污贿赂、失职渎职等职务犯罪案件过程中，被调查人逃匿或者死亡，有必要继续调查的，监察机关应当继续调查并作出结论。被调查人逃匿，在通缉一年后不能到案，或者死亡的，由监察机关提请人民检察院依照法定程序，向人民法院提出没收违法所得的申请。以上规定，是监察程序终结后的自然延伸，是刑事诉讼程序完成国家监察职能、严厉惩治腐败的必要接续。

8. 监察机关如何与其他国家机关互相制约？

从工作性质看，监察委员会在办理案件过程中，也必须接受司法机关、执法部门，特别是人民检察院和人民法院的制约。

在人民检察院这边，根据监察法第五十四条的规定，人民检察院经审查，认为需要补充核实的，应当退回监察机关补充调查，必要时可以自行补充侦查。对于补充调查的案件，应当在一个月内补充调查完毕。补充调查以二次为限。人民检察院对于有刑事诉讼法规定的不起诉的情形的，经上一级人民检察院批准，依法作出不起诉的决定。监察机关认为不起诉的决定有错误的，可以向上一级人民检察院提请复议。在人民法院这边，从宪法和刑事诉讼法规定看，人民法院是国家的审判机关，未经人民法院依法判决，对任何人都不得确定有罪。对于严重的腐败分子，国家最终不会让他们逃脱正义的审判，那么在程序上就必须历经监察机关调查，检察机关审查提起公诉，审判机关依法审判、作出判决的监察和诉讼程序。在这个过程中，人民检察院审查起诉和人民法院审理判决本身，就是对监察委员会工作的一种天然的制约。因此，监察法第三十六条第二款、第三款规定："监察机关在收集、固定、审查、运用证据时，应当与刑事审判关于证据的要求和标准相一致。以非法方法收集的证据应当依法予以排除，不得作为案件处置的依据。"

9. 监察委员会的职责是什么？

根据监察法第十一条的规定，监察委员会依照法律规定履行监督、调查、处置职责。

监督，就是对公职人员开展廉政教育，对其依法履职、秉公用权、廉洁从政从业以及道德操守情况进行监督检查。这种监督具有普遍性、预防性和预警性。普遍性，是指监察委员会对公职人员的监督是全覆盖的，既覆盖全体公职人员，又覆盖公职人员的所有行为，包括其履职行为、廉洁情况和道德操守情况。预防性，是指监察委员会通过履行监督权，协调指导对具有高风险的行业、岗位和职位的防止腐败工作，对相关公职人员起到预警和震慑作用，使职务违法犯罪行为防患于未然。监察委员会成立后，人民政府的预防腐败局及人民检察院预防犯罪等部门职能调整至监察委员会，考虑的就是要起到这一作用。预警性，是指监察委员会通过履行监督职责，可以发现有关职务违法和职务犯罪的苗头，为进一步履行调查、处置职责提供线索。可以说，监察委员会行使监督职责，是监察工作坚持标本兼治、综合治理，加强法治道德教育，构建不想腐的长效机制的关键环节。

调查，就是对涉嫌贪污贿赂、滥用职权、玩忽职守、权力寻租、利益输送、徇私舞弊以及浪费国家资财等职务违法和职务犯罪进行调查。调查，是建立在监督基础之上，通过对公职人员秉公用权、廉洁从政从业以及道德操守情况进行监督检查后，发现有涉嫌七种违法犯罪行为的，依照本法规定的程序进行调查。在调查过程中，监察机关可以询问证人，依法留置调查人，查询、冻结有关财产等十五种措施。根据监察法第五条的规定，国家监察工作要以事实为根据，各级监察委员会只有严格依法履行调查职责，才能保证查清事实，从而进行不偏不倚、公正合理的处置。监察委员会的调查与司法机关的刑事侦查是不同的。一是行使的机关性质不同。行使调查权的是监察委员会，属于监察机关，是国家反腐败工作机构，与公安机关和人民检察院的司法机关性质不同。二是所针对的行为性质不同。监察委员会行使调查权，针对的是七类涉嫌职务违法和职务犯罪的行为。司法机关的侦查权，针对的是涉嫌上述七类行为以外的一般刑事犯罪行为；对普通违法行为，则不启动侦查权。三是出口不同。调查完成后，根据调查结果，监察机关依法进行处置，包括政务处分、问责、移送检察院审查起诉、提出监察建议等。刑事侦查完成后，证据不足的，撤销案件；证据充分的，移送检察院公诉部门审查起诉。

处置，就是对违法的公职人员依法作出政务处分决定；对履行职责不力、失职失责的领导人员进行问责；对涉嫌职务犯罪的，将调查结果移送人民检察院，依法审查、提起公诉；向监察对象所在单位提出监察建议。处置发生在监督、调查之后，是对监督发现的问题经过调查之后，作出的处理。监察委员会作出的处分，与其他处分有所不同。监察处分，是由各级监察委员会依据监察法作出，是政务处分，位阶较高；其他处分，由其他不同的主体作出，属于纪律处分，位阶较低。其他规范性文件在不与监察法冲突的情况下，也可以规定一定形式的处分。对不履行或者不正确履行职责负有领导责任的领导人员，按照管理权限对其直接作出问责决定，或者向有权作出问责决定的机关提出问责建议。监察委员会在将调查结果移送人民检察院后，检察机关必须依职权对监察机关移送的"监察案件"予以转化，按照管辖范围进行刑事立案，然后对案件的处理适用刑事诉讼法。监察委员会依法将调查结果移送人民检察院后，人民检察院审查起诉才有依据，职务犯罪案件的刑事诉讼程序才能启动进行。根据监督、调查的结果，监察委员会对监察对象所在单位廉政建设和履行职责存在的问题等提出监察建议。对监察委员会提出的监察建议，有关单位无正当理由的，应当采纳。

2019年10月，全国人大常委会通过关于国家监察委员会制定监察法规的决定，规定国家监察委员会根据宪法和法律，制定监察法规。监察法规由国家监察委员会全体会议决定，由国家监察委员会发布公告予以公布。监察法规应当在公布后三十日内报全国人大常委会备案，全国人大常委会有权撤销同宪法和法律相抵触的监察法规。

（八）人民法院和人民检察院

1. 人民法院的性质和地位是什么？

宪法第一百二十八条规定："中华人民共和国人民法院是国家的审判机关。"这一规定表明，人民法院作为国家的审判机关，在性质、地位上不同于国家权力机关、国家行政机关、国家监察机关，也不同于国家检察机关，而是专门行使国家审判权的机关。审判权，是指人民法院依照法律对刑事案件、民事案件、行政案件和其他案件进行审理和判决的权力。人民法院依照法律规定独立行使审判权，不受行政机关、社会团体和个人的干涉。对此，我们可以从以下三个方面来理解。

第一，依据宪法和法律的规定，我国的人民法院称作审判机关而不是司法机关。在很多国家和地区，司法机关就是指法院。我国实行人民代表大会制度，在这一政权体制下，国家的权力包括立法权、行政权、监察权、审判权和检察权，在中央一级还包括国家主席的职权和国家的军事权。与此相适应，行使这几项国家权力的机构分别是人民代表大会、人民政府、人民法院和人民检察院，以及国家主席和国家的中央军事委员会。其中，人民法院行使的是国家审判权，是国家的审判机关。

第二，人民法院是代表国家行使审判权的。之所以需要一个专门机构代表国家行使审判权，是因为在国家机构和公民个人、社会组织之间，在公民个人和各种社会组织彼此之间，会产生各种各样的矛盾和纠纷。这些矛盾和纠纷中的一部分可以由矛盾和纠纷的主体进行自我化解，或者由其他社会力量予以化解。但是，当这些矛盾和纠纷发展到比较激烈的程度时，只有以国家的名义和国家的力量予以审理和判决，并以国家强制力来保证判决的执行，才能维护国家的安全和社会的稳定。这就需要国家设置一种代表公平、公正和正义力量并具有足够权威的机构，以国家的名义来行使这一审理和判决的权力。在我国人民代表大会制度的政权体制下，行使这一权力的机构就是人民法院。人民法院代表国家、以国家的名义行使审判权，是法律范围内各种矛盾和纠纷可以诉诸解决的终局机构。

第三，国家的审判权只能由人民法院行使。作为国家权力的重要组成部分，审判权是一项专门的权力，只能由人民法院行使，其他任何机关、组织和个人都无权行使这一权力。任何机关、组织或者个人私设公堂，都是非法的。一些个人或者组织可以对矛盾和纠纷选择调解或者仲裁，但是，这些调解或者仲裁涉及的通常只能是平等主体的公民、法人和其他组织之间发生的具有财产性质的纠纷，而且都不是以国家的名义进行的。另外，国家权力机关作出的决定虽然也可能带有裁判性质，行政机关、检察机关以及军事机关也行使一定程度上的裁判职权，但是这些机关都不是独立的审判机关，它们行使的具有裁判性质的职能分别派生和服务于立法权、行政权、检察权和军事权。

2. 人民法院是怎样产生和组织的？

为代表国家行使审判权，维护社会主义法制统一，健全社会主义法治，人民法院必须建立一套行之有效的组织体系。人民法院的组织体系的建立，主要有两个方面的逻辑：一方面，基本的逻辑框架是，以行政区划为基础设立各级人民法院。通常，一级行政区划内设立一级人民法院。但是，在乡镇一级行政区划中不设立人民法院，为方便人民群众，可由县级（基层）人民法院设立若干人民法庭，就近审理乡镇内的案件。从维护社会主义法制统一，提高诉讼效率的角度看，四级人民法院（最高人民法院、高级人民法院、中级人民法院、基层人民法院）的设置，两审终审的诉讼制度，能够满足高效、公正审判案件的需要。如果人民法院设置的层级太多，就会给法律的统一适用增加难度，也会相应降低诉讼效率。另一方面，在前一个逻辑基础上，根据特定领域或者区域的实际需要，可以设立专门人民法院。

根据宪法、人民法院组织法等法律的规定，人民法院分为最高人民法院、地方各级人民法院、专门人民法院。地方各级人民法院分为高级人民法院、中级人民法院和基层人民法院。高级人民法院包括省、自治区、直辖市高级人民法院，中级人民法院包括省、自治区辖市的中级人民法院，在直辖市内设立的中级人民法院，自治州中级人民法院，在省、自治区内按地区设立的中级人民法院。基层人民法院包括县、自治县人民法院，不设区的市人民法院，市辖区人民法院。

目前，我国宪法规定的专门人民法院是军事法院，全国人大常委会根据宪法和人民法院组织法，又决定设立了海事法院（11家）、知识产权法院（分别设立于北京、上海、广州、海南自由贸易港）、金融法院（北京、上海、成渝）等专门人民法院。

在我国法院组织体系中，还有一些较为特殊的法院。新疆生产建设兵团虽然不是一级行政区划，但由于其经济、人口和管理制度具有特殊性，经全国人大常委会决定，设立新疆维吾尔自治区高级人民法院生产建设兵团分院，作为自治区高级人民法院的派出机构；在新疆生产建设兵团设立若干中级人民法院；在生产建设兵团农牧团场比较集中的垦区设立基层人民法院。

最高人民法院对全国人大及其常委会负责并报告工作。地方各级人民法院对本级人大及其常委会负责并报告工作。最高人民法院院长由全国人民代表大会选举，副院长、审判委员会委员、庭长、副庭长和审判员由院长提请全国人大常委会任免。最高人民法院巡回法庭庭长、副庭长，由最高人民法院院长提请全国人大常委会任免。地方各级人民法院院长由本级人民代表大会选举，副院长、审判委员会委员、庭长、副庭长和审判员由院长提请本级人大常委会任免。在省、自治区内按地区设立的和在直辖市内设立的中级人民法院院长，由省、自治区、直辖市人大常委会根据主任会议的提名决定任免，副院长、审判委员会委员、庭长、副庭长和审判员由高级人民法院院长提请省、自治区、直辖市人大常委会任免。人民法院院长任期与产生它的人民代表大会每届任期相同,最高人民法院院长连续任职不得超过两届。

各级人民代表大会及其常务委员会对本级人民法院的工作实施监督。最高人民法院监督地方各级人民法院和专门人民法院的审判工作,上级人民法院监督下级人民法院的审判工作。

3. 人民法院审理案件的原则是什么？

我国宪法对人民法院审理案件规定了几个原则,包括公开审判原则、被告人有权获得辩护原则与使用本民族语言文字进行诉讼原则。这些原则也是当事人的诉讼权利。

第一,公开审判原则。公开审判是指人民法院对案件的审理和判决都公开进行,包括开庭审判的时间、地点对外公开,允许公民进入法庭旁听,允许新闻记者采访和公开报道,判决结果对外公布。2018年人民法院组织法修订时增加规定,审判委员会讨论案件的决定及其理由应当在裁判文书中公开,法律规定不公开的除外。也就是说,在人民法院的全部审判过程中,除合议庭的休庭评议秘密进行外,其他的一切活动原则上都应当公开进行。公开审判要求将法院的审判活动置于公民和社会的监督之下,使法院严格依法办事,提高办案质量和办案效率,防止、减少司法腐败和冤假错案,也可以起到法治宣传和预防犯罪的作用。鉴于公开审判原则对保障公民权利、维护审判公正具有重要意义,刑事诉讼法、民事诉讼法和行政诉讼法等法律都对该原则作出了进一步规定。当然,法院的公开审判不是绝对的,为了保护国家利益以及公民、法人和其他组织的特定权利和利益,对于一些特定的案件，人民法院审判的过程不向社会公开。

刑事诉讼法规定下列案件不公开审判：(1) 有关国家秘密的案件。其目的是防止泄露国家秘密，危害国家利益。(2) 有关个人隐私的案件。其目的是保护被害人或者其他人的名誉，防止对其产生不利影响。(3) 审判的时候被告人不满十八周岁的案件，不公开审理；但是，经未成年被告人及其法定代理人同意，未成年被告人所在学校和未成年人保护组织可以派代表到场。由于未成年人的心理和生理尚处于成长、发育状态，思想不稳定，容易受外界的影响，不公开审理有利于对犯罪的未成年人的教育和挽救。(4) 对当事人提出申请的确属涉及商业秘密的案件，法庭可以决定不公开审理。对于不公开审理的案件，应当当庭宣布不公开审理的理由。依法不公开审理的案件，任何公民包括与审理该案无关的法院工作人员和被告人的近亲属都不得旁听，但是未成年被告人的法定代理人除外。

民事诉讼法规定，涉及国家秘密、个人隐私或者法律另有规定的案件，不公开审理；离婚案件、涉及商业秘密的案件，当事人申请不公开审理的，可以不公开审理。

行政诉讼法规定，人民法院公开审理行政案件，但涉及国家秘密、个人隐私和法律另有规定的除外。涉及商业秘密的案件，当事人申请不公开审理的，可以不公开审理。

第二，辩护原则。辩护是指在刑事诉讼中，被告人及其辩护人为维护被告人的合法权益，针对国家公诉机关的起诉，从事实和法律方面提出有利于被告人的证据和理由，证明被告人无罪、罪轻或者减轻、免除刑事责任的活动。在刑事案件的审判活动中，人民法院的任务是保证准确、及时地查明犯罪事实，正确适用法律，惩罚犯罪分子，保障无罪的人不受刑事追究，而要实现这一诉讼任务，保证被告人有权获得辩护就是一项前提性条件。辩护原则没有例外。

4. 审判委员会的性质是什么？

各级人民法院设审判委员会。审判委员会由院长、副院长和若干资深法官组成，成员人数应当为单数。审判委员会会议分为全体会议和专业委员会会议。中级以上人民法院根据审判工作需要，可以按照审判委员会委员专业和工作分工，召开刑事审判、民事行政审判等专业委员会会议。审判委员会负责总结审判工作经验，讨论决定重大、疑难、复杂案件的法律适用，讨论决定本院已经发生法律效力的判决、裁定、调解书是否应当再审，讨论决定其他有关审判工作的重大问题。最高人民法院的审判委员会全体会议还负责对属于审判工作中具体应用法律的问题进行解释，专业委员会会议讨论通过指导性案例。合议庭认为案件需要提交审判委员会讨论决定的，由审判长提出申请，院长批准。

根据人民法院组织法的上述规定，审判委员会不同于合议庭，它不直接开庭审理案件，只有合议庭遇到难以做出决定的疑难、复杂、重大的案件，才提请审判委员会讨论决定。审判委员会讨论案件，应当在合议庭审理的基础上进行，并且充分听取合议庭成员关于审理和合议情况的说明。合议庭对其汇报的事实负责，审判委员会委员对本人发表的意见和表决负责。审判委员会的决定，合议庭应当执行。审判委员会讨论决定案件及其他事项时，如果有意见分歧，按照少数服从多数的原则进行表决。为体现司法责任制，法律还规定，审判委员会讨论案件的决定及其理由应当在裁判文书中公开，法律规定不公开的除外。

5. 法官有什么职责、义务？

法官是依法行使国家审判权的审判人员，包括最高人民法院、地方各级人民法院和军事法院等专门人民法院的院长、副院长、审判委员会委员、庭长、副庭长和审判员。

法官的职责是：依法参加合议庭审判或者独任审判刑事、民事、行政诉讼以及国家赔偿等案件，依法办理引渡、司法协助等案件，法律规定的其他职责。法官在职权范围内对所办理的案件负责。

法官应当履行的义务是：严格遵守宪法和法律；秉公办案，不得徇私枉法；依法保障当事人和其他诉讼参与人的诉讼权利；维护国家利益、社会公共利益，维护个人和组织的合法权益；保守国家秘密和审判工作秘密，对履行职责中知悉的商业秘密和个人隐私予以保密；依法接受法律监督和人民群众监督；通过依法办理案件以案释法，增强全民法治观念，推进法治社会建设；法律规定的其他义务。

法官享有的权利是：履行法官职责应当具有的职权和工作条件；非因法定事由、非经法定程序，不被调离、免职、降职、辞退或者处分；履行法官职责应当享有的职业保障和福利待遇；人身、财产和住所安全受法律保护；提出申诉或者控告；法律规定的其他权利。

6. 担任法官需要什么条件？

（1）国籍条件：具有中华人民共和国国籍。

（2）政治条件：拥护中华人民共和国宪法，拥护中国共产党领导和社会主义制度，具有良好的政治、业务素质和道德品行。

（3）身体条件：具有正常履行职责的身体条件。

（4）学历知识条件：具备普通高等学校法学类本科学历并获得学士及以上学位；或者普通高等学校非法学类本科及以上学历并获得法律硕士、法学硕士及以上学位；或者普通高等学校非法学类本科及以上学历，获得其他相应学位，并具有法律专业知识。

（5）工作经历条件：从事法律工作满五年。其中获得法律硕士、法学硕士学位，或者获得法学博士学位的，从事法律工作的年限可以分别放宽至四年、三年。

（6）法律职业资格条件：初任法官应当通过国家统一法律职业资格考试取得法律职业资格。

（7）消极条件：因犯罪受过刑事处罚的，被开除公职的，被吊销律师、公证员执业证书或者被仲裁委员会除名的，或者有法律规定的其他情形的，不得担任法官。同时，法官不得兼任人大常委会组成人员，不得兼任行政机关、监察机关、检察机关的职务，不得兼任企业或者其他营利性组织、事业单位的职务，不得兼任律师、仲裁员和公证员。

7. 哪些情况下法官应当被免职？

法官有下列情形之一的，应当依法提请免除其法官职务：丧失中华人民共和国国籍的；调出所任职人民法院的；职务变动不需要保留法官职务的，或者本人申请免除法官职务经批准的；经考核不能胜任法官职务的；因健康原因长期不能履行职务的；退休的；辞职或者依法应当予以辞退的；因违纪违法不宜继续任职的。

发现违反法定条件任命法官的，任命机关应当撤销该项任命；上级人民法院发现下级人民法院法官的任命违反法定条件的，应当建议下级人民法院依法提请任命机关撤销该项任命。

8. 人民检察院的性质和地位是什么？

宪法第一百三十四条规定："中华人民共和国人民检察院是国家的法律监督机关。"在我国，除由全国人大及其常委会对宪法的实施进行监督，地方各级人大在本行政区域内保证宪法、法律等的遵守和执行外，国家还设立各级人民检察院，作为专门的法律监督机关，保证法律实施。

根据人民检察院组织法的规定，人民检察院的主要职权是：（1）依照法律规定对有关刑事案件行使侦查权；（2）对刑事案件进行审查，批准或者决定是否逮捕犯罪嫌疑人；（3）对刑事案件进行审查，决定是否提起公诉，对决定提起公诉的案件支持公诉；（4）依照法律规定提起公益诉讼；（5）对诉讼活动实行法律监督；（6）对判决、裁定等生效法律文书的执行工作实行法律监督；（7）对监狱、看守所的执法活动实行法律监督；（8）法律规定的其他职权。

应当注意的是，2017年监察体制改革、2018年宪法修改和监察法通过施行后，将人民检察院查处贪污贿赂、失职渎职以及预防职务犯罪等部门的相关职能整合至监察委员会。这并不意味着检察院侦查权完全取消，除补充侦查权外，对部分案件依然有权直接立案侦查。根据2018年修改的刑事诉讼法的规定，删去人民检察院对贪污贿赂等案件行使侦查权的规定，保留人民检察院在诉讼活动法律监督中发现司法工作人员利用职权实施的侵犯公民权利、损害司法公正的犯罪的侦查权。同时，刑事诉讼法规定，人民检察院还有补充侦查权。如根据刑事诉讼法第一百七十条的规定，人民检察院对于监察机关移送起诉的案件进行审查，经审查，认为需要补充核实的，应当退回监察机关补充调查，必要时可以自行补充侦查。根据第一百七十五条的规定，人民检察院经审查，对于公安机关侦查移送的案件，需要补充侦查的，可以退回公安机关补充侦查，也可以自行侦查。上述侦查权，就是属于"依照法律规定对有关刑事案件行使侦查权"。

9. 人民检察院的组织体系是怎样的？

人民检察院分为最高人民检察院、地方各级人民检察院、军事检察院等专门人民检察院。其中，最高人民检察院是最高检察机关，领导地方各级人民检察院和专门人民检察院的工作。地方各级人民检察院分为：省级人民检察院，包括省、自治区、直辖市人民检察院；设区的市级人民检察院，包括省、自治区辖市人民检察院，自治州人民检察院，省、自治区、直辖市人民检察院分院；基层人民检察院，包括县、自治县、不设区的市、市辖区人民检察院。

我国法院组织体系中，还有一些较为特殊的法院。新疆生产建设兵团虽然不是一级行政区划，但由于其经济、人口和管理制度具有特殊性，经全国人大常委会决定，新疆维吾尔自治区人民检察院在生产建设兵团设置人民检察院，作为自治区人民检察院的派出机构，具体包括新疆维吾尔自治区生产建设兵团人民检察院，新疆维吾尔自治区生产建设兵团人民检察院分院，在农牧团场比较集中的垦区设置基层人民检察院。新疆维吾尔自治区生产建设兵团人民检察院领导生产建设兵团人民检察院分院以及基层人民检察院的工作。

目前,除军事检察院外,我国还没有其他的专门人民检察院。

人民检察院对本级人民代表大会负责并报告工作。各级人民代表大会及其常务委员会对本级人民检察院的工作实施监督。人民检察院系统实行上下级领导体制,最高人民检察院领导地方各级人民检察院和专门人民检察院的工作,上级人民检察院领导下级人民检察院的工作。

10. 人民检察院由哪些人员组成?

各级人民检察院的检察人员由检察长、副检察长、检察委员会委员和检察员等人员组成。检察长领导本院检察工作,管理本院行政事务,副检察长协助检察长工作。检察长任期与产生它的人民代表大会每届任期相同。

最高人民检察院检察长由全国人民代表大会选举和罢免,副检察长、检察委员会委员和检察员由检察长提请全国人大常委会任免。地方各级人民检察院检察长由本级人民代表大会选举和罢免,副检察长、检察委员会委员和检察员由检察长提请本级人大常委会任免。地方各级人民检察院检察长的任免,须报上一级人民检察院检察长提请本级人大常委会批准。

省、自治区、直辖市人民检察院分院检察长、副检察长、检察委员会委员和检察员,由省、自治区、直辖市人民检察院检察长提请本级人大常委会任免。全国人大常委会和省、自治区、直辖市人大常委会根据本级人民检察院检察长的建议,可以撤换下级人民检察院检察长、副检察长和检察委员会委员。

人民检察院的检察官、检察辅助人员和司法行政人员实行分类管理。检察官从取得法律职业资格并且具备法律规定的其他条件的人员中选任。初任检察官应当由检察官遴选委员会进行专业能力审核。上级人民检察院的检察官一般从下级人民检察院的检察官中择优遴选。检察长应当具有法学专业知识和法律职业经历。副检察长、检察委员会委员应当从检察官、法官或者其他具备检察官、法官条件的人员中产生。检察官助理在检察官指导下负责审查案件材料、草拟法律文书等检察辅助事务。符合检察官任职条件的检察官助理，经遴选后可以按照检察官任免程序任命为检察官。书记员负责案件记录等检察辅助事务。司法警察负责办案场所警戒、人员押解和看管等警务事项。根据检察工作需要，可以设检察技术人员，负责与检察工作有关的事项。

11. 检察委员会的职责是什么？

人民检察院设检察委员会。检察委员会由检察长、副检察长和若干资深检察官组成，成员应当为单数。其职责是总结检察工作经验，讨论决定重大、疑难、复杂案件，及其他有关检察工作的重大问题。最高人民检察院对属于检察工作中具体应用法律的问题进行解释、发布指导性案例，应当由检察委员会讨论通过。

检察委员会召开会议，应当有其组成人员的过半数出席，由检察长或者检察长委托的副检察长主持，实行民主集中制。地方各级人民检察院的检察长不同意本院检察委员会多数人的意见，属于办理案件的，可以报请上一级人民检察院决定；属于重大事项的，可以报请上一级人民检察院或者本级人大常委会决定。检察官可以就重大案件和其他重大问题，提请检察长决定。检察长可以根据案件情况，提交检察委员会讨论决定。检察委员会讨论案件，检察官对其汇报的事实负责，检察委员会委员对本人发表的意见和表决负责。检察委员会的决定，检察官应当执行。检察委员会对案件作出决定的，承担相应责任。

12. 检察官的职责、义务、权利是什么？

检察官是依法行使国家检察权的检察人员，包括最高人民检察院、地方各级人民检察院和军事检察院等专门人民检察院的检察长、副检察长、检察委员会委员和检察员。检察官必须忠实执行宪法和法律，维护社会公平正义，全心全意为人民服务；应当勤勉尽责，清正廉明，恪守职业道德；履行职责，应当以事实为根据，以法律为准绳，秉持客观公正的立场。

检察官的职责包括：对法律规定由人民检察院直接受理的刑事案件进行侦查；对刑事案件进行审查逮捕、审查起诉，代表国家进行公诉；开展公益诉讼工作；开展对刑事、民事、行政诉讼活动的监督工作；法律规定的其他职责。

检察官应当履行的义务包括：严格遵守宪法和法律；秉公办案，不得徇私枉法；依法保障当事人和其他诉讼参与人的诉讼权利；维护国家利益、社会公共利益，维护个人和组织的合法权益；保守国家秘密和检察工作秘密，对履行职责中知悉的商业秘密和个人隐私予以保密；依法接受法律监督和人民群众监督；通过依法办理案件以案释法，增强全民法治观念，推进法治社会建设；法律规定的其他义务。

检察官享有的权利包括：履行检察官职责应当具有的职权和工作条件；非因法定事由、非经法定程序，不被调离、免职、降职、辞退或者处分；履行检察官职责应当享有的职业保障和福利待遇；人身、财产和住所安全受法律保护；提出申诉或者控告；法律规定的其他权利。

13. 担任检察官需要什么条件？

（1）自然条件：具有中华人民共和国国籍，具有正常履行职责的身体条件。

（2）政治条件：拥护中华人民共和国宪法，拥护中国共产党领导和社会主义制度，具有良好的政治、业务素质和道德品行。

（3）学历条件：具备普通高等学校法学类本科学历并获得学士及以上学位；或者普通高等学校非法学类本科及以上学历并获得法律硕士、法学硕士及以上学位；或者普通高等学校非法学类本科及以上学历，获得其他相应学位，并具有法律专业知识。

（4）工作经历条件：从事法律工作满五年。其中获得法律硕士、法学硕士学位，或者获得法学博士学位的，从事法律工作的年限可以分别放宽至四年、三年。

（5）职业资格条件：初任检察官应当通过国家统一法律职业资格考试取得法律职业资格。

除上述积极条件外，不得有以下消极情形：因犯罪受过刑事处罚的；被开除公职的；被吊销律师、公证员执业证书或者被仲裁委员会除名的；有法律规定的其他情形的。

14. 检察官如何被任免？

最高人民检察院检察长由全国人民代表大会选举和罢免，副检察长、检察委员会委员和检察员,由检察长提请全国人大常委会任免。地方各级人民检察院检察长由本级人民代表大会选举和罢免,副检察长、检察委员会委员和检察员,由检察长提请本级人大常委会任免。地方各级人民检察院检察长的任免,须报上一级人民检察院检察长提请本级人大常委会批准。

省、自治区、直辖市人民检察院分院检察长、副检察长、检察委员会委员和检察员,由省、自治区、直辖市人民检察院检察长提请本级人大常委会任免。

省级人民检察院和设区的市级人民检察院依法设立作为派出机构的人民检察院的检察长、副检察长、检察委员会委员和检察员,由派出的人民检察院检察长提请本级人大常委会任免。

新疆维吾尔自治区生产建设兵团人民检察院检察长、副检察长、检察委员会委员、检察员,兵团人民检察院分院检察长、副检察长、检察委员会委员、检察员,由自治区人民检察院检察长提请自治区人大常委会任免;基层人民检察院检察长、副检察长、检察委员会委员、检察员,由新疆维吾尔自治区生产建设兵团人民检察院任免。

检察官在依照法定程序产生后,在就职时应当公开进行宪法宣誓。

检察官有下列情形之一的,应当依法提请免除其检察官职务:丧失中华人民共和国国籍的;调出所任职人民检察院的;职务变动不需要保留检察官职务的,或者本人申请免除检察官职务经批准的;经考核不能胜任检察官职务的;因健康原因长期不能履行职务的;退休的;辞职或者依法应当予以辞退的;因违纪违法不宜继续任职的。

对于不具备法定条件或者违反法定程序被选举为人民检察院

检察长的，上一级人民检察院检察长有权提请本级人民代表大会常务委员会不批准。发现违反法定条件任命检察官的，任命机关应当撤销该项任命；上级人民检察院发现下级人民检察院检察官的任命违反法定条件的，应当要求下级人民检察院依法提请任命机关撤销该项任命。

15. 人民法院、人民检察院与公安机关的相互关系是什么？

宪法第一百四十条规定："人民法院、人民检察院和公安机关办理刑事案件，应当分工负责，互相配合，互相制约，以保证准确有效地执行法律。"

人民法院、人民检察院和公安机关都是我国国家机构体系中的重要组成部分，虽然它们分工不同，各司其职，但保护人民、惩罚犯罪、保障国家安全和社会公共安全、维护社会秩序的任务是共同的，因此它们要互相配合、互相制约，以保证准确有效地执行法律。根据有关法律的规定，主要体现在以下几个方面：（1）除法律特别规定的外，对刑事案件的侦查、拘留、执行逮捕、预审，由公安机关负责；检察、批准逮捕、检察机关直接受理的案件的侦查、提起公诉，由人民检察院负责；审判由人民法院负责。（2）公安机关逮捕犯罪嫌疑人、被告人，必须经过人民检察院批准或者人民法院决定。人民检察院对公安机关侦查终结的案件，有权进行审查并作出是否起诉的决定。人民检察院有权对公安机关的侦查活动是否合法进行监督。（3）公安机关对于人民检察院的决定如有不同意见，可以要求人民检察院复议；如果意见不被采纳，可以提请上级人民检察院复核。（4）人民法院对于人民检察院起诉的案件认为证据不足，不能认定被告人有罪的，应当作出证据不足、指控的犯罪不能成立的无罪判决。(5) 人民检察院对人民法院的判决和审判活动是否合法进行监督，如果发现审判活动有违法情况，应当向人民法院提出纠正意见。地方各级人民检察院如果发现本级人民法院的一审判决和裁定确有错误，应当向上一级人民法院提出抗诉；上级人民法院对抗诉案件依法进行审理，如果认为下级人民检察院抗诉不当，有权裁定驳回抗诉。

16. 如何确保人民法院、人民检察院依法独立行使审判权和检察权？

法院、检察院依法独立行使审判权、检察权，是宪法的明确规定，也是法律正确实施的体制保障。党的十八届四中全会决定从完善制度入手，提出了依法保障人民法院、人民检察院依法独立行使审判权和检察权的具体措施，主要有以下几个方面。

（1）建立领导干部支持人民法院、人民检察院依法独立公正行使职权的制度和机制。党的十八届四中全会决定提出，建立领导干部干预司法活动、插手具体案件处理的记录、通报和责任追究制度。任何党政机关和领导干部都不得让司法机关做违反法定职责、有碍司法公正的事情，任何司法机关都不得执行党政机关和领导干部违法干预司法活动的要求。对干预司法机关办案的，给予党纪政纪处分；造成冤假错案或者其他严重后果的，依法追究刑事责任。人民法院组织法、人民检察院组织法在2018年修订时增加规定：对于领导干部等干预司法活动、插手具体案件处理，或者人民法院、人民检察院内部人员过问案件情况的，办案人员应当全面如实记录并报告；有违法违纪情形的，由有关机关根据情节轻重追究行为人的责任。这些硬性规定,为领导干部违法干预司法划了"红线",为司法机关依法独立公正行使职权提供了有力的制度保障。

(2) 健全维护司法权威的法律制度。司法权威是司法机关发挥化解纠纷、定分止争功能的重要基础。司法实践中时常发生法院裁判不受尊重、难以执行的问题。为此,党的十八届四中全会决定提出,健全行政机关依法出庭应诉、支持法院受理行政案件、尊重并执行法院生效裁判的制度。完善惩戒妨碍司法机关依法行使职权、拒不执行生效裁判和决定、藐视法庭权威等违法犯罪行为的法律规定。这有利于在全社会形成维护司法权威的良好氛围。

(3) 建立健全司法人员依法履行法定职责的保护机制。司法在化解纠纷、定分止争时,必然事关当事人权利义务分配和利益归属,事关罪与非罪的界限。因此,司法人员往往处于社会矛盾和利害的焦点,要面对各种干扰和压力。国家必须从法律制度上为司法人员秉公司法撑起"保护伞",防止各方面的不当干扰,解除他们的后顾之忧。党的十八届四中全会要求,建立健全司法人员履行法定职责保护机制。非因法定事由,非经法定程序,不得将法官、检察官调离、辞退或者作出免职、降级等处分。2019年修订的法官法、检察官法规定,非因法定事由、非经法定程序,法官、检察官不被调离、免职、降职、辞退或者处分。除因任职回避、任职交流、机构调整缩减编制员额、违纪违法等情形外,不得将法官、检察官调离审判、检察岗位。任何单位和个人不得要求法官、检察官从事超出法定职责范围的事务。这有利于防止利用职权干预司法,保障和支持法官、检察官依法履行职责。

(九) 特别行政区机关

1. 中央与特别行政区的关系是什么?

特别行政区是根据宪法设立的,具有特殊的法律地位,它直辖于中央人民政府,实行不同于祖国内地的政治和经济制度。我国宪法和特别行政区基本法规定实行"一国两制",即在统一的中华人民共和国境内,大陆主体部分坚持实行社会主义制度,坚持四项基本原则;在这一前提下,为解决香港、澳门、台湾历史遗留下来的问题,根据宪法的规定建立特别行政区,在一个相当的时期内,保持原有的资本主义社会经济制度和生活方式,不实行社会主义的制度和政策。同时,我国采取单一制的国家结构形式,从行政区域的设立和划分来看,无论是省、自治区、直辖市,还是特别行政区,都是中央领导下的地方行政区域。特别行政区虽然享有高度的自治权,但它是中华人民共和国不可分割的组成部分,不能脱离中央而独立。其权力来源于中央的授予,在与国家的关系上,依然是中央与地方的关系。中央要牢牢掌握宪法和基本法赋予的中央对香港、澳门全面管治权,深化内地和港澳地区交流合作,保持香港、澳门繁荣稳定。

特别行政区是依据宪法设立的具有特殊法律地位的行政区域,它的"特别"之处在于享有一般行政区域不能享有的高度的自治权,根据香港特别行政区基本法和澳门特别行政区基本法的规定,除国防和外交等事务统一由中央政府管理外,特别行政区的自治权限相当广泛,包括行政管理权、立法权、独立的司法权和终审权等。特别行政区可以实行与其他省、自治区、直辖市完全不同的政治、经济和法律制度。必须把维护中央对香港、澳门特别行政区全面管治权和保障特别行政区高度自治权有机结合起来,确保"一国两制"方针不会变、不动摇,确保"一国两制"实践不变形、不走样。

2. 特别行政区怎样维护国家安全?

近年来,一些外国和境外势力公然干预香港事务,通过立法、行政、非政府组织等多种方式进行插手和捣乱,与香港反中乱港势力勾连合流、沆瀣一气,为香港反中乱港势力撑腰打气、提供保护伞,利用香港从事危害我国国家安全的活动。这些行为和活动,严重挑战"一国两制"原则底线,严重损害法治,严重危害国家主权、安全、发展利益。

香港特别行政区基本法第二十三条规定:"香港特别行政区应自行立法禁止任何叛国、分裂国家、煽动叛乱、颠覆中央人民政府及窃取国家机密的行为,禁止外国的政治性组织或团体在香港特别行政区进行政治活动,禁止香港特别行政区的政治性组织或团体与外国的政治性组织或团体建立联系。"这一规定既体现了国家对香港特别行政区的信任,也明确了香港特别行政区负有维护国家安全的宪制责任和立法义务。然而,香港回归以来,由于反中乱港势力和外部敌对势力的极力阻挠、干扰,基本法第二十三条立法一直没有完成。而且,自2003年基本法第二十三条立法受挫以来,这一立法在香港已被一些别有用心的人严重污名化、妖魔化,香港特别行政区完成基本法第二十三条立法实际上已经很困难。香港现行法律中一些源于回归之前、本来可以用于维护国家安全的有关规定，长期处于"休眠"状态。总的来看，香港特别行政区基本法明确规定的第二十三条立法有被长期"搁置"的风险，香港特别行政区现行法律的有关规定难以有效执行，维护国家安全的法律制度和执行机制都明显存在不健全、不适应、不符合的"短板"问题，致使香港特别行政区危害国家安全的各种活动愈演愈烈，保持香港长期繁荣稳定、维护国家安全面临着不容忽视的风险。

2020年，全国人大及其常委会采取"决定+立法"的方式，分两步推进，从国家层面建立健全香港特别行政区维护国家安全的法律制度和执行机制。第一步，第十三届全国人民代表大会第三次会议根据宪法和香港特别行政区基本法的有关规定，作出《关于建立健全香港特别行政区维护国家安全的法律制度和执行机制的决定》，就相关问题作出若干基本规定，同时授权全国人大常委会就建立健全香港特别行政区维护国家安全的法律制度和执行机制制定相关法律；第二步，全国人大常委会根据宪法、香港特别行政区基本法和全国人大有关决定的授权，结合香港特别行政区具体情况，制定香港特别行政区维护国家安全法，并决定将其列入香港特别行政区基本法附件三，由香港特别行政区在当地公布实施。

"决定+立法"充分说明，香港特别行政区本身负有依法维护国家安全的宪制责任。香港特别行政区行政机关、立法机关、司法机关都要依据香港国安法和其他有关法律的规定来履行维护国家安全的职责。中央人民政府在香港特别行政区设立维护国家安全的机构，法律中明确为"维护国家安全公署"。因此，在香港特别行政区维护国家安全但不限于香港特别行政区本身的安全。同时，与香港特别行政区有关的国家安全事务，中央人民政府负有根本责任。

2024年3月19日，香港特区立法会三读全票通过《维护国家安全条例》，标志着香港特区落实了基本法第二十三条规定的宪制责任，完善特区维护国家安全的法律制度和执行机制取得重大进展。《维护国家安全条例》全面落实香港特别行政区基本法、全国人大关于建立健全香港特别行政区维护国家安全的法律制度和执行机制的决定及香港特别行政区维护国家安全法所规定的宪制责任和义务，补齐了香港特区维护国家安全制度机制的漏洞和短板。这是香港主流民意的集中体现，是爱国爱港新气象的充分彰显。

3. 特别行政区的性质是什么？

特别行政区是国家中的一个行政区划单位，而不是一个独立的政治实体，也不是联邦制国家中的成员国。它和其他行政区一样，与中央人民政府之间存在从属关系，中央人民政府领导特别行政区，特别行政区服从和接受中央人民政府的管理。特别行政区建立的政府，只能是地方政府。作为一个地方行政单位，不能作出行使国家主权的行为，特别行政区的一切权力是中央人民政府授予的。

特别行政区实行特殊的社会制度，既不采用人民代表大会制的政治制度，也不实行社会主义的公有制、按劳分配等经济制度。它也不同于经济特区。在立法权方面，特别行政区可以按照全国人民代表大会通过的特别行政区基本法制定法律。在行政权方面，享有其他行政区所没有的财政、经济贸易、货币金融、海运、航空、文化教育和治安等方面的管理权。在司法权方面，享有司法终审权，无须上诉到国家最高法院解决。在涉外事务方面，中央人民政府负责管理与特别行政区有关的外交事务，同时可授权特别行政区依法处理有关的对外事务，如可以作为国家代表团成员参加中央人民政府进行的与特别行政区有关的外交谈判，参加与特别行政区有关的适当领域的国际组织和国际会议。

特别行政区行政长官在当地通过选举或者协商产生，由中央人民政府任命。担任主要职务的官员由行政长官提名，报中央人民政府任命。法官经独立委员会推荐，由行政长官任命。特别行政区的政权是爱国者的政权，而不是人民民主专政，这是特别行政区政府的最大特点。此外，中央人民政府负责管理特别行政区的防务，但派驻的军队不干预特别行政区的地方性事务。特别行政区居民享有特别行政区基本法和法律规定的权利和自由。

特别行政区行使的权力不同于普通地方机关和民族自治地方的自治机关。特别行政区是统一的中华人民共和国的一个地方行政区域，但与其他一般行政区域不同，它实行高度自治，依照法律的规定享有立法权、行政管理权、独立的司法权和终审权。特别行政区通用自己的货币，财政独立、收入全部用于自身需要，不上缴中央人民政府，中央人民政府不在特别行政区征税。

4. 特别行政区有哪些权力？

按照香港特别行政区基本法和澳门特别行政区基本法的规定，在特别行政区，凡是主权范围内的事务均应由中央负责管理。同时，特别行政区政权机关享有高度自治权。主要包括：

（1）行政管理权。依照基本法的有关规定自行处理特别行政区的行政事务。（2）立法权。除国防、外交和国家主权有关的事项外，特别行政区立法会有权依据基本法规定并依照法定程序制定、修改和废除法律，根据政府的提案，审核、通过财政预算，批准税收和公共开支等。（3）独立的司法权和终审权。特别行政区各级法院依法独立行使审判权，不受任何干涉；终审权属于特别行政区终审法院。（4）中央人民政府授权特别行政区依照基本法自行处理有关的对外事务。（5）其他权力，如基本法的修改提案权等。

5. 香港特别行政区的政治体制架构是怎样的？

根据宪法和香港特别行政区基本法，香港特别行政区是直辖于中央人民政府的地方行政区域，就其政治体制的属性和定位来说，是一种地方政治体制。香港特别行政区享有的高度自治权，包括行政权、立法权和司法权都由中央授予。在以行政长官为核心的行政主导体制下，香港特别行政区行政机关、立法机关既相互制约又相互配合，且重在配合，司法机关独立行使审判权。（1）行政长官。根据基本法，行政长官在政权架构设置及其运行中处于主导和核心位置。行政长官是整个香港特别行政区的首长，并代表香港特别行政区对中央政府负责。行政长官享有超出行政机关首长的广泛权力，如负责执行基本法和其他法律，执行中央人民政府就基本法规定的有关事务发出的指令，签署立法会通过的法案，公布法律，任免各级法院法官和公职人员等。以行政长官为核心的行政主导体制是香港基本法所设计的香港特别行政区政治体制的一大特征。行政长官在本地通过选举或协商产生,由中央人民政府任命,任期为5年,可连任一次。行政长官既对特别行政区负责,也对中央政府负责。

(2) 行政会议。行政会议负责就重要决策向行政长官提供意见,成员由行政长官从行政机关的主要官员、立法会议员和社会人士中委任。行政会议各成员以个人身份提出意见,但行政会议所有的决议均属集体决议。

(3) 行政体制。香港特别行政区政府的主要施政和行政工作,由政府总部内12个决策局,以及61个部门和机构执行。在各决策局、部门和机构工作的大部分人员均为公务员。政府于2002年起实施主要官员的政治委任制度。在此制度下,3位司长(政务司司长、财政司司长和律政司司长)及各局局长为政治任命官员,就辖下事宜承担政治责任;2008年增设副局长和政治助理两层政治委任职位,协助司长和局长处理政治工作。

(4) 立法会。香港特别行政区立法会是特区的立法机关,负责制定、修改和废除法律;根据政府的提案,审核、通过财政预算案;批准税收和公共开支;对政府的工作提出质询等。立法会全部议员通过选举产生,任期为4年,由在外国没有居留权的香港特别行政区永久性居民中的中国公民组成,其中五分之一成员可以是非中国籍或在外国有居留权的香港永久性居民。

(5) 法律制度。香港特别行政区的法律制度以普通法为根基。在这个原则下,香港的司法机关不受制于行政和立法机关。无论纠纷是涉及个人、法人团体还是政府,法庭都会独立作出裁决,并对法律拥有解释权。香港特别行政区的终审权属于香港特别行政区终审法院。终审法院是香港特区的最高上诉法院,以首席法官为首,成员包括3位常任法官、3位非常任香港法官和11位来自其他普通法司法管辖区的非常任法官。香港特别行政区基本法明确授予香港特别行政区独立的司法权和终审权。但司法机关也必须遵守宪法和基本法，执行立法机关制定的法律，维护香港特别行政区的宪制秩序。

（6）区域组织。香港共划分为18个区，各设区议会，就所属地区的政策推行事宜提供意见。区议会的大部分议员均通过选举产生，其余分别是当然议员（新界乡事务委员会主席）及委任议员。

6. 澳门特别行政区的政治体制架构是怎样的？

澳门特别行政区政府是澳门的行政机关，政府的首长是行政长官。澳门特别行政区政府设司、局、厅、处。澳门特别行政区政府负责制定并执行政策；管理各项行政事务；办理基本法规定的中央人民政府授权的对外事务；编制并提出财政预算、决算；提出法案、议案，草拟行政法规；委派官员列席立法会会议听取意见或代表政府发言。行政区政府必须遵守法律，对澳门特别行政区立法会负责；执行立法会通过并已生效的法律；定期向立法会作施政报告；答复立法会议员的质询。

（1）行政长官。澳门特别行政区行政长官是澳门特别行政区的首长，向中央人民政府和澳门特别行政区负责。行政长官由年满40周岁，在澳门通常居住连续满20年的澳门特别行政区永久性居民中的中国公民担任。行政长官在本地通过选举或协商产生，由中央人民政府任命。任期为5年，可连任一次。

行政长官的主要职权包括：领导澳门特别行政区政府；负责执行基本法和适用于澳门特别行政区的其他法律；签署立法会通过的法案，公布法律；签署立法会通过的财政预算案，将财政预算、决算报中央人民政府备案；决定政府政策，发布行政命令；制定行政法规并颁布执行；提名并报请中央人民政府任命各司司长、廉政专员、审计长、警察总局局长和海关关长等主要官员及建议中央人民政府免除上述官员职务；委任部分立法会议员；任免行政会委员；提名并报请中央人民政府任命检察长及建议中央人民政府免除检察长的职务；任免各级法院院长和法官、检察官、公职人员等；在特定的情况下，有权解散立法会。

（2）行政会。澳门特别行政区行政会是协助行政长官决策的机构，会议由行政长官主持，每月至少举行一次会议。行政会的委员由行政长官从政府主要官员、立法会议员和社会人士中委任。行政会委员的人数为7至11人。行政长官认为必要时可邀请有关人士列席行政会会议。

（3）立法会。立法会由澳门特别行政区永久性居民组成，大多数议员由选举产生，除第一届另有规定外，每届任期4年。立法会设主席、副主席各一人。主席、副主席由立法会议员互选产生。澳门特别行政区立法会主席、副主席由在澳门通常居住连续满15年的澳门特别行政区永久性居民中的中国公民担任。

立法会行使的职权包括：制定、修改、暂停实施和废除法律；审核、通过政府提出的财政预算案；审议政府提出的预算执行情况报告；根据政府提案决定税收，批准由政府承担的债务；听取行政长官的施政报告并进行辩论；就公共利益问题进行辩论；接受澳门居民申诉并作出处理等。

在特定情况下，立法会以全体议员三分之二多数通过，可对行政长官提出弹劾案，报请中央人民政府决定。

（4）司法机关。澳门特别行政区法院独立行使审判权，只服从法律，不受任何干预。澳门特别行政区设立第一审法院、中级法院、终审法院。澳门特别行政区终审权属于澳门特别行政区终审法院。澳门特别行政区初级法院可根据需要设立若干专门法庭。原刑事起诉法庭的制度继续保留。澳门特别行政区设立行政法院，管辖行政诉讼和税务诉讼。不服行政法院裁决者，可向中级法院上诉。

澳门特别行政区各级法院的法官，根据法官、律师和知名人士组成的独立委员会推荐，由行政长官任命。澳门特别行政区各级法院的院长由行政长官从法官中选任。终审法院院长由澳门特别行政区永久性居民中的中国公民担任，其任命和免职须报全国人民代表大会常务委员会备案。

澳门特别行政区检察院独立行使法律赋予的检察职能，不受任何干涉。

六、选举制度

1. 我国选举制度经历了怎样的发展完善过程？

人民代表大会制度是我国的根本政治制度，而代表的选举是产生人民代表大会组成人员的基础，进而是国家机构存在的基础和前提。为此，1953年新中国成立后不久，就制定了选举法，后在1979年进行了全面修订，并在此之后分别于1982年、1986年、1995年、2004年、2010年、2015年、2020年进行了七次修改，使得我国选举制度不断完善。从我国选举法的修改历程来看，我国选举制度的完善和发展主要体现在以下几个方面。

第一，实现选举权的普遍性。1953年我国第一部选举法制定时，考虑到刚刚解放，面对敌对势力，社会尚未足够稳定，选举法规定，依法尚未改变成分的地主阶级分子、依法被剥夺政治权利的反革命分子、其他依法被剥夺政治权利者及精神病患者无选举权和被选举权。1979年修订颁布的选举法则规定，除依照法律被剥夺政治权利的人外，成年公民都有选举权和被选举权。

第二，逐步实现城乡按相同人口比例选举代表。解放初期，我国城镇人口比重较低，为体现工人阶级在国家政治生活中的领导地位和工业化发展方向，当时选举法规定，各省应选全国人大代表的名额,按人口每80万人选代表1人,直辖市和人口在50万人以上的省辖工业市应选全国人大代表,按人口每10万人选代表一人。这就是8∶1的由来。改革开放后,城镇化不断推进,城乡人口比例发生较大变化,1982年、1995年修改选举法,逐步对城乡按不同比例选举人大代表的规定进行修改,1995年明确将农村与城市每一代表所代表的人口数比例修改为4∶1。至2010年,城镇人口比重已升至46.6%,为推进社会主义民主政治,2010年修改选举法,实现了城乡按相同人口比例选举人大代表。

第三,扩大直接选举的范围。1953年选举法规定,乡、镇、市辖区和不设区的市的人大代表,由选民直接选举。1979年对选举法进行修改,将直接选举人大代表的范围扩大到县一级。

第四,从等额选举到差额选举。1953年选举法对实行等额选举还是差额选举没有明确规定,根据1953年中央选举委员会发布的《关于基层选举工作的指示》,新中国成立后相当长的一段时间,人大代表一直实行等额选举。1979年选举法修改,将等额选举修改为差额选举,明确候选人数必须多于应选人数。1986年、2010年修改选举法对有关条款再次进行了完善。

第五,以法定形式规范地方人大代表名额。1952年选举法仅规定了各级人大代表名额的上下限额。1979年选举法修改仅对全国人大代表名额规定了不超过3000人,1995年选举法修改改变了原来实行的由省级人大常委会自行决定地方人大代表具体名额的办法,对地方人大代表名额的确定办法做了统一规定。同时明确,各级人大代表名额确定下来后,原则上不再变动。2010年根据实际情况,对乡镇人大代表总名额的上限作了调整。

第六,介绍代表候选人。对代表候选人的介绍,目的是让选民或者代表充分了解候选人,过去对介绍候选人的规定,或者偏于笼统，或者失之简单，因此2004年修改选举法增加规定："选举委员会可以组织代表候选人与选民见面，回答选民的问题"。2010年选举法修改时，根据选举实践，对选举委员会组织代表候选人与选民见面作了规定。

第七，投票表决方式。新中国成立初期，我国选民中的文盲比例比较高，因此1953年选举法采取了举手与无记名投票并用的方法。随着人民群众文化水平的提高，1979年，选举法明确规定代表的选举，一律采取无记名投票的方式。1995年增加规定"罢免代表采用无记名投票的表决方式"。为保证选民自由表达投票意愿，使无记名投票的原则落到实处，2010年修改选举法增加了"设立秘密写票处"规定。

第八，选举不接受境外资助。公民参加各级人民代表大会代表的选举，不得直接或者间接接受境外机构、组织、个人提供的与选举有关的任何形式的资助。违反前述规定的，不列入代表候选人名单；已经列入代表候选人名单的，从名单中除名；已经当选的，其当选无效。

第九，代表资格审查。明确代表资格审查委员会依法对当选代表是否符合宪法、法律规定的代表基本条件、选举是否符合法律规定的程序，以及是否存在破坏选举和其他当选无效的违法行为进行审查，提出代表当选是否有效的意见，向本级人大常委会或乡镇人大主席团报告。

第十，坚持中国共产党的领导。2020年选举法修改，明确规定坚持党的领导，规定各级人大代表的选举工作，坚持中国共产党的领导，坚持充分发扬民主，坚持严格依法办事。

2. 我国选举制度的基本原则是什么?

选举制度的基本原则是选举制度的核心精神,贯穿整个选举制度,决定选举的各项具体制度。新中国成立之后,我国于1953年制定颁布选举法,1979年修订颁布选举法,其后又先后进行了六次修改,我国人大代表的选举制度不断完善,形成了普遍、平等、差额、直接选举与间接选举相结合、无记名投票的选举原则。

第一,普遍性原则。宪法第三十四条规定:"中华人民共和国年满十八周岁的公民,不分民族、种族、性别、职业、家庭出身、宗教信仰、教育程度、财产状况、居住期限,都有选举权和被选举权;但是依照法律被剥夺政治权利的人除外。"选举法重申了宪法的规定。根据上述规定,在我国只要符合三个条件,即具有我国国籍、年满十八周岁、未被剥夺政治权利,都享有选举权和被选举权。2010年选举法修改,为了更好地体现选举的普遍性原则,对代表的普遍性提出了更加明确的要求:"全国人民代表大会和地方各级人民代表大会的代表应当具有广泛的代表性,应当有适当数量的基层代表,特别是工人、农民和知识分子代表;应当有适当数量的妇女代表,并逐步提高妇女代表的比例。"

第二,平等性原则。选举权的平等,即公民在选举中的地位平等,享有同等的选举权。具体来说,就是每一选民在一次选举中只有一个投票权,并且每一张选票的效力相同。我国选举法的平等原则主要表现为人人平等、地区平等、民族平等。2010年修改选举法,实行了城乡按相同人口比例选人大代表,使我国的选举制度更好地体现了人人平等原则。地区平等是 2010 年选举法修改体现平等原则的一个重要组成部分，是人人平等的重要补充。由于各地区的人口数不同，有的相差还很大，如果完全以人口数作为分配代表名额的依据，会造成代表名额分配的悬殊，为更好地体现平等原则，对于全国人大代表的分配，这次明确规定设立"相同的地区基本名额数"，即各省、自治区、直辖市不论人口多少，都有相同的地区基本名额数。地方各级人大代表名额分配，特别是间接选举产生的代表名额分配，也要参照这一精神执行。民族平等是宪法和选举法确立并坚持的原则。为此，选举法根据少数民族的人口数量和居住状况，对各地少数民族每一代表所代表的人口数作了专门规定，以保证少数民族有适当数量的代表出席当地人大。同时规定，全国少数民族应选全国人大代表，由全国人大常委会参照各少数民族的人口数和分布等情况，分配给各省、自治区、直辖市的人大选出。人口特少的民族，至少应有代表一人。

第三，直接选举与间接选举相结合的原则。我国选举法规定了采取直接选举与间接选举相结合的方式。其中，直接选举是指代表名额分配到选区，由选区选民直接投票选举产生代表，而间接选举是指将代表名额分配到选举单位，由选举单位召开选举会议产生代表。直接选举是由选民直接投票表达意愿，意见比较真实、准确。但是，一个国家的选举制度乃至整个政治制度，只有与国情相适应，才能保证国家的稳定和发展。直接选举和间接选举相结合的选举方式，是根据我国国情决定的，是我国人大代表选举的一大特色。我国经济、政治、文化、社会发展的客观情况，决定了采取直接选举与间接选举相结合的必然性。我国地域辽阔、人口众多，经济社会发展不平衡，一些地区交通不便，一律实行直接选举有困难,如果我们不考虑实际情况,一味追求某种形式,结果会给人大代表的选举带来困难,使发扬社会主义民主成为一句空话。

第四,差额选举原则。选举法第三十一条第一款规定:"全国和地方各级人民代表大会代表实行差额选举,代表候选人的人数应多于应选代表的名额。"差额选举使选民和代表有更多的选择余地,有利于他们自由地表达选举意愿,切实提高选举的民主化程度,从而选出人民群众满意的、高素质的人大代表。人大代表实行差额选举,选民在进行投票选举时自然会考虑,哪一个更合适些,哪一个更好些。这样有利于把最优秀、最能代表人民群众意愿的候选人选为代表。由于我国采取直接选举和间接选举相结合的办法,选举法根据两者的不同特点,规定了不同的差额幅度。在选举各级人大代表时,各选区或者选举单位都要严格按照法律规定的差额比例实行差额选举,不得以任何借口实行等额选举。否则,按照法律规定,选举是无效的。

第五,无记名投票原则。无记名投票,又称秘密选举原则,选票上不署投票人的姓名,投票人对候选人按照规定的符号表示赞成、反对,或者另选他人。投票人在投票时,由自己亲自填写,而且可以在秘密写票处填写选票,并由自己亲自投入票箱。相对于记名投票或者以起立、举手、鼓掌等公开表决的方式,无记名投票的投票人不受外界的干扰,更有利于投票人按照自己的意愿进行投票,使选举的结果更加真实。2010年修改选举法,增加了选举时应当设立秘密写票处的规定。

3. 选举机构的职责是什么？

在我国，人大代表的选举实行直接选举和间接选举相结合，县乡两级人大代表由选区选民直接选举产生，全国人大代表以及省级和设区的市、自治州的人大代表由选举单位间接选举产生。

实行直接选举的地方，设立选举委员会主持选举。选举委员会的职责为：（1）划分选区，分配各选区应选代表的名额。（2）进行选民登记，审查选民资格，公布选民名单。（3）受理对于选民名单不同意见的申诉，并作出决定。（4）确定选举日期。（5）了解核实并组织介绍代表候选人的情况。（6）根据较多数选民的意见，确定和公布正式代表候选人名单。（7）主持投票选举。（8）确定选举结果是否有效，公布当选代表名单等。

实行间接选举的，由本级人大常委会负责主持。其中，县级人大常委会负责领导本级及辖区内各乡镇的选举委员会。选举的具体工作，由作为选举单位的下一级人大会议主席团负责。实践中，全国、省和设区的市级人大常委会主持本级人大代表选举，其主要职责是分配代表名额，提出选举工作要求并进行指导等。选举的具体工作，如酝酿、确定代表候选人以及投票、计票等工作，由作为选举单位的下一级人大会议主席团负责。

4. 各级人大代表名额怎样确定？

选举法规定了各级人大代表名额数的确定原则，其中地方各级人大代表名额采用的是"基数加人口数"的方式确定，并且不得超过一定的上限（具体原则见表1）。

表1 地方各级人大代表名额数的确定原则表

	基数	按人口数增加的名额	总名额上限	备注
省级	350名	1名/15万人	1000名	直辖市每2.5万人增加1名代表
设区的市、自治州	240名	1名/2.5万人	650名	
县级	140名	1名/0.5万人	450名	人口不足5万的，代表总名额可以少于140名
乡镇级	45名	1名/0.15万人	160名	人口不足2000的，代表总名额可以少于45名

代表名额基数与按人口数增加的代表数相加就是地方各级人大的代表总名额。其中，自治区、聚居的少数民族多的省，聚居的少数民族多或者人口居住分散的县乡，代表名额可以另加5%。地方各级人大代表的总名额经确定后，一般不再变动。如果由于行政区划变动或者由于重大工程建设等原因造成人口较大变动的，该级人大的代表总名额依照选举法的规定重新确定。地方各级人民代表大会代表名额，由本级人民代表大会常务委员会或者本级选举委员会根据本行政区域所辖的下一级各行政区域或者各选区的人口数，按照"人人平等、地区平等、民族平等"的原则（即每一代表所代表的城乡人口数相同的原则，保证各地区、各民族、各方面都有适当数量代表）进行分配。在县级人大中，人口特少的乡镇，至少应有代表1人。

根据选举法的规定，全国人民代表大会代表的名额不超过3000人。省、自治区、直辖市应选全国人民代表大会代表名额，由根据人口数计算确定的名额数、相同的地区基本名额数和其他应选名额数构成；名额的具体分配（包括香港、澳门、台湾省和解放军武警部队应选代表名额数），由全国人民代表大会常务委员会决定。

5. 对少数民族的选举有什么特别规定？

宪法规定，各民族一律平等，国家保障各少数民族的合法权利和利益，维护和发展各民族的平等、团结、互助关系。在选举上坚持民族平等，就是要保障各少数民族人民都有平等的选举权，要有适当的代表参加各级人大。在我国，除汉族外，其他55个少数民族人口都较少，而且形成大杂居、小聚居的局面，但少数民族不是独立的选举单位。因此，为体现选举权平等原则，保证各少数民族在各级人大中都有适当数量的本民族代表，就不能简单地采取一刀切的做法，要求少数民族每一代表所代表的人口数与当地人大每一代表所代表的人口数相同。为此，选举法设专章"各少数民族的选举"，对少数民族选举地方各级人大代表做出了一些保障性的特别规定，主要有以下几个方面。

（1）少数民族每一代表所代表的人口数比例的特别规定。有少数民族聚居的地方，每一聚居的少数民族都应有代表参加当地的人民代表大会。聚居境内同一少数民族总人口数占境内总人口数30%以上的，每一代表所代表的人口数应相当于当地人民代表大会每一代表所代表的人口数。聚居境内的同一少数民族总人口数占境内总人口数15%以上、不足30%的，每一代表所代表的人口数可以适当少于当地人民代表大会每一代表所代表的人口数，但该民族应选代表名额不得超过代表总名额的30%。聚居境内同一少数民族总人口数不足境内总人口数15%的，每一代表所代表的人口数可以适当少于当地人民代表大会每一代表所代表的人口数，但不得少于二分之一；已实行区域自治的民族人口特少的自治县，经省级人大常委会决定，可以少于二分之一。人口特少的其他聚居民族，至少应有代表1人。同时，散居的少数民族应选当地人民代表大会的代表，每一代表所代表的人口数可以少于当地人民代表大会每一代表所代表的人口数。应当注意的是，前述规定不仅适用于聚居境内的各少数民族，而且适用于聚居境内的汉族。

（2）有少数民族聚居的不设区的市、市辖区、县、乡、民族乡、镇的人民代表大会代表的产生，按照当地的民族关系和居住状况，各少数民族选民可以单独选举或者联合选举。自治县和有少数民族聚居的乡、民族乡、镇的人民代表大会，对于居住在境内的其他少数民族和汉族代表的选举，也可以适用单独选举或者联合选举。

（3）自治区、自治州、自治县制定或者公布的选举文件、选民名单、选民证、代表候选人名单、代表当选证书和选举委员会的印章等，都应当同时使用当地通用的民族文字。

6. 怎样进行选区划分？

直接选举是将本行政区域内的选民划分为若干选区，根据各选区的人口数，将代表名额分配到各选区，由选民直接投票选举产生代表。因此，开展直接选举，必须划分选区，并对各选区的合格选民进行登记。选区是以一定数量的人口为基础，按照某一标准划分的区域。选区是选民参加选举活动和当选代表联系选民的基本单位。

划分选区，都要考虑以下四点因素：第一，便于县乡同步换届选举工作的进行。县乡同步换届选举，就是要在县市范围内，同时选出县乡人大代表。要实现这一目标，需要统筹划分选区，尽量使县人大代表选区包含若干乡人大代表选区，这样可以共享选民登记信息，降低选举成本，方便选举的组织工作。第二，便于选民了解代表候选人，便于选民参加选举活动。选民对所居住生活的地区、所工作单位的人和事、情况与问题比较熟悉了解，也比较关心和关注，容易形成表达诉求。合理划分选区，有利于选民在自己工作或生活地区了解候选人，调动其参选积极性。第三，便于代表联系选民、接受选民监督。选区是选民与代表联系的联结点，代表的活动不可能脱离居住地区、工作单位，选区划分要考虑代表当选后联系选民、反映选民意见和建议的需要。第四，保持选取的相对稳定性，也就是选区划定之后，没有特别的原因，一般不要调整，使其成为一个相对稳定的利益表达单位和代表活动区域。当然，实行城乡按相同人口比例选举人大代表，必然要对城乡选区进行重新划分。但调整以后，应当尽量做到稳定。

根据选举法，选区的大小，按照每一选区选 1 至 3 名代表划分，既控制了选区的规模，有利于选民了解代表候选人的情况和参加选举活动，也便于增强当选代表的责任感，又保持了一定的灵活性，可以适应选区划分中的多种不同情况，根据选区的人口数，确定应选代表人数，不必把一个较大的单位或村落拆分为两个选区。一个行政区域内的各选区，每一名代表所代表的人口数都应当大体相等。这是贯彻体现人人平等的内在要求。人口"大体相等"，比较的对象是人口数，而不是选民数。人口数是在本选区内居住的所有人口，选民数是在本选区内居住或者工作，年满18周岁,享有政治权利,经过登记确认的中国公民,两者的范围不同。以人口数而不是选民数为标准,是因为代表名额是按人口数确定并分配的,为了检验这种分配是否符合法律要求,仍然要用同一概念进行比较。同时,这里要求的是大体相等,而不是绝对相等,允许有一定的差异和浮动幅度。

7. 怎样进行选民登记?

选区划分完成后,按选区进行选民登记。选民登记是指按照选举法的规定由选举机构对依法享有选举权的公民进行登记,确认其选民资格,以便其参加投票选举的一项选举工作。经登记确认的选民资格长期有效。每次选举前对上次选民登记以后新满18周岁的、被剥夺政治权利期满后恢复政治权利的选民,予以登记。对选民经登记后迁出原选区的,列入新迁入的选区的选民名单;对死亡的和依照法律被剥夺政治权利的人,从选民名单上除名。精神病患者不能行使选举权利的,经选举委员会确认,不列入选民名单。经登记后确定的选民名单,应在选举日的20日以前公布。

8. 流动人口如何参选?

随着跨区域的人口流动日益频繁,以农民工为主体的流动人口的数量越来越大。流动人口如何登记参加选举,是保障他们选举权利的重要问题。1983年全国人大常委会《关于县级以下人民代表大会代表直接选举的若干规定》中规定:"选民在选举期间临时在外地劳动、工作或者居住,不能回原选区参加选举的,经原居住地的选举委员会认可，可以书面委托有选举权的亲属或者其他选民在原选区代为投票。选民实际上已经迁居外地但是没有转出户口的，在取得原选区选民资格的证明后，可以在现居住地的选区参加选举。"根据上述规定，目前流动人口参选，主要采取以下两种办法：(1) 回原居住地的选区参加投票选举；不能回原选区参加选举的，可以书面委托原居住地选区的选民参加投票选举。(2) 在现居住地选区参加投票选举，通过取得原居住地的选举委员会的选民资格证明或者在当地登记为选民参选。至于流动人口在当地登记参选的具体标准和条件，由省级人大常委会规定。

在 2010 年修改选举法时，对流动人口参选进行了深入调研和分析。考虑到这个问题牵涉面广，比较复杂，特别是长期以来选民登记以户籍为基础，而目前我国户籍制度的改革正在推进过程中，因此未对流动人口参选专门作出规定。在实际工作中，要继续按照全国人大常委会的有关规定，采取具体措施，保障流动人口参选。

9. 如何提名、确定代表候选人？

人大代表候选人，按选区（适用于直接选举）或者选举单位（适用于间接选举）提名产生。各政党、各人民团体可以联合或者单独推荐代表候选人；选民或者代表 10 人以上也可以联名推荐代表候选人。提名人应向选举委员会或者大会主席团介绍代表候选人的情况。提名人推荐的代表候选人的人数，不得超过应选代表的名额，只能等于或者少于应选代表的名额。

直接选举时，选举委员会汇总提名推荐的代表候选人名单后，将代表候选人名单及其基本情况在选举日的 15 日以前公布，并交各该选区的选民小组讨论、协商,确定正式代表候选人名单。如果所提代表候选人的人数超过选举法规定的最高差额比例,由选举委员会交各该选区的选民小组讨论、协商,根据较多数选民的意见,确定正式代表候选人名单;对正式代表候选人不能形成较为一致意见的,进行预选,根据预选时得票多少的顺序,确定正式代表候选人名单。间接选举时,各该级人大主席团将依法提出的代表候选人名单及其基本情况印发全体代表,由全体代表酝酿、讨论。如果所提代表候选人的人数符合选举法规定的差额比例,直接进行投票选举。如果所提代表候选人的人数超过选举法规定的最高差额比例,进行预选,根据预选时得票多少的顺序,按照具体差额比例,确定正式代表候选人名单,进行投票选举。

最后确定的代表候选人的人数应多于应选代表的名额,具体比例为:直接选举产生的人大代表,代表候选人的人数应多于应选代表名额三分之一至一倍;间接选举产生的人大代表,代表候选人的人数应多于应选代表名额五分之一至二分之一。

对代表候选人进行全面、准确的介绍,是民主选举的必然要求。选举委员会或者人民代表大会主席团应当向选民或者代表介绍代表候选人的情况,提名人可以在选民小组或者代表小组会议上介绍所推荐的代表候选人的情况。选举委员会根据选民的要求,应当组织代表候选人与选民见面并交流。但是,在选举日必须停止代表候选人的介绍。

10. 怎样进行投票选举?

投票选举是选民直接选出人大代表的最后程序,选举的组织、准备，选区划分与选民登记，提名、协商、讨论确定代表候选人等，都是为这一程序服务的，因此，组织好投票选举，对成功进行选举具有标志性意义。选民原则上在户籍所在地进行选民登记，并参加选举。选民在选举期间临时在外地劳动、工作或者居住，不能回原选区参加选举的，可以书面委托其他选民代为投票；也可以在取得原选区选民资格的证明后，在现居住地的选区参加选举。

在选举日，选民凭身份证或者选民证领取选票。选举委员会设立投票站进行选举。选民居住比较集中的，可以召开选举大会，进行选举；因患有疾病等原因行动不便或者居住分散并且交通不便的选民，可以在流动票箱投票。

各级人大代表的选举，一律采用无记名投票的方法。选举时应当设有秘密写票处。选民如果是文盲或者因残疾不能写选票的，可以委托他信任的人代写。选举人对于代表候选人可以投赞成票，可以投反对票，可以另选其他任何选民，也可以弃权。选民如果在选举期间外出，经选举委员会同意，可以书面委托其他选民代为投票。每一选民接受的委托不得超过3人，并应当按照委托人的意愿代为投票。

每次选举所投的票数，等于或者少于投票人数的方为有效；每一选票所选的人数，等于或者少于规定应选代表人数的方为有效。直接选举时，选区全体选民的过半数参加投票，选举有效；代表候选人获得参加投票的选民过半数的选票时，始得当选。间接选举时，代表候选人获得全体代表过半数的选票时，始得当选。选举结果由选举委员会或者人民代表大会主席团根据选举法确定是否有效，并予以宣布。

11. 如何进行代表资格审查？

各级代表资格审查委员会依法对当选代表是否符合宪法、法律规定的代表的基本条件，选举是否符合法律规定的程序，以及是否存在破坏选举和其他当选无效的违法行为进行审查，提出代表当选是否有效的意见，向本级人大常委会或者乡、民族乡、镇的人民代表大会主席团报告。县级以上的各级人大常委会或者乡、民族乡、镇的人民代表大会主席团根据代表资格审查委员会提出的报告，确认代表的资格或者确定代表的当选无效，在每届人民代表大会第一次会议前公布代表名单。

12. 代表的罢免及辞职、补选程序是怎样的？

各级人大代表受选民和原选举单位的监督，选民或者选举单位都有权罢免自己选出的代表。原选区选民50人以上（县级）或者30人以上（乡级）联名，可以向县级的人大常委会书面提出罢免要求。县级以上的地方各级人大举行会议的时候，主席团或者十分之一以上代表联名，可以提出对由该级人大选出的上一级代表的罢免案。在大会闭会期间，县级以上的地方各级人大常委会主任会议或者常委会五分之一以上组成人员联名，可以提出对由该级人大选出的上一级代表的罢免案。被提出罢免的代表有权提出申辩意见。

全国人大代表，省级和设区的市、自治州的人大代表，可以向选举他的人大常委会书面提出辞职。人大常委会接受辞职，须经人大常委会组成人员的过半数通过。接受辞职的决议，须报送上一级人大常委会备案、公告。县级的人大代表可以向本级人大常委会书面提出辞职,乡级的人大代表可以向本级人大书面提出辞职。县级的人大常委会接受辞职,须经人大常委会组成人员的过半数通过。乡级的人大接受辞职,须经人大过半数的代表通过。接受辞职的,应当予以公告。

代表在任期内,因故出缺,由原选区或者原选举单位补选。地方各级人大代表在任期内调离或者迁出本行政区域的,其代表资格自行终止,缺额另行补选。县级以上的地方各级人大闭会期间,可以由本级人大常委会补选上一级人大代表。补选出缺的代表时,代表候选人的名额可以多于应选代表的名额,也可以同应选代表的名额相等。对补选产生的代表,依照选举法的规定进行代表资格审查。

13. 香港、澳门特别行政区的人大代表如何产生?

我国恢复对香港、澳门行使主权后,根据"一国两制"原则建立香港特别行政区、澳门特别行政区。港澳地区不实行人民代表大会制度,根据选举法规定,香港特别行政区、澳门特别行政区应选全国人大代表的名额和代表产生办法,由全国人民代表大会另行规定。在香港、澳门特别行政区每一次选举全国人大代表前,全国人民代表大会分别通过相关选举办法,如《中华人民共和国香港特别行政区选举第十四届全国人民代表大会代表的办法》《中华人民共和国澳门特别行政区选举第十四届全国人民代表大会代表的办法》。港澳地区应选全国人大代表的名额分别为36名和12名,选举全国人大代表的方式,采取选举会议,由选举会议成员提名并选举产生代表。选举会议成员10人以上联名,可以提出代表候选人。年满18周岁的香港、澳门居民中的中国公民，凡有意参选的，应领取和填写参选人登记表，在提名截止日期以前，送交参选人登记表和10名以上选举会议成员分别填写的候选人提名信。选举会议采取差额选举和无记名投票的方式，投票产生香港、澳门特别行政区的全国人大代表。

14. 全国人大台湾省代表团的代表如何产生？

台湾省是中华人民共和国神圣领土的一部分。但目前尚无法像我国其他省、自治区、直辖市那样按照选举法的规定，选举产生人大代表。因此，在全国人大换届选举前，由全国人大常委会制定通过台湾省出席本届全国人大代表协商选举方案的方式，由各省、自治区、直辖市和中央国家机关、中国人民解放军中的台湾籍同胞派代表到北京参加协商选举会议，产生台湾省全国人大代表。协商选举会议人数为120人左右。协商选举会议产生台湾省出席全国人大代表，采取差额选举和无记名投票的方式选举产生。

七、立法制度

1. 中国特色社会法律体系是如何形成的？

中国特色社会主义法律体系是在中国共产党领导下，适应中国特色社会主义建设事业的历史进程而逐步形成的。

以毛泽东同志为核心的党的第一代中央领导集体，带领全国各族人民经过长期浴血奋战，建立中华人民共和国，并制定了共同纲领和新中国第一部宪法，确立国家基本制度，为社会主义民主法制建设和中国特色社会主义法律体系的形成奠定了根本政治前提和制度基础。以邓小平同志为核心的党的第二代中央领导集体，深刻总结"文化大革命"的惨痛教训，在作出把党和国家工作重心转移到经济建设上来、实行改革开放历史性决策的同时，把加强社会主义民主法制建设作为坚定不移的方针确定下来，强调必须使社会主义民主制度化、法律化，使这种制度和法律不因领导人的改变而改变，不因领导人看法和注意力的改变而改变，做到有法可依，有法必依，执法必严，违法必究，开辟了社会主义民主法制建设蓬勃发展的新时期。以江泽民同志为核心的党的第三代中央领导集体，带领全党全国各族人民把改革开放伟大事业成功推向 21 世纪，不断丰富和发展了中国特色社会主义民主法制建设思想，第一次将依法治国确定为党领导人民治理国家的基本方略，把建设社会主义法治国家作为社会主义现代化建设的重要内容，并明确提出到2010年形成中国特色社会主义法律体系的立法工作目标，开启了社会主义民主法制建设的新阶段。党的十六大后，党中央在全面建设小康社会实践中坚定不移地把改革开放伟大事业继续推向前进，提出了科学发展观和构建社会主义和谐社会的战略任务，全面实施依法治国基本方略，坚持党的领导、人民当家作主、依法治国有机统一，开创了社会主义民主法制建设的新局面。

形成中国特色社会主义法律体系，是各方面长期共同努力的结果。全国人大及其常委会认真履行宪法和法律赋予的职责，不断加强和改进立法工作，着力提高立法质量，为形成中国特色社会主义法律体系做了大量卓有成效的工作。国务院适应经济社会发展和法律实施的需要，依法及时制定行政法规，地方人大及其常委会结合本地实际，依法制定地方性法规，为形成中国特色社会主义法律体系作出了重要贡献。地方各级人民政府、各级人民法院和人民检察院以及军队等有关方面，广大人民群众和专家学者大力支持和积极参与立法工作，为形成中国特色社会主义法律体系贡献了智慧和力量。

2008年3月，第十一届全国人大及其常委会成立后，紧紧围绕确保到2010年形成中国特色社会主义法律体系的立法工作总目标，认真组织实施党中央批准的五年立法规划，积极开展各项工作。一是抓紧制定、修改一批法律，审议通过了社会保险法、企业国有资产法、侵权责任法、食品安全法、人民调解法等一批起支架作用的法律，修改完善了选举法、代表法、村民委员会组织法、防震减灾法、保守国家秘密法、国家赔偿法等一批重要法律。二是集中组织开展法律法规清理工作，基本解决了现行法律中明显不适应经济社会发展需要、法律规定前后不尽一致或者不够衔接，以及行政法规、地方性法规中明显不适应、不一致、不协调等问题，保证了法律体系内部的科学和谐统一。三是积极推动配套法规制定工作，采取有效措施督促国务院、地方人大制定配套法规，保障法律的有效实施。与此同时，2009年以来，全国人大常委会开展了一系列理论研究和宣传工作，取得了一批研究成果，召开了一系列座谈会、研讨会，为中国特色社会主义法律体系的形成做了思想上和舆论上的准备。2011年1月24日，全国人大常委会召开座谈会，时任全国人大常委会委员长吴邦国同志就中国特色社会主义法律体系的形成发表重要讲话，把思想理论准备和舆论宣传推向高潮。在此基础上，吴邦国同志在第十一届全国人民代表大会第四次会议上宣布中国特色社会主义法律体系形成。

2. 中国特色社会主义法律体系由哪几个层次构成？

中国特色社会主义法律体系，以宪法为统帅，以法律为主干，以行政法规、地方性法规为重要组成部分。

宪法是国家的根本法，在中国特色社会主义法律体系中居于统帅地位，是国家长治久安、民族团结、经济发展、社会进步的根本保障。在我国，各族人民、一切国家机关和武装力量、各政党和各社会团体、各企业事业组织，都必须以宪法为根本的活动准则，并负有维护宪法尊严、保证宪法实施的职责。

法律是中国特色社会主义法律体系的主干。宪法规定，全国人大及其常委会行使国家立法权。全国人大及其常委会制定的法律，是中国特色社会主义法律体系的主干，解决的是国家发展中带有根本性、全局性、稳定性和长期性的问题,是国家法制的基础,行政法规和地方性法规不得与法律相抵触。

行政法规是中国特色社会主义法律体系的重要组成部分。国务院根据宪法和法律,制定行政法规。这是国务院履行宪法和法律赋予的职责的重要形式。行政法规可以就执行法律的规定和履行国务院行政管理职权的事项作出规定,同时对应当由全国人大及其常委会制定法律的事项,国务院可以根据全国人大及其常委会的授权决定先制定行政法规。行政法规在中国特色社会主义法律体系中具有重要地位,是将法律规定的相关制度具体化,是对法律的细化和补充。

地方性法规是中国特色社会主义法律体系的又一重要组成部分。根据宪法和法律,省、自治区、直辖市、设区的市和自治州人大及其常委会可以制定地方性法规。这是人民依法参与国家事务管理、促进地方经济社会发展的重要途径和形式。地方性法规可以就执行法律、行政法规的规定和属于地方性事务的事项作出规定,同时除只能由全国人大及其常委会制定法律的事项外,对其他事项国家尚未制定法律或者行政法规的,可以先制定地方性法规。但设区的市、自治州制定地方性法规,一般来说限于城乡建设与管理、生态环境、历史文化保护、基层治理等方面的事项。地方性法规在中国特色社会主义法律体系中同样具有重要地位,是对法律、行政法规的细化和补充,是国家立法的延伸和完善,为国家立法积累了有益经验。

此外,在地方层面,通过法律或者全国人大常委会授权,还有经济特区法规、上海浦东新区法规、海南自贸港法规等特殊类型的法规。

3. 如何理解宪法是中国特色社会主义法律体系的统帅？

中国特色社会主义法律体系，是以宪法为统帅，以法律为主干，以行政法规、地方性法规为重要组成部分，由宪法相关法、民法商法、行政法、经济法、社会法、刑法、诉讼与非诉讼程序法等多个法律部门组成的有机统一整体。

依法治国首先是依宪治国。宪法是国家的根本法，是治国安邦的总章程。宪法在中国特色社会主义法律体系中居于核心地位，发挥统帅作用，主要表现在以下几个方面。

第一，以宪法为统帅主要表现在法律以宪法为依据而制定。我国政治、经济、文化、社会等各个方面的法律都以宪法为依据制定。

第二，以宪法为统帅是由宪法的性质地位和内容所决定的。（1）宪法"是国家的根本法，具有最高的法律效力"，一切法律、行政法规、地方性法规都不能同宪法相抵触。（2）宪法不是法律大全，宪法的主要内容仅规定社会经济制度和国家政治制度等的根本原则。宪法所规定的这些根本原则需要其他各项单行的法律加以具体化，特别是宪法明文规定要求制定相应法律的，因此，需要有完备的法律体系，才能实施好宪法。（3）为了保证宪法的统帅地位，国家赋予宪法与一般法律不同的修改程序。

第三，保障社会主义法制的统一和尊严以宪法为基础。宪法第五条第二款规定："国家维护社会主义法制的统一和尊严。"法制的统一和尊严最基本的要义是统一于宪法，服从于宪法的尊严，也只有在宪法的基础上，才能保障我国法律体系的统一和尊严。因此，要保障我国社会主义法制的统一和尊严，首先必须严格遵守和执行宪法，树立和维护宪法的权威，保证宪法的贯彻实施，做到依宪治国。为保障社会主义法制的统一和尊严，我国建立了宪法监督制度，监督宪法实施的权力属于全国人大及其常委会。2018年3月，十三届全国人大设立了宪法和法律委员会，该委员会负有推动宪法实施、加强宪法监督的职责。

第四，宪法的发展推动了整个法律体系的完善。宪法在中国特色社会主义法律体系形成和发展的过程中，不仅发挥了统帅作用，而且宪法本身也在不断地发展和完善之中。从1988年到2018年，现行宪法历经五次部分内容的修正，通过了52条修正案。宪法本身的发展和完善一定能使宪法在社会主义法律中的统帅作用更加增强。

4. 中国特色社会主义法律体系由哪些法律部门构成？

中国特色社会主义法律体系，是以宪法为统帅，由宪法相关法、民法商法、行政法、经济法、社会法、刑法、诉讼与非诉讼程序法等多个法律部门组成的有机统一整体。

（1）宪法相关法。宪法相关法是与宪法相配套、直接保障宪法实施和国家政权运作等方面的法律规范，调整国家政治关系，主要包括国家机构的产生、组织、职权和基本工作原则方面的法律，民族区域自治制度、特别行政区制度、基层群众自治制度方面的法律，维护国家主权、领土完整、国家安全、国家标志象征方面的法律，保障公民基本政治权利方面的法律。

（2）民法。民法是调整平等主体的公民之间、法人之间、公民和法人之间的财产关系和人身关系的法律规范，遵循民事主体地位平等、意思自治、公平、诚实信用等基本原则。商法调整商事主体之间的商事关系,遵循民法的基本原则,同时秉承保障商事交易自由、等价有偿、便捷安全等原则。

(3)行政法。行政法是关于行政权的授予、行政权的行使以及对行政权的监督的法律规范,调整的是行政机关与行政管理相对人之间因行政管理活动发生的关系,遵循职权法定、程序法定、公正公开、有效监督等原则,既保障行政机关依法行使职权,又注重保障公民、法人和其他组织的权利。

(4)经济法。经济法是调整国家从社会整体利益出发,对经济活动实行干预、管理或者调控所产生的社会经济关系的法律规范。经济法为国家对市场经济进行适度干预和宏观调控提供法律手段和制度框架,防止市场经济的自发性和盲目性所导致的弊端。

(5)社会法。社会法是调整劳动关系、社会保障、社会福利和特殊群体权益保障等方面的法律规范,遵循公平和谐和国家适度干预原则,通过国家和社会积极履行责任,对劳动者、失业者、丧失劳动能力的人以及其他需要扶助的特殊人群的权益提供必要的保障,维护社会公平,促进社会和谐。

(6)刑法。刑法是规定犯罪与刑罚的法律规范。它通过规范国家的刑罚权,惩罚犯罪,保护人民,维护社会秩序和公共安全,保障国家安全。

(7)诉讼与非诉讼程序法。诉讼与非诉讼程序法是规范解决社会纠纷的诉讼活动与非诉讼活动的法律规范。诉讼法律制度是规范国家司法活动解决社会纠纷的法律规范,非诉讼程序法律制度是规范仲裁机构或者人民调解组织解决社会纠纷的法律规范。

5. 中国特色社会主义法律体系的特征是什么？

各国的历史文化传统、具体国情和发展道路不同，社会制度、政治制度和经济制度不同，决定了各国的法律体系必然具有不同特征。中国特色社会主义法律体系，是新中国成立以来特别是改革开放以来经济社会发展实践经验制度化、法律化的集中体现，是中国特色社会主义制度的重要组成部分，具有十分鲜明的特征。一是体现了中国特色社会主义的本质要求。二是体现了改革开放、社会主义现代化建设和新时代的要求。三是体现了结构内在统一而又多层次的国情要求。四是体现了继承中国法治文化优秀传统和借鉴人类法治文明成果的文化要求。五是体现了动态、开放、与时俱进的发展要求。

党的二十大报告提出，完善以宪法为核心的中国特色社会主义法律体系。加强重点领域、新兴领域、涉外领域立法，统筹推进国内法治和涉外法治，以良法促进发展、保障善治。推进科学立法、民主立法、依法立法，统筹立改废释纂，增强立法系统性、整体性、协同性、时效性。在新时代，完善中国特色社会主义法律体系，提高立法质量，是推进中国特色社会主义制度发展完善的内在要求，也是今后立法工作面临的重要任务。在完善各项法律制度的同时，更加注重保障法律制度的有效实施。

6. 立法应遵循的基本原则是什么？

根据宪法、立法法和有关法律的规定以及我国立法实践经验，立法应遵循的基本原则主要有以下几个方面。

第一，立法应当坚持党的领导。中国共产党的领导是中国特色社会主义最本质特征，党的领导是中国特色社会主义法治之魂。立法是依法治国的前提和基础。坚持党对立法工作的领导，这是我国立法工作必须遵循的重大政治原则，也是我国立法工作不断取得新成绩、实现新发展的基本经验。立法坚持以马克思列宁主义、毛泽东思想、邓小平理论、"三个代表"重要思想、科学发展观、习近平新时代中国特色社会主义思想为指导，推进中国特色社会主义法治体系建设，保障在法治轨道上全面建设社会主义现代化国家。立法要坚决贯彻党中央的重大决策部署，保证党中央的各项重大改革决策通过法定程序成为国家意志。此外，立法过程中还要完善重大立法事项向党中央报告制度。坚持健全重大立法项目和立法中的重大问题向党中央请示报告制度，重要法律的起草修改和立法工作中的其他重大事项，都及时向党中央请示报告，并将中央的指示要求认真贯彻落实到立法工作中。

第二，立法应当符合宪法的规定、原则和精神，维护国家法制统一。宪法是国家的根本法，具有最高的法律效力。全国各族人民、一切国家机关和武装力量、各政党和各社会团体、各企业事业组织，都必须以宪法为根本的活动准则。依法治国，归根结底就是依宪治国。维护法治的权威，首先是维护宪法的权威。遵循宪法的基本原则是立法的一条最重要的原则。宪法规定国家的根本制度、根本任务和国家生活中最重要的原则，是一切法律、行政法规、地方性法规的立法基础。宪法确立的基本原则，是一切法律规范必须遵循的。党把自己的主张，通过国家权力机关制定成法律而成为国家意志。党领导人民制定宪法和法律，又领导人民遵守和执行宪法和法律。

第三，全国人大及其常委会通过的法律和作出的决定决议，应当确保符合宪法规定、宪法精神。宪法第五条第二款规定："国家维护社会主义法制的统一和尊严。"这对于依法治国，建设社会主义法治国家，是非常重要的。根据立法法的规定，我国确立了统一而又分层次的立法体制，形成了宪法、法律、行政法规、地方性法规、自治条例和单行条例、规章，多层次的法律规范。在立法活动中，要保证各层次法律规范的和谐统一，一切法律、行政法规、地方性法规、自治条例和单行条例、规章都不得同宪法相抵触，下位阶的法不得同上位阶的法相抵触，同位阶的法之间也要互相衔接和一致。为了维护社会主义法制的统一，在起草、制定法律、行政法规、地方性法规、规章时，要从宪法出发，从国家的整体利益出发，从人民长远、根本的利益出发，防止不从国家整体利益考虑，只从地方、部门利益出发的观点。

第四，立法应当坚持民主立法，体现人民的意志，以人民为中心，发展全过程人民民主，保障人民通过多种途径参与立法活动。中华人民共和国的一切权力属于人民。人民当家作主的一个重要方面，就是通过各种途径参与国家立法活动，使法律真正体现人民的意志，反映最广大人民群众的根本利益和长远利益。人民群众参与国家立法活动，主要通过以下两个方面体现出来：一方面，人民群众民主选举各级人大代表，由人大代表在参与国家权力机关的工作中，反映人民的意见和要求；另一方面，有关国家机关在其立法活动中，要采取各种有效措施，广泛听取人民群众的意见。

第五，立法应当坚持科学立法，从实际出发，科学合理地规范社会关系。法属于社会上层建筑，法的产生和发展是由调整社会关系的客观需要决定的。法的制定，必须从调整社会关系的客观实际出发，符合实际生活的需要。立法从实际出发，最根本的是从我国的国情出发。我国是一个人民民主专政的社会主义国家，地域辽阔、人口众多，各地政治、经济、文化发展不平衡。我国是一个发展中国家，正处于并将长期处于社会主义初级阶段。正确地认识我国的国情，是做好立法工作的基本出发点。我们要注意研究和借鉴外国的法律制度，吸收其中对我们有益的经验，但绝不能照搬外国的法律制度。

第六，立法应当坚持依法立法，依照法定的权限和程序进行。依照宪法和有关法律的规定，我国的立法体制既是统一的，又是分层次的。宪法和有关法律对立法权限的划分，作了原则规定。立法法以宪法为依据，对立法权限的划分进一步作了规定。全国人大及其常委会制定法律的活动，国务院制定行政法规的活动，省级人大及其常委会以及设区的市、自治州的人大及其常委会制定地方性法规的活动，民族自治地方的人大制定自治条例和单行条例的活动，以及国务院部门和地方政府制定规章的活动，都必须依照宪法、立法法和有关法律关于立法权限划分的规定。各有关机关都必须在宪法、法律规定的范围内行使职权，不能超越法定的权限范围。国家机关的立法活动，不仅须依照法定的权限，还必须严格遵守法定的程序。严格依照法定程序进行立法活动，对于规范立法行为、保证立法质量，是非常重要的。

7. 我国的立法体制是怎样的？

我国是统一的、单一制的国家，各地方经济、社会发展又很不平衡。与这一国情相适应，我国确立了统一而又分层次的立法体制：（1）全国人大及其常委会行使国家立法权。全国人大制定和修改刑事、民事、国家机构的和其他的基本法律。全国人大常委会制定和修改除应当由全国人大制定的法律以外的其他法律；在全国人大闭会期间，对全国人大制定的法律进行部分补充和修改，但不得同该法律的基本原则相抵触。(2) 国务院根据宪法和法律，制定行政法规。(3) 省、自治区、直辖市的人大及其常委会根据本行政区域的具体情况和实际需要，在不同宪法、法律、行政法规相抵触的前提下，可以制定地方性法规；设区的市、自治州的人大及其常委会根据本市的具体情况和实际需要，在不同宪法、法律、行政法规和本省、自治区的地方性法规相抵触的前提下，可以制定地方性法规，报省、自治区的人大常委会批准后施行。(4) 经济特区所在地的省、市的人大及其常委会根据全国人大的授权决定，还可以制定法规，在经济特区范围内实施。上海市人大及其常委会制定浦东新区法规，海南省人大及其常委会制定海南自由贸易港法规。(5) 自治区、自治州、自治县的人大还有权依照当地民族的政治、经济和文化的特点，制定自治条例和单行条例，对法律、行政法规的规定作出变通规定。自治区的自治条例和单行条例报全国人大常委会批准后生效，自治州、自治县的自治条例和单行条例报省、自治区、直辖市的人大常委会批准后生效。(6) 国务院部门可以根据法律和国务院的行政法规、决定、命令，在本部门的权限范围内，制定规章。省、自治区、直辖市和较大的市的人民政府，可以根据法律、行政法规和本省、自治区、直辖市的地方性法规，制定规章。此外，国家监察委员会可以制定监察法规，中央军事委员会可以制定军事法规。

我国立法体制的统一包括三层含义：一是一切法律、行政法规、地方性法规、自治条例和单行条例、规章都不得同宪法相抵触。二是下位法不能与上位法相抵触。三是同位阶的法律规范相互之间应当协调。

8. 国家立法权是如何界定的？

我国是单一制国家，实行人民代表大会制度，全国人大及其常委会在国家立法体制中处于核心地位。国家立法权的界定，主要涉及三个方面内容：全国人大及其常委会的立法权限；只能制定法律的事项；全国人大及其常委会的授权立法制度。

第一，全国人大及其常委会的立法权限。全国人民代表大会和全国人民代表大会常务委员会行使国家立法权。全国人民代表大会制定和修改刑事、民事、国家机构的和其他的基本法律。全国人民代表大会常务委员会制定和修改除应当由全国人民代表大会制定的法律以外的其他法律；在全国人民代表大会闭会期间，对全国人民代表大会制定的法律进行部分补充和修改，但是不得同该法律的基本原则相抵触。

第二，只能制定法律的事项。又称为全国人大及其常委会的专属立法权，包括以下内容：国家主权的事项；各级国家机关的产生、组织和职权；民族区域自治制度、特别行政区制度、基层群众自治制度；犯罪和刑罚；对公民政治权利的剥夺、限制人身自由的强制措施和处罚；税种的设立、税率的确定和税收征收管理等税收基本制度；对非国有财产的征收、征用；民事基本制度；基本经济制度以及财政、海关、金融和外贸的基本制度；诉讼制度和仲裁基本制度；以及必须由全国人民代表大会及其常务委员会制定法律的其他事项。

第三，全国人大及其常委会的授权立法制度。只能制定法律的事项尚未制定法律的，全国人民代表大会及其常务委员会有权作出决定，授权国务院可以根据实际需要，对其中的部分事项先制定行政法规，但是有关犯罪和刑罚、对公民政治权利的剥夺和限制人身自由的强制措施和处罚、司法制度等事项除外。授权决定应当明确授权的目的、范围。被授权机关应当严格按照授权目的和范围行使该项权力，不得将该项权力转授给其他机关。授权立法事项，经过实践检验，制定法律的条件成熟时，由全国人民代表大会及其常务委员会及时制定法律。法律制定后，相应立法事项的授权终止。

9. 全国人大的立法程序是怎样的？

立法程序是指有关国家机关制定、修改和废止法律和其他规范性文件的法定步骤和方式。全国人大的立法程序，包括法律案的提出、审议、表决和公布四个环节。

第一，法律案的提出。全国人大主席团可以向全国人民代表大会提出法律案。全国人大常委会、国务院、中央军事委员会、国家监察委员会、最高人民法院、最高人民检察院、全国人大各专门委员会，可以向全国人大提出法律案，由主席团决定列入会议议程。一个代表团或者30名以上的代表联名，可以向全国人大提出法律案，由主席团决定是否列入会议议程，或者先交有关的专门委员会审议、提出是否列入会议议程的意见，再决定是否列入会议议程。向全国人民代表大会提出的法律案，在全国人民代表大会闭会期间，可以先向常务委员会提出。

第二，法律案的审议。列入全国人大会议议程的法律案，大会全体会议听取提案人的说明后，由各代表团进行审议，交有关的专门委员会进行审议，向主席团提出审议意见。宪法和法律委员会根据各代表团和有关的专门委员会的审议意见，对法律案进行统一审议，向主席团提出审议结果报告和法律草案修改稿，对重要的不同意见应当在审议结果报告中予以说明，经主席团会议审议通过后，印发会议。审议中有重大问题需要进一步研究的，经主席团提出，由大会全体会议决定，可以授权常委会根据代表的意见进一步审议，作出决定，并将决定情况向全国人大下次会议报告；也可以授权常委会根据代表的意见进一步审议，提出修改方案，提请全国人大下次会议审议决定。

第三，法律案的表决。法律草案修改稿经各代表团审议，由法律委员会根据各代表团的审议意见进行修改，提出法律草案表决稿，由主席团提请大会全体会议表决，由全体代表的过半数通过。

第四，法律案的公布。法律由国家主席签署主席令予以公布。

10. 全国人大常委会的立法程序是怎样的？

全国人大常委会的立法程序，包括法律案的提出、审议、表决和公布四个环节。

第一，法律案的提出。委员长会议，国务院、中央军事委员会、国家监察委员会、最高人民法院、最高人民检察院、全国人民代表大会各专门委员会，常务委员会组成人员10人以上联名，可以向常务委员会提出法律案，按照法定的程序决定列入常务委员会会议议程。

第二，法律案的审议。列入常务委员会会议议程的法律案，除特殊情况外，应当在会议举行的7日前将法律草案发给常委会组成人员。列入常委会会议议程的法律案，一般应当经三次常委会会议审议后再交付表决。各方面意见比较一致的，可以经两次常委会会议审议后交付表决；调整事项较为单一或者部分修改的法律案,各方面的意见比较一致,或者遇有紧急情形的,也可以经一次常委会会议审议即交付表决。常委会会议第一次审议法律案,在全体会议上听取提案人的说明,由分组会议进行初步审议。法律草案的说明应当包括涉及合宪性问题的相关意见。常委会会议第二次审议法律案,在全体会议上听取宪法和法律委员会关于法律草案修改情况和主要问题的汇报,由分组会议进一步审议。常委会会议第三次审议法律案,在全体会议上听取宪法和法律委员会关于法律草案审议结果的报告,由分组会议对法律草案修改稿进行审议。常委会审议法律案时,根据需要,可以召开联组会议或者全体会议,对法律草案中的主要问题进行讨论。宪法和法律委员会在统一审议过程中,对涉及的合宪性问题应当在汇报或者审议结果报告中予以说明。

第三,法律案的表决。法律草案修改稿经常委会会议审议,由宪法和法律委员会根据常委会组成人员的审议意见进行修改,提出法律草案表决稿,由委员长会议提请常委会全体会议表决,由常委会全体组成人员的过半数通过,对重要条款可以单独表决。

第四,法律案的公布。常委会通过的法律由国家主席签署主席令予以公布。

11. 哪些地方人大有立法权?

根据立法法规定,以下人大及其常委会拥有地方立法权。

(1)省、自治区、直辖市的人民代表大会及其常务委员会根据本行政区域的具体情况和实际需要,在不同宪法、法律、行政法规相抵触的前提下,可以制定地方性法规。

(2)设区的市、自治州的人民代表大会及其常务委员会根据本行政区域的具体情况和实际需要，在不同宪法、法律、行政法规和本省、自治区的地方性法规相抵触的前提下，可以对城乡建设与管理、生态文明建设、历史文化保护、基层治理等方面的事项制定地方性法规，报省、自治区的人大常委会批准后施行。省、自治区的人大常委会对报请批准的地方性法规，应当对其合法性进行审查，同宪法、法律、行政法规和本省、自治区的地方性法规不抵触的，应当在四个月内予以批准。根据2015年和2023年的修改立法法决定，授予广东省东莞市和中山市、甘肃省嘉峪关市、海南省儋州市四个不设区的市以设区的市立法权。

（3）经济特区所在地的省、市的人民代表大会及其常务委员会根据全国人民代表大会的授权决定，制定法规，在经济特区范围内实施。上海市及其人大常委会根据浦东改革创新实践需要，遵循宪法规定以及法律和行政法规基本原则，制定浦东新区法规，在浦东新区范围内实施。海南省人大及其常委会根据海南自由贸易港法，结合海南自由贸易港建设的具体情况和实际需要，遵循宪法规定和法律、行政法规的基本原则，就贸易、投资及相关管理活动制定海南自由贸易港法规。

（4）民族自治地方的人民代表大会有权依照当地民族的政治、经济和文化的特点，制定自治条例和单行条例。自治区的自治条例和单行条例，报全国人大常委会批准后生效。自治州、自治县的自治条例和单行条例，报省、自治区、直辖市的人大常委会批准后生效。

12. 如何在立法中发挥人大及其常委会的主导作用？

立法是一项综合性很强的工作，历经立项、起草、审议、修改等各个环节，需要各相关方面共同配合，也不可避免地会受到各方利益的影响。充分发挥立法的引领和推动作用，必然要求在党委领导下落实宪法确立的人大的国家权力机关地位，着力发挥人大及其常委会在立法中的主导作用。

一是有立法权的人大及其常委会要发挥立法主导作用，要切实加强立法工作的组织协调。立法是国家重要的政治活动，要求各国家机关、社会各方面协同配合、广泛参与、共同推动。人大常委会法制工作机构要加大起草督促力度，建立健全常委会法制工作机构提前介入、参与政府主管部门起草法案机制，尽可能形成合力、加快进度、提高水平。组织起草涉及综合性、全局性等重大事项的法案，可以由建立政府部门、法制机构与人大常委会法制工作机构和相关专门委员会联合组织起草法案制度。对于法案中法律关系较复杂、分歧意见突出的问题，人大常委会要加强与有关方面的协商沟通，统筹协调各方面利益关系，人大要妥善解决重点难点问题。综合性、全局性、基础性的重要法律草案，可以由有关的专门委员会或者常委会工作机构组织起草。对于争议较大但实践迫切需要的立法项目及条文，研究清楚的，人大常委会要及时果断作出决策，避免久议不决。还要建立配套立法时限制度，健全督促制定配套法规机制，努力推动配套法规与法律同步起草、同步出台、同步实施。

二是要充分调动各方面在立法中的立法积极性。尊重人大代表主体地位，要建立国家政权机关、社会团体、企业事业组织以及专家学者就重大问题和涉及群众切身利益的实际问题的论证咨询机制，创新和完善各级人大代表参与立法工作体制机制，建立健全人大代表议案、建议与制定立法规划、立法工作计划、制定修改法律法规衔接机制，更多吸收人大代表参与调研、审议等立法活动，探索人大代表跨级、多层参与立法工作制度化。要建立健全立法事项征询社会公众意见制度，探索完善便于公民、社会团体、企业事业组织直接提出反映立法建议机制，以及社会公众意见采纳情况反馈机制，积极回应社会关切，增强公民参与立法实效。

13. 如何深入推进科学立法、民主立法？

（1）完善人大代表参与立法的工作机制，拓宽人大代表参与立法工作渠道，完善人大代表参与立法起草、立法调研、法律草案修改和审议的各项制度。把办理代表议案建议同制定修改法律、研究拟定立法规划和年度立法计划结合起来，把邀请代表参与常委会活动、专门委员会立法调研等活动同提高法律草案起草和审议质量结合起来。立法法规定，人大常委会审议法律案，应当通过多种形式征求全国人民代表大会代表的意见，并将有关情况予以反馈；专门委员会和常委会工作机构进行立法调研，可以邀请有关的全国人民代表大会代表参加。常委会会议审议法律案时，邀请有关的全国人大代表列席会议。

（2）积极拓展各方面和公众有序参与立法的途径和形式，利用好立法听证会、论证会、座谈会制度，广泛征求社会各方面尤其是基层群众的意见和建议，认真听取专家学者的意见和建议，不断完善公布法律草案的工作机制，建立健全采纳公众意见的吸纳、反馈机制，积极回应社会关切。立法法规定，常委会工作机构应当将法律草案发送相关领域的全国人大代表、地方人大常委会以及有关部门、组织和专家征求意见。列入常委会会议议程的法律案，应当在会议后将法律草案及其起草、修改的说明等向社会公布，征求意见，但是经委员长会议决定不公布的除外。向社会公布征求意见的时间一般不少于30日。征求意见的情况应当向社会通报。2015年以来,全国人大常委会法工委在全国31个省、自治区、直辖市建立了31个基层立法联系点,以及中国政法大学1个立法联系点,面向基层,征求各方面对法律草案的意见建议。

(3)不断完善法律草案起草过程中的沟通协调机制,人大有关专门委员会或者常委会法制工作机构提前介入立法起草工作机制,拓宽立法起草参与渠道,认真听取各方面特别是利益相关人意见,防止部门利益倾向。

(4)科学合理地确定立法项目,建立健全立法项目论证制度,加强重点领域立法,提高立法规划和年度立法工作计划的科学性、合理性。立法法规定,编制立法规划和年度立法计划,应当认真研究代表议案和建议,广泛征集意见,科学论证评估,根据经济社会发展和民主法治建设的需要,确定立法项目,提高立法的及时性、针对性和系统性。

(5)认真执行法律案的审次制度,提高审议质量,对于法律关系比较复杂、分歧较大的法律草案,采取积极慎重的态度,在各方面基本取得共识后再提请表决,对重要条款可以单独表决。

(6)积极有序开展立法后评估,为修改、解释、废止法律,改进立法工作提供科学有效的依据。

14. 法律解释的程序是怎样的?

法律解释是宪法赋予全国人大常委会的职权。全国人大常委会的法律解释同法律具有同等效力。根据立法法规定,下列两种情况应由全国人大常委会进行法律解释:一是法律规定需要进一步明确具体含义的。二是法律制定后出现新的情况,需要明确适用法律依据的。

具体程序如下：（1）国务院、中央军事委员会、国家监察委员会、最高人民法院、最高人民检察院和全国人民代表大会各专门委员会可以向全国人大常委会提出法律解释的要求或者提出相关法律案，省、自治区、直辖市的人大常委会可以向全国人大常委会提出法律解释要求。（2）常委会工作机构研究拟订法律解释草案，由委员长会议决定列入常务委员会会议议程。（3）法律解释草案经常委会会议审议，由宪法和法律委员会根据常委会组成人员的审议意见进行审议、修改，提出法律解释草案表决稿。（4）法律解释草案表决稿由常委会全体组成人员的过半数通过，由常务委员会发布公告予以公布。

15. 法律规范的适用规则是什么？

由于我国制定的法律、行政法规、地方性法规、自治条例和单行条例、规章越来越多，执行中就需要明确它们相互间的效力等级。根据宪法、立法和有关法律的规定，法律适用规则有以下几个基本原则。

第一，上位法的效力高于下位法。我国的立法体制是统一而又分层次的，下位法应当与上位法的规定保持一致，不得与上位法相抵触，上位法的效力高于下位法。具体来说，法律的效力高于行政法规、地方性法规、规章。行政法规的效力高于地方性法规、规章。地方性法规的效力高于本级和下级地方政府规章。省、自治区的人民政府制定的规章的效力高于本行政区域内的设区的市、自治州的人民政府制定的规章。

第二，同位法中特别规定与一般规定不一致的，适用特别规定。确立特别规定优于一般规定的规则,是因为特别规定是在考虑具体社会关系的特殊需要的前提下制定的,更符合它所调整社会关系的特点,所以具有优先适用的效力。

第三,同位法中新的规定与旧的规定不一致的,适用新的规定。一切法律都是根据当时的社会关系的情况制定的,随着社会关系的发展变化,法律规范也需要不断地修改和更新,当同位法中新的规定与旧的规定不一致的,应当适用新的规定。

第四,不溯及既往的原则,但为了更好地保护公民、法人和其他组织的权利和利益而作的特别规定除外。无论是法律、行政法规、地方性法规、自治条例和单行条例还是规章,不论其效力等级高低,都没有溯及既往的效力。这是一个原则,但是,如果法律的规定是减轻行为人的责任或者增加公民的权利,也可以具有溯及力。

16. 法律规范之间冲突的裁决机制是什么?

立法法根据各类立法主体之间的监督权限,对法律规范之间冲突的裁决机制作了规定:(1)同一机关制定的新的一般规定与旧的特别规定不一致时,由制定机关裁决。(2)地方性法规与部门规章之间对同一事项的规定不一致,不能确定如何适用时,由国务院提出意见,国务院认为应当适用地方性法规的,应当决定在该地方适用地方性法规的规定;认为应当适用部门规章的,应当提请全国人大常委会裁决。(3)部门规章之间、部门规章与地方政府规章之间对同一事项的规定不一致时,由国务院裁决。(4)根据授权制定的法规与法律规定不一致,不能确定如何适用时,由全国人大常委会裁决。

17. 行政法规的制定程序是怎样的？

行政法规的制定程序，包括立项、起草、审查、决定与公布四个环节。

（1）立项。国务院于每年年初编制本年度的立法工作计划。国务院有关部门认为需要制定行政法规的，应当于每年年初编制国务院年度立法工作计划前，向国务院报请立项，并说明立法项目所要解决的主要问题、依据的方针政策和拟确立的主要制度。国务院法制机构（现由司法部承担国务院法制工作）应当根据国家总体工作部署对部门报送的行政法规立项申请汇总研究，突出重点，统筹兼顾，拟订国务院年度立法工作计划，报国务院审批。

（2）起草。行政法规由国务院组织起草。国务院年度立法工作计划确定行政法规由国务院的一个部门或者几个部门具体负责起草工作，也可以确定由国务院法制机构起草或者组织起草。起草部门应当深入调查研究，总结实践经验，采取召开座谈会、论证会、听证会等多种形式广泛听取有关机关、组织和公民的意见。起草部门应当就涉及其他部门的职责或者与其他部门关系紧密的规定，与有关部门协商一致；经过充分协商不能取得一致意见的，应当在上报草案送审稿时说明情况和理由。对涉及有关管理体制、方针政策等需要国务院决策的重大问题提出解决方案的，起草部门应当报国务院决定。

（3）审查。报送国务院的行政法规送审稿，由国务院法制机构负责审查，审查内容主要包括送审稿的合宪性、合法性、合理性、科学性、与其他行政法规的衔接性等。国务院法制机构应当将行政法规送审稿或者行政法规送审稿涉及的主要问题发送国务院有关部门、地方人民政府、有关组织和专家征求意见。重要的行政法规送审稿,经报国务院同意,向社会公布,征求意见。送审稿涉及重大、疑难问题的,国务院法制机构应当召开由有关单位、专家参加的座谈会、论证会,听取意见,研究论证;送审稿直接涉及公民、法人或者其他组织的切身利益的,国务院法制机构可以举行听证会,听取有关机关、组织和公民的意见。

(4)决定与公布。行政法规草案由国务院常务会议审议,或者由国务院审批。国务院常务会议审议行政法规草案时,由国务院法制机构或者起草部门作出说明。国务院法制机构应当根据国务院对行政法规草案的审议意见,对行政法规草案进行修改,形成草案修改稿,报请总理签署国务院令公布施行。行政法规签署公布后,及时在国务院公报和在全国范围内发行的报纸上刊登。

八、人大监督制度

1. 人大监督工作的地位和作用是什么？

人民代表大会制度的重要原则和制度设计的基本要求，就是任何国家机关及其工作人员的权力都要受到监督和制约。我国的政体是人民代表大会制度，人民政府、监察委员会、人民法院和人民检察院（"一府一委两院"）均由人大产生、对人大负责、受人大监督。在人民代表大会统一行使国家权力的前提下，对行政机关、监察机关、审判机关、检察机关的职权又有明确划分。人大与"一府一委两院"的关系，既有监督又有支持；既要依法监督，又不代行行政权、监察权、审判权、检察权。人大与"一府一委两院"都是党领导下的国家机关，虽然职责分工不同，但工作的出发点和目标是一致的，都是为了维护国家和人民的根本利益。要更好发挥人大监督在党和国家监督体系中的重要作用，让人民监督权力，让权力在阳光下运行，用制度的笼子管住权力，用法治的缰绳驾驭权力。这是我国政治制度的特点和优势。

监督权是宪法赋予人大的重要职权之一，各级人大及其常委会要把宪法法律赋予的监督权用起来，实行正确监督、有效监督、依法监督，维护国家法治统一、尊严、权威，确保法律法规得到有效实施，确保行政权、监察权、审判权、检察权依法正确行使。国家权力机关代表国家和人民进行监督,一是确保宪法和法律得到有效实施。宪法和法律是党和人民共同意志的体现,维护宪法法律权威,就是维护党和人民意志的权威;保证宪法和法律的实施,就是确保人民利益的实现。二是确保行政权、监察权和司法权得到正确行使。人民赋予的行政权、监察权和司法权是用来为人民服务的,为人民谋福祉的,不得滥用,更不得用来谋私。三是确保人民的合法权益得到尊重和维护,不受侵犯。人民是国家的主体,要始终把人民利益放在最高位置,检验国家机关及其工作人员的行为、检验法律的实施效果,就要看人民的合法权益是否受到尊重和维护,侵犯人民合法权益的行为是否受到追究。

人大监督是党和国家监督体系的组成部分。除人大监督外,我们已经建立了党内监督制度,以解决违犯党纪的问题;建立了监察制度,以解决公职人员职务违纪违法问题;建立了司法监督制度,以解决违犯法纪的问题;在司法诉讼中,有司法机关相互间的监督,有上下级法院的审级监督,有检察院的法律监督,有公检法机关分工负责,互相配合,互相制约。此外,还有政协民主监督、民主党派监督、群众监督、舆论监督,等等。人大监督尽管是国家最高层次的监督,但并不意味着人大监督可以涵盖和代替其他所有监督形式,人大监督与其他监督形式也不是主从关系。人大监督制度同其他监督制度一起,共同构成了党和国家监督体系。这个监督体系是全方位、多层次的,实践证明是符合我国的国情和实际、行之有效的。在党的统一领导下,把各方面的监督结合起来,形成监督合力,充分发挥党和国家监督体系的整体功能,才能提高监督实效,切实解决问题。

依据宪法有关规定,各级人大常委会进行的监督工作主要包括两个方面,一方面是工作监督,另一方面是法律监督。工作监督，是指通过听取和审议政府、监察委员会、法院、检察院的专项工作报告和组织执法检查，对"一府一委两院"的工作进行监督。统筹运用法定监督方式，加强对法律法规实施情况的监督，确保各国家机关都在宪法法律范围内履行职责、开展工作。法律监督，是指通过对规范性文件的备案审查，维护社会主义法制的统一。工作监督和法律监督是人大常委会监督工作的主要内容。人大及其常委会行使国家权力的特点是只作决定，自身并不具体执行。政府是国家权力机关的执行机关，要依法行政。监察委员会是监察机关，法院、检察院是司法机关，依照法律规定独立行使监察权、审判权、检察权，要严格监察，公正司法。各级"一府一委两院"要严格执行人大及其常委会制定的法律法规和作出的决议决定，依法报告工作，自觉接受人大监督。人大常委会对"一府一委两院"进行监督，目的在于确保宪法和法律得到正确实施，确保行政权、监察权、审判权、检察权得到正确行使，确保国家、公民、法人和其他组织的合法权益得到尊重和维护。人大常委会如果不把工作监督和法律监督做好，就会失职；但是如果直接办理依法应由"一府一委两院"办理的事情，就会越权。人大常委会对"一府一委两院"进行监督，坚持正确监督、有效监督、依法监督，既不能失职，又不能越权，这是人大监督在党和国家整个监督体系中的准确定位。

2. 人大常委会行使监督权应当遵循哪些原则？

第一，坚持党的领导。人大常委会在其全部活动包括立法活动和监督活动中必须坚持党的方针、政策，贯彻党的重大决策，依照法定程序，在充分发扬民主的过程中实现党的正确主张和人民共同意志的统一，保证党的主张得到贯彻落实。监督法第三条规定："各级人民代表大会常务委员会行使监督职权，应当坚持中国共产党的领导，坚持以马克思列宁主义、毛泽东思想、邓小平理论、'三个代表'重要思想、科学发展观、习近平新时代中国特色社会主义思想为指导，坚持中国特色社会主义道路，确保宪法和法律、法规得到全面有效实施，确保行政权、监察权、审判权、检察权依法正确行使。"坚持党的领导，是人大常委会在监督工作中必须遵循的政治原则，是必须遵循的基本原则的核心。

第二，坚持实行正确监督、有效监督、依法监督。监督法第二条第一款明确规定："各级人民代表大会常务委员会依据宪法和有关法律的规定，行使监督职权。"严格依法行使职权，包括两层含义：要严格依照法定的权限进行监督，即职权法定；要严格依照法定的程序开展监督，即程序法定。人大监督的对象、内容、范围和方式都要严格符合宪法和法律的规定，在法律规定的职权范围内，按照法定的程序，对法定的对象进行监督。是否需要行使监督权，如何行使监督权都要以法律为准绳。只有坚持依法监督，监督才能有权威性和法律效力。根据监督法第六条的规定，各级人大常委会对本级"一府一委两院"的工作实施监督，实行正确监督、有效监督、依法监督，促进依法行政、依法监察、公正司法。实行正确监督，就是要坚持党的领导，自觉地在党的领导下依法履行监督职责；要正确处理好人大监督与支持"一府一委两院"依法行使职权的关系，把监督与支持结合起来。实行有效监督，就是要紧紧围绕党和国家工作大局，强化问题导向，完善监督机制，推动解决问题。实行依法监督，就是要严格依照法定权限和程序进行监督。

第三，坚持和发展全过程人民民主。全过程人民民主是习近平新时代中国特色社会主义思想的重要内容和原创性贡献，是人类政治文明新形态，是全链条、全方位、全覆盖的民主。人大监督权是人民当家作主的政治权力，在国家监督体系中居于核心地位，对于保证国家机器正常运转具有十分重要的作用。人大监督不仅是全过程人民民主的一个重要环节，同时，它本身也具有"全过程"的属性。坚持以人民为中心，把"人民"二字贯穿全过程，是人大监督的一个重要特征。根据监督法第七条的规定，各级人大常委会行使监督职权，应当坚持和发展全过程人民民主，尊重和保障人权，维护和促进社会公平正义。各级人民代表大会常务委员会应当扩大人民代表大会代表对监督工作的参与，充分发挥代表作用。

第四，坚持集体行使权力。宪法第三条第一款规定："中华人民共和国的国家机构实行民主集中制的原则。"监督法第八条明确规定各级人民代表大会常务委员会"按照民主集中制的原则，集体行使监督职权"。各级人大及其常委会行使职权，实行集体负责制，由全体组成人员集体讨论，按照少数服从多数的原则，集体作出决定。坚持民主集中制，集体行使权力，集体决定问题，是人大常委会的全部活动包括监督活动的特点。

第五，坚持接受人民代表大会的监督。宪法和法律规定，人民代表大会常务委员会是人民代表大会的常设机关，是人民代表大会闭会期间行使国家权力的机关。它对本级人民代表大会负责并报告工作，接受其监督。监督法第九条规定："各级人民代表大会常务委员会行使监督职权的情况，应当向本级人民代表大会报告，接受监督。"同时，监督法第十七条、第二十九条、第三十七条等条文规定，人大常委会在具体监督工作中的有关报告及处理情况等，要向本级人民代表大会代表通报，这一方面是为了保障代表对人大常委会工作的知情权，同时便于人民代表大会监督常委会的工作。

第五，坚持公开原则。监督法第十条规定："各级人民代表大会常务委员会行使监督职权的情况，向社会公开。"这是我国法律首次明确规定人大常委会行使监督权的公开原则。公开原则在监督法中有多处体现，根据第八条、第十七条、第二十九条、第三十七条、第六十三条的规定，人大常委会行使监督职权的情况，凡是向本级人大代表通报的内容，同时要向社会公布，接受人民监督。人大常委会只有加强与人民群众的联系，自觉接受人民群众的监督，才能真正代表人民的意愿，人大的工作才有坚实的群众基础，并保持蓬勃生机和旺盛活力。将人大常委会行使监督权的情况向人民公开，保证人民的知情知政权，也是建设社会主义民主政治的重要内容。

3. 各级人大常委会怎样听取和审议专项工作报告？

各级人大常委会听取和审议人民政府、监察委员会、人民法院和人民检察院的专项工作报告，是人大监督的重要形式之一。各级人大常委会每年选择若干关系改革发展稳定大局和群众切身利益、社会普遍关注的重大问题，有计划地安排听取和审议本级人民政府、监察委员会、人民法院和人民检察院的专项工作报告，具有经常性、针对性、及时性、实效性等特点。常委会听取和审议本级"一府一委两院"的专项工作报告的议题来源，主要是本级人大常委会在执法检查中发现的突出问题；本级人大代表对"一府一委两院"工作提出的建议、批评和意见集中反映的问题；本级人大常委会组成人员提出的比较集中的问题；本级人大专门委员会、常委会工作机构在调查研究中发现的突出问题；人民来信来访集中反映的问题；社会普遍关注的其他问题。另外，"一府一委两院"也可以向本级人大常委会要求报告专项工作。各级人大常委会根据法律规定，听取和审议本级人民政府关于环境状况和环境保护目标完成情况的报告。

常委会听取和审议专项工作报告的年度计划，经委员长会议或者主任会议通过，印发常委会组成人员并向社会公布。常委会听取和审议专项工作报告前，委员长会议或者主任会议可以组织本级人大常委会组成人员和本级人大代表，对有关工作进行视察或者专题调查研究。常委会可以安排参加视察或者专题调查研究的代表列席常委会会议，听取专项工作报告，提出意见。常委会听取和审议专项工作报告前，本级人大有关专门委员会或者常委会有关工作机构可以进行专题调查研究，提出报告并印发常委会会议；常委会办事机构应当将各方面对该项工作的意见汇总，交由本级"一府一委两院"研究并在专项工作报告中作出回应。"一府一委两院"应当在常委会举行会议的 20 日前，由其办事机构将专项工作报告送交本级人大有关专门委员会或者常委会有关工作机构征求意见；"一府一委两院"对报告修改后，在常委会举行会议的 10 日前送交常委会。常委会办事机构应当在常委会举行会议的 7 日前，将专项工作报告发给常委会组成人员。

专项工作报告由"一府一委两院"的负责人向本级人大常委会报告，人民政府也可以委托有关部门负责人向本级人大常委会报告。委员长会议或者主任会议可以决定将报告交有关专门委员会审议。常委会组成人员对专项工作报告的审议意见交由本级"一府一委两院"研究处理。人民政府、人民法院或者人民检察院应当将研究处理情况由其办事机构送交本级人大有关专门委员会或者常委会有关工作机构征求意见后,向常委会提出书面报告。常委会认为必要时,可以对专项工作报告作出决议;本级"一府一委两院"应当在决议规定的期限内,将执行决议的情况向常委会报告。委员长会议或者主任会议可以决定将审议意见研究处理情况或者执行决议情况的报告提请常委会审议。必要时,常委会可以组织开展跟踪监督。常委会听取的专项工作报告及审议意见,"一府一委两院"对审议意见研究处理情况或者执行决议情况的报告,向本级人大代表通报并向社会公布。通过上述规定,人大常委会对"一府一委两院"的专项工作监督形成了完整闭环。

4. 人大常委会的财政经济监督有哪些内容？

2024年监督法修改,将第三章章名"审查和批准决算,听取和审议国民经济和社会发展计划、预算的执行情况报告,听取和审议审计工作报告"合并修改为"财政经济工作监督"。并在第十八条中阐明本法所称财政经济工作监督,是指常务委员会依法对审查和批准决算、国民经济和社会发展五年规划纲要实施情况和计划执行情况、预算执行情况、审查和批准国民经济和社会发展规划计划和预算调整方案、国有资产管理、政府债务管理、金融工作、审计工作情况等事项进行监督。

近年来,人大监督围绕党和国家工作大局,以经济建设为中心,突出高质量发展主题主线,加强计划和规划审查监督,加强预算和决算审查监督,相继建立起国有资产管理情况报告制度(2018年)、金融工作情况报告制度(2022年)、政府债务管理情况报告制度(2024年)。2004年监督法对"财政经济工作监督"作出专章规定,是在深入贯彻党中央有关精神,认真总结提炼监督法施行以来人大监督的成功做法和经验的基础上,与宪法和相关法律一起,共同构建了人大财经监督制度体系,对于完善地方人大及其常委会的职能十分重要,为地方各级人大及其常委会依法履职行权和开展财政经济监督工作提供了根本遵循。

2024年监督法修改围绕人大财经监督的诸多制度升级,如明确规定建立健全国有资产管理情况、政府债务管理情况、金融工作情况、审计工作和审计查出问题整改情况报告制度;为增强监督实效,可以组织开展专题调研、跟踪监督;运用现代信息技术开展联网监督。这既是改革成果的立法化总结,也为改革进一步深化留下空间。

5. 各级人大常委会怎样对计划和预算执行情况进行监督?

对国民经济和社会发展计划以及财政预算执行情况进行监督,是各级人大常委会的一项重要职权。依照宪法和有关法律规定,审查和批准计划、预算及其执行情况的报告,是人民代表大会的职权。计划和预算经人民代表大会批准后,具有法律效力,必须得到切实执行。为了保证经人民代表大会批准的计划和预算得到正确执行,宪法、预算法和其他有关法律规定,人大常委会监督计划和预算的执行。

监督的具体形式主要包括:(1)审查和批准决算,同时听取和审议关于上一年度预算执行情况和其他财政收支的审计工作报告。国务院应当在每年6月,将上一年度的中央决算草案提请全国人民代表大会常务委员会审查和批准;县级以上地方各级人民政府应当在每年6月至9月,将上一年度的本级决算草案提请本级人民代表大会常务委员会审查和批准。(2)国务院和县级以上地方各级人民政府应当在每年6月至9月向本级人民代表大会常务委员会报告本年度上一阶段国民经济和社会发展计划、预算的执行情况。(3)审查和批准计划、预算在执行中所必须作出的部分调整方案。预算安排的农业、教育、科技、文化、卫生、社会保障等资金需要调减的，国务院和县级以上地方各级人民政府应当提请本级人大常委会审查和批准。

常委会组成人员对国民经济和社会发展计划执行情况报告、预算执行情况报告和审计工作报告的审议意见交由本级人民政府研究处理。人民政府应当将研究处理情况向常务委员会提出书面报告。常务委员会认为必要时，可以对审计工作报告作出决议；本级人民政府应当在决议规定的期限内，将执行决议的情况向常务委员会报告。常务委员会听取的国民经济和社会发展计划执行情况报告、预算执行情况报告和审计工作报告及审议意见，人民政府对审议意见研究处理情况或者执行决议情况的报告，向本级人大代表通报并向社会公布。

6. 各级人大常委会怎样选择执法检查的具体项目？

各级人大常委会每年选择若干关系改革发展稳定大局和群众切身利益、社会普遍关注的重大问题，有计划地对有关法律、法规实施情况组织执法检查。执法检查的主体是各级人大常委会，执法检查的对象是法律法规实施机关。

根据监督法第三十一条的规定，选择执法检查的具体项目的途径参照监督法第十二条的规定执行，即本级人大代表对人民政府、监察委员会、人民法院和人民检察院工作提出的建议、批评和意见集中反映的问题，本级人大常委会组成人员提出的比较集中的问题,本级人大专门委员会、常委会工作机构在调查研究中发现的突出问题,以及人民来信来访集中反映的问题等。

7. 怎样组织执法检查?

常委会执法检查工作由本级人大有关专门委员会或者常委会有关工作机构具体组织实施。执法检查前,本级人大有关专门委员会或者常委会有关工作机构可以对重点问题开展专题调查研究。

执法检查组由常委会按照精干、效能的原则组织。执法检查组的组成人员,从本级人大常委会组成人员以及本级人大有关专门委员会组成人员或者常委会有关工作机构的人员中确定,并可以邀请本级人大代表参加。全国人大常委会和省、自治区、直辖市的人大常委会根据需要,可以委托下一级人大常委会对有关法律、法规在本行政区域内的实施情况进行检查。受委托的人大常委会应当将检查情况书面报送上一级人大常委会。执法检查过程中,有关人大常委会、专门委员会或者工作机构,可以采取座谈会、实地检查、第三方评估、问卷调查或者抽查等形式,深入了解情况,广泛听取意见。

上级人大常委会根据需要,可以与下级人大常委会联动开展执法检查。有关地方人大常委会根据区域协调发展的需要,可以协同开展执法检查。

8. 执法检查结束后如何提出相关报告?

一是提出执法检查报告。执法检查结束后,执法检查组应当及时提出执法检查报告,由委员长会议或者主任会议决定提请常委会审议。执法检查报告包括对所检查的法律、法规或者相关法律制度实施情况进行评价,提出执法中存在的问题和改进执法工作的建议,以及对有关法律、法规提出修改完善的建议。

二是交"一府一委两院"研办。常委会组成人员对执法检查报告的审议意见及执法检查报告,一并交由本级人民政府、监察委员会、人民法院或者人民检察院研究处理。"一府一委两院"应当将研究处理情况由其办事机构送交本级人大有关专门委员会或者常委会有关工作机构征求意见后,向常委会提出报告。人大常委会认为必要时,可以对执法检查报告作出决议;"一府一委两院"应当在决议规定的期限内,将执行决议的情况向人大常委会报告。

委员长会议或者主任会议可以决定将"一府一委两院"对执法检查报告及审议意见研究处理情况或者执行决议情况的报告提请常务委员会审议。必要时,由委员长会议或者主任会议决定提请常委会审议,或者由常委会组织跟踪检查,也可以委托有关专门委员会或者常委会有关工作机构组织跟踪检查。常委会的执法检查报告及审议意见,人民政府、人民法院或者人民检察院对其研究处理情况或者执行决议情况的报告,向本级人大代表通报并向社会公布。

9. 什么是规范性文件备案审查制度?

规范性文件备案审查制度是对规范性文件是否符合宪法和法律规定所进行的监督,其目的是保证和维护国家法制的统一和尊严,保证宪法和法律的正确实施。根据立法法、监督法和全国人大常委会关于完善和加强备案审查制度的决定的规定,规范性文件备案审查制度主要包括以下内容。

行政法规、地方性法规、自治条例和单行条例、规章应当在公布后的30日内报有关机关备案。行政法规报全国人大常委会备案；省、自治区、直辖市的人大及其常委会制定的地方性法规，报全国人大常委会和国务院备案；设区的市、自治州的人大及其常委会制定的地方性法规，由省、自治区的人大常委会报全国人大常委会和国务院备案；自治州、自治县制定的自治条例和单行条例，由省、自治区、直辖市的人大常委会报全国人大常委会和国务院备案；部门规章和地方政府规章报国务院备案；地方政府规章应当同时报本级人大常委会备案；设区的市、自治州的人民政府制定的规章应当同时报省、自治区的人大常委会和人民政府备案；根据授权制定的法规应当报授权决定规定的机关备案。监察法规、浦东新区法规、海南自贸港法规也要按照有关法律、决定和规定，报全国人大常委会备案。

国务院、中央军委、国家监委、最高人民法院、最高人民检察院和各省、自治区、直辖市的人大常委会认为行政法规、地方性法规、自治条例和单行条例同宪法或者法律相抵触，或者存在合宪性、合法性问题的，可以向全国人大常委会书面提出进行审查的要求，由有关的专门委员会和常委会工作机构进行审查、提出意见。其他国家机关和社会团体、企业事业组织以及公民认为行政法规、地方性法规、自治条例和单行条例同宪法或者法律相抵触的，可以向全国人大常委会书面提出进行审查的建议，由常委会工作机构进行审查，必要时，送有关的专门委员会进行审查、提出意见。全国人大专门委员会、常委会工作机构在审查中认为行政法规、地方性法规、自治条例和单行条例同宪法或者法律相抵触，或者存在合宪性、合法性问题的，可以向制定机关提出书面审查意见，也可以由宪法和法律委员会与有关的专门委员会、常委会工作机构召开联合审查会议，要求制定机关到会说明情况，再向制定机关提出书面审查意见。制定机关应当在两个月内研究提出是否修改的意见，并向全国人大宪法和法律委员会和有关的专门委员会或者常委会工作机构反馈。全国人大有关的专门委员会、常委会工作机构审查认为行政法规、地方性法规、自治条例和单行条例同宪法或者法律相抵触，或者存在合宪性、合法性问题需要修改或者废止，而制定机关不予修改的，应当向委员长会议提出予以撤销的议案、建议，由委员长会议决定提请常委会会议审议决定。

县级以上地方各级人大常委会对下一级人大及其常委会作出的决议、决定和本级人民政府发布的决定、命令，经审查，认为有下列不适当的情形之一的，有权予以撤销：（1）超越法定权限，限制或者剥夺公民、法人和其他组织的合法权利，或者增加公民、法人和其他组织的义务的；（2）同法律、法规规定相抵触的；（3）有其他不适当的情形，应当予以撤销的。

最高人民法院、最高人民检察院作出的属于审判、检察工作中具体应用法律的解释，应当自公布之日起 30 日内报全国人大常委会备案。国务院、中央军委和省、自治区、直辖市的人大常委会认为最高人民法院、最高人民检察院作出的具体应用法律的解释同法律规定相抵触的，最高人民法院、最高人民检察院之间认为对方作出的具体应用法律的解释同法律规定相抵触的，可以向全国人大常委会书面提出进行审查的要求，由常委会工作机构送有关专门委员会进行审查、提出意见。其他国家机关和社会团体、企业事业组织以及公民认为最高人民法院、最高人民检察院作出的具体应用法律的解释同法律规定相抵触的，可以向全国人大常委会书面提出进行审查的建议，由常委会工作机构进行研究，必要时，送有关专门委员会进行审查、提出意见。全国人大宪法和法律委员会和有关专门委员会经审查认为最高人民法院或者最高人民检察院作出的具体应用法律的解释同法律规定相抵触，而最高人民法院或者最高人民检察院不予修改或者废止的，可以提出要求最高人民法院或者最高人民检察院予以修改、废止的议案，或者提出由全国人大常委会作出法律解释的议案，由委员长会议决定提请常务委员会审议。

10. 各级人大常委会还有哪些监督形式？

质询、特定问题调查、撤职案的审议和决定，是宪法和法律赋予各级人大常委会或者常委会组成人员的重要权力，是各级人大常委会行使对"一府一委两院"监督职权的重要形式。这几种监督形式在实际工作中运用较少，可以称之为人大常委会的非经常性监督工作。

质询是人大常委会组成人员对"一府一委两院"工作中不清楚、不理解、不满意的方面提出问题，要求有关机关作出说明、解释的活动。根据监督法第五十一条的规定，提出质询案的主体，必须是常委会组成人员，而且必须符合法定人数。质询案必须以书面形式提出，不能以口头形式提出。质询案必须明确所要质询的对象，包括本级政府及其各部门、法院、检察院。质询案必须明确所要质询的问题，并提供该事项必要的有关情况。监督法第五十二条、第五十三条、第五十四条规定，质询案由委员长会议或者主任会议决定交由受质询的机关答复；质询案以口头答复的，由受质询机关的负责人到会答复；质询案以书面答复的，由受质询机关的负责人签署；提出质询案的常委会组成人员过半数对受质询机关的答复不满意的，可以提出要求，经委员长会议或者主任会议决定，由受质询机关再作答复。

特定问题调查是国家权力机关为了正确行使职权就某一专门问题所进行的调查活动，是国家权力机关行使监督权的一种非常措施。监督法第五十五条明确规定："各级人民代表大会常务委员会对属于其职权范围内的事项，需要作出决议、决定，但有关重大事实不清的，可以组织关于特定问题的调查委员会。"特定问题调查委员会由本级人大常委会组成人员和本级人大代表组成，可以聘请有关专家参加调查工作。

撤职不同于因工作变动、离退休等原因的正常免职，撤职是对有违法、违纪或者失职、渎职行为的国家机关工作人员，在其任期届满或者正常卸任之前，依法撤销（解除）其所任职务的一种行为。因此，撤职同罢免一样，具有惩戒性质，但不是行政处分。监督法对撤职案提出的主体、处理、审议和决定作了规定，进一步完善了撤职制度。根据监督法第六十一条的规定，可以向本级人大常委会提出撤职案的主体是三类：一是县级以上地方各级人民政府、人民法院和人民检察院；二是县级以上地方各级人大常委会主任会议；三是县级以上地方各级人大常委会组成人员五分之一以上联名提出。根据监督法第六十条的规定，地方人大常委会决定撤职适用的对象范围包括三类人员：一是个别政府副职领导人员；二是政府正、副职领导人员以外的其他组成人员；三是地方各级人民法院院长、人民检察院检察长以外的由人大常委会任命的审判、检察人员。2021年修改全国人民代表大会组织法增加规定，全国人大常委会在全国人民代表大会闭会期间，根据委员长会议、国务院总理的提请，可以决定撤销国务院其他个别组成人员（副总理、国务委员、各部部长、各委员会主任、秘书长、审计长、中国人民银行行长等）的职务；根据中央军委主席的提请，可以决定撤销中央军委其他个别组成人员（副主席、委员）的职务。

九、人大代表制度

1. 人大代表的性质和地位是什么？

人大代表是各级国家权力机关的组成人员，肩负人民赋予的光荣职责，忠实代表人民利益和意志，依法参加行使国家权力。

第一，人大代表是人民行使国家权力的代表。我国宪法开宗明义："中华人民共和国是工人阶级领导的、以工农联盟为基础的人民民主专政的社会主义国家。""中华人民共和国的一切权力属于人民。"这就明确规定了国家的性质和权力的归属，与资本主义国家相比具有本质的区别。但人民当家作主，特别是行使管理国家的权力，需要一套与之相适应的、可以操作的途径和形式。无论是从整个国家，还是从一个地方来看，都不可能由全体人民直接行使国家权力，也不可能人人参加行使国家权力，只能由人民选举产生自己的代表，再由这些代表组成人民的代表机关，代表人民行使国家权力。我国实行人民代表大会制度。为此，宪法第二条第二款规定："人民行使国家权力的机关是全国人民代表大会和地方各级人民代表大会。"其中，全国人民代表大会是最高国家权力机关，行使最高国家权力；地方各级人民代表大会是地方国家权力机关，行使地方国家权力。国家权力统一由人民代表大会行使，在这个前提下，进行职权划分，由人大产生的政府、监察委员会、法院、检察院等机关，分别行使国家的行政权、监察权、审判权、检察权。这种建立在民主选举基础上的人民代表大会制度，就是人民当家作主的根本途径和实现形式。人大代表接受人民委托，代表人民行使国家权力。所以，我们的人大代表责任重大，使命崇高。

第二，人大代表是国家权力机关组成人员。我国人大代表是由人民按照法律规定选举产生的，职权源于人民，其使命是代表人民的利益和意志，依照宪法和法律规定，执行代表职务，努力为人民服务，协助宪法和法律的实施。由各级人大代表分别组成的全国人民代表大会和地方各级人民代表大会都依法民主选举产生，对人民负责，受人民监督。根据代表法的规定，人大代表是国家权力机关组成人员。全国人大代表是最高国家权力机关组成人员，地方各级人大代表是地方各级国家权力机关组成人员。

人大代表作为国家权力机关组成人员，不仅有理论的根据，还有宪法的根据。（1）我们国家的一切权力属于人民，人民群众通过行使选举权选出自己的代表，并由选举产生的人大代表组成权力机关来集体行使国家权力。经选举产生的人大代表来自各地方、各民族、各方面，具有广泛的群众基础和代表性，他们植根于人民群众，同群众保持着天然的密切联系，反映人民的意见和要求，通过参加人民代表大会的各种会议，按照民主集中制的原则，集体行使职权，集体讨论和决定国家和地方事务。因此，人大代表当然是国家权力机关的组成人员。（2）国家权力机关的重要职责是把人民的意志变为国家的意志，把党的主张变为国家的主张，而人大代表作为反映人民群众利益和意志的载体，有权利并有责任通过执行代表职务，反映人民群众的意见和要求，也就是说，国家权力机关行使权力是要通过人大代表执行代表职务来实现的。（3）宪法第五十九条规定，全国人民代表大会由各省、自治区、直辖市、特别行政区和军队选出的代表组成；第五十七条规定，全国人民代表大会是最高国家权力机关；第九十六条规定，地方各级人民代表大会是地方国家权力机关。

2. 我国人大代表与西方议员的本质区别是什么？

我国的人大代表制度作为人民代表大会制度的重要组成部分，体现了国家一切权力属于人民，体现了我国社会主义国家性质，具有鲜明的中国特色。表面上看，我国的人大代表与西方议员有着相似之处，比如，他们都是依照法定程序通过选举产生的，都是国家代议机关或者权力机关的组成人员，承担着立法、监督职能等。但是，由于国家性质、政治制度和具体国情的不同，我国的人大代表与西方议员存在着本质区别。

第一，我国是人民当家作主的社会主义国家，虽然各级人大代表所在地区不同、职业不同、民族不同，但根本利益和目标任务是一致的，都是在中国共产党领导下，依法行使宪法法律赋予的职权，实现好、维护好、发展好最广大人民的根本利益。而西方国家议员是不同党派、不同阶级、不同利益集团的代表，他们往往为了各自局部利益相互争斗，有时候还会通过政治交易牺牲国家或者公众的整体利益。

第二，人大代表生活在人民群众之中，有各自的生产、工作岗位，是兼职的而不是专职的，同人民群众保持着密切联系，倾听群众呼声，深入了解民情，充分反映民意，广泛集中民智，通过依法行使职权，把党的主张和人民意志有机统一起来。而西方议员大多是职业政客，是专职的，选举时提纲领、做承诺、喊口号，一旦当选，则整日忙碌于议会活动、党派斗争和下一次的竞选连任，政治作秀多，深入社会、实际和选民少。

第三，人大代表按照民主集中制的原则开展活动。会议期间，代表们依法集体行使职权，按照多数人的意见作出决定。闭会期间代表以集体活动为主，以代表小组活动为基本形式。代表个人不直接处理问题，不干预具体司法案件的审理和执行。各级人大常委会办事机构是代表履职的集体参谋助手和服务班子，为代表依法履职提供各方面的服务和保障。而西方议员在议会开会期间，出于党派纷争或者利益纠葛，要进行各式各样的明争暗斗，有的甚至出现破坏会场秩序的情况。议员个人一般有自己的助手和工作班子，有的还在选区设有办公室，但多是以拉选票为目的，议员本身受所在议会党团或者所代表选区利益集团或者阶层的制约。

3. 人大代表如何处理好权利与义务的关系？

为了充分发挥国家权力机关的功能和作用，保证人大代表依法履行职责，代表法明确规定了代表的权利和义务。

人大代表享有的权利是执行代表职务的基础，具体包括：（1）出席本级人民代表大会会议，参加审议各项议案、报告和其他议题，发表意见；（2）依法联名提出议案、质询案、罢免案等；（3）提出对各方面工作的建议、批评和意见；（4）参加本级人民代表大会的各项选举；（5）参加本级人民代表大会的各项表决；（6）参加本级人大闭会期间统一组织的履职活动；（7）获得依法履职所需的信息资料和各项保障；（8）法律规定的其他权利。

人大代表同时必须履行宪法和法律规定的义务,具体包括:(1)模范地遵守宪法和法律,保守国家秘密,在自己参加的生产、工作和社会活动中,协助宪法和法律的实施;(2)按时出席本级人民代表大会会议,认真审议各项议案、报告和其他议题,发表意见,参加选举和表决,遵守会议纪律,做好会议期间的各项工作;(3)带头宣传本级人大会议精神;(4)积极参加闭会期间统一组织的视察、专题调研、执法检查等履职活动;(5)认真参加履职学习,加强调查研究,不断提高执行代表职务的能力;(6)与原选区选民或者原选举单位和人民群众保持密切联系,听取和反映他们的意见和要求,努力为人民服务;(7)带头践行社会主义核心价值观,铸牢中华民族共同体意识,自觉遵守社会公德、廉洁自律、公道正派、勤勉尽责;(8)法律规定的其他义务。

人大代表的权利和义务是平等的,每个代表平等地享受权利,平等地履行义务,没有只享受权利的代表,也没有只尽义务的代表。代表的权利和义务是一致的。代表法所规定的很多代表权利,如出席会议、参加闭会期间活动等,同时是一种职责和义务,两者是统一不可分的。

2025年代表法修改,在代表权利义务条款前,增加规定了对代表的政治要求的规定,即代表应当以坚持好、完善好、运行好人民代表大会制度为己任,做到政治坚定、服务人民、尊崇法治、发扬民主、勤勉尽责,为各级人大及其常委会建设自觉坚持中国共产党领导的政治机关、保证人民当家作主的国家权力机关、全面担负宪法法律赋予的各项职责的工作机关、始终同人民群众保持密切联系的代表机关而积极履职。

4. 人大代表如何处理好集体行使职权与发挥代表作用的关系？

人民代表大会行使的是国家权力，包括立法权、重大事项决定权、国家机关重要人事选举和任免权、对它所产生的其他国家机关的监督权。因此，它所审议和决定的问题，是关系到国家改革发展稳定的重大、根本性问题。这就要求在决定问题的方式上必须采取合议制，经过来自各方面代表以民主的方式充分讨论，最后按多数人的意愿决定问题。集体行使职权，是人大及其常委会职权行使的原则，也是人大代表执行职务的准则。因此，个人或者少数人都不能以人民代表大会的名义决定和处理问题。代表个人也不能干涉行政机关、监察机关、司法机关的正常工作，人民群众向代表反映的问题和意见，代表可以交人大常委会办事机构统一办理。同时，人大代表是各级人民代表大会的组成人员，只有每个代表都发挥作用，充满活力，人民代表大会才会有生气、有活力。

在人大审议和决定问题时，任何一个工作环节，包括议案的提出和说明、议案的审议、议案的表决等，都需要代表以对人民负责的高度热忱和使命感，专心致志地思考问题，深入调查研究，提出自己的意见，最后投出神圣的一票。只有每个代表都有发挥作用的积极性和主动性，都能认真履行宪法和法律赋予的职责，国家权力机关所作出的决定、决议，或者通过的法律、法规，才能更符合我国的国情民意，体现人民利益和意愿。

5. 人大代表如何处理好行使职权与接受监督的关系？

代表法第五条规定："全国人民代表大会和地方各级人民代表大会代表应当坚持以人民为中心，践行全过程人民民主，始终同人民群众保持密切联系，忠实代表人民的利益和意志，自觉接受人民监督。"第五十七条规定："代表应当坚定政治立场，履行政治责任，加强思想作风建设，自觉接受监督，自觉维护代表形象。"人大代表是国家权力机关的组成人员，代表职务绝不仅是一种荣誉称号，更是一种国家职务。宪法和法律规定的代表权利，不同于普通公民的权利，实质上是一种"公权"。代表在享受权利的同时，实际上同国家行政机关、监察机关、审判机关和检察机关的工作人员执行职务一样，代表国家行使职权，只是行使职权的方式不同。人大代表行使职权的权威性和严肃性，决定了代表行使职权必然产生一定的法律后果，国家和社会必须给予必要保障，并按法定程序办理。

国家的一切权力属于人民。任何国家机关及其工作人员的权力，都是人民赋予的，都要接受人民的监督。在我们社会主义国家里，没有不受监督的特殊权力。人大代表由人民通过直接或者间接的方式选举产生，必须对人民负责，受人民监督。代表法规定，代表应当采取多种方式经常听取人民群众对代表履职的意见，回答原选区选民或者原选举单位对代表工作和代表活动的询问，接受监督。这就要求代表在平时密切联系人民群众，反映人民的意愿，倾听人民的呼声，主动汇报自己行使职权的情况，接受人民的监督。

6. 人大代表如何处理好执行代表职务与从事本职工作的关系？

人大代表是人民推选到国家权力机关代表人民讨论和决定国家大事、管理国家事务的，代表执行职务活动中的一言一行都关系着人民的利益。人大代表的人民性和政治地位，决定了代表必须以对人民和国家负责的高度责任感，认真履行宪法和法律赋予的职责，协助宪法和法律的实施，不能无故不出席会议，不能对人大会议审议的议题漠不关心，不能不参加大会闭会期间的代表活动，不能"代表代表，会完就了"。

我国的人大代表绝大多数都是兼职的，有的是党政机关的领导干部，有的是企业事业组织的负责人，有的是生产工作在社会主义现代化建设第一线的工人、农民和知识分子，基本都有自己的本职工作，这就难免与执行代表职务产生矛盾。怎么办？一方面，代表本人要正确处理好两者的关系。代表出席本级人民代表大会会议，参加闭会期间统一组织的活动，应当提前安排好本人的工作，优先执行代表职务。另一方面，还必须对代表所在的单位提出一定的要求，保障代表执行职务的时间、物质待遇等。同时要注意，代表职务属于公职，应当公私分明。代表应当正确处理从事个人职业活动与执行代表职务的关系，不得利用执行代表职务干涉具体司法案件或者招标投标等经济活动，从中牟取个人利益。需要强调的是，各级党委、人大常委会、政府、监委、法院和检察院都应加强同人大代表的联系，为他们联系群众、开展活动、履行职责提供方便和条件。代表所在单位等一切组织和个人都应尊重代表的权利，支持其执行代表职务。任何人阻碍代依法执行代表职务，或者对代表执行代表职务进行打击报复的，都要承担相应的责任。

7. 人大代表如何处理好整体利益和局部利益的关系？

在我们社会主义国家，人民的根本利益是一致的，但也存在整体利益和局部利益、长远利益和眼前利益、集体利益和个人利益的矛盾。我们的处理原则是，局部利益服从整体利益，眼前利益服从长远利益，个人利益服从集体利益。人大代表由选区选民或者选举单位选举产生，要接受原选区选民或者原选举单位的监督，要代表原选区选民或者原选举单位的利益。但是，人大代表是国家权力机关的组成人员，不仅是原选区选民或者原选举单位的代言人。在执行代表职务的活动中，人大代表要从大局和维护人民的整体利益出发，发表审议意见，提出议案或者建议、批评和意见，参加决定重大问题。

8. 宪法和法律为人大代表执行职务提供什么保障？

为了保障代表依法执行职务，我国宪法和有关法律对人大代表执行职务的保障作了规定。代表法在此基础上，根据实际需要，对人大代表执行职务又作了比较全面具体的规定。代表法规定，国家和社会为代表执行代表职务提供保障。保障的主要内容包括以下几个方面。

第一，人大代表在人大会议上的发言和表决不受法律追究。主要包括以下几个方面内容：(1) 适用对象包括全国和地方各级人大代表。(2) 适用范围是人民代表大会上的各种会议，如全体会议、代表团会议、代表团小组会议、各专门委员会会议等。(3) 有关机关不得因人大代表在代表大会各种会议上的发言和表决而追究其法律责任。(4) 人大代表在人大各种会议上的发言受议事规则的约束。如应当围绕议题发言、遵守发言时间、按顺序发言等。会议主持人有权制止违反议事规则的行为。

第二，人大代表的人身特殊保护。代表法根据宪法，在有关法律规定的基础上，对代表的人身特殊保护制度作了全面规定。(1) 县级以上的各级人大代表如果涉嫌犯罪，需要予以逮捕或者刑事审判，在人大会议期间，必须事先报经大会主席团许可；在大会闭会期间，必须事先报经人大常委会许可。大会主席团或者常委会不同意逮捕或者刑事审判的，有关机关不能对该代表进行逮捕和刑事审判。对于现行犯，采取事后报告的制度。(2) 有关机关如果对县级以上的各级人大代表采取除逮捕和刑事审判以外、法律规定的其他限制人身自由的措施，如行政拘留、监视居住、取保候审、司法拘留等，也应经过该级人民代表大会主席团或者常委会的许可。(3) 关于许可审查的标准。人大主席团或者常委会受理有关机关提请许可的申请后，应当审查是否存在对代表在人民代表大会各种会议上的发言和表决进行法律追究，或者对代表提出建议、批评和意见等其他执行职务行为打击报复的情形，并据此作出决定。(4) 乡级人大代表与县级以上各级人大代表的人身自由特殊法律保护的规定有所不同，即乡级人大代表如果被逮捕、受刑事审判，或者被采取法律规定的其他限制人身自由的措施，执行机关应当立即报告乡级人大，但不必经其批准或者许可。宪法和法律规定人大代表享有人身自由特殊法律保护的权利，其目的在于保证人大代表依法执行代表职务，防止对代表进行打击报复。人大代表享有人身自由特殊法律保护权，但并不意味着代表是特殊公民,有超越法律之外的特权。代表如果有违法犯罪行为,同样要受到法律的制裁。

第三,人大代表执行职务的时间保障和物质保障。主要包括以下三个方面:(1)代表参加统一组织和安排的代表履职活动,其所在单位必须给予时间保障。(2)代表离开原单位执行职务,原待遇不变,即代表依法执行代表职务,其所在单位按正常出勤对待,享受所在单位的工资和其他待遇。(3)国家为代表执行职务提供物质上的便利,包括无固定工资收入的代表依法执行代表职务,根据实际情况由本级财政给予适当补贴;代表依法执行代表职务,国家根据需要给予往返的旅费和必要的物质上的便利或者补贴等。

第四,县级以上各级人大常委会及其办事机构、乡镇人大主席团以及本级的其他国家机关,要为人大代表执行职务提供服务和保障。这些服务和保障主要包括:(1)帮助代表知情知政。县级以上的各级人大常委会和各级人民政府及其所属各部门、监察委员会、人民法院、人民检察院,应当及时向本级人大代表通报工作情况,提供信息资料,保障代表的知情权。随着现代科技和互联网技术发展,县级以上人大常委会可以运用现代信息技术,建立健全代表履职网络平台,为代表依法履职、加强履职学习培训等提供便利和服务。(2)各级人民政府及其所属各部门、监察委员会、人民法院、人民检察院,根据本级人民代表大会常务委员会的统筹安排,邀请代表参与相关工作和活动,听取代表的意见和建议。(3)县级以上的各级人大常委会应当有计划地组织代表参加履职学习培训和交流,提高代表履职能力。乡镇人大代表应当参加上级人大常委会和乡镇人大主席团组织的代表履职学习培训。(4)各级人大常委会要增强代表履职活动的计划性、组织性和规范性，制定年度代表工作计划，依法统筹组织和安排代表履职活动。（5）扩大代表对人大工作的参与。各级人大常委会应当采取多种方式同本级代表保持联系，建立健全常委会组成人员、各专门委员会和常委会办事机构、工作机构联系代表的工作机制，扩大代表对立法、监督等各项工作的参与。乡镇的人大主席、副主席在本级人大闭会期间负责联系本级代表。县级以上的各级人大专门委员会审议代表议案，应当与代表联系沟通，充分听取意见，并及时通报情况。

第五，各国家机关应当认真办理代表意见。代表对各方面工作提出的建议、批评和意见，由本级人大常委会办事机构、工作机构或者乡镇人大主席团交有关机关、组织研究办理。有关机关、组织应当认真研究办理代表建议、批评和意见，与代表联系沟通，充分听取意见，并自交办之日起三个月内答复。涉及面广、处理难度大的建议、批评和意见，应当自交办之日起六个月内答复。代表建议、批评和意见的办理情况，由常委会办事机构、工作机构或者有关机关、组织向本级人大常委会报告，并印发下一次人民代表大会会议；或者由乡镇人大主席团或者有关机关、组织向乡镇人大报告。委员长会议或者主任会议可以围绕经济社会发展和关系人民群众切身利益、社会普遍关注的问题，确定重点督促办理的代表建议、批评和意见。

十、议事制度

1. 什么是议事制度？

这里所说的议事制度，是指全国人大和全国人大常委会的议事程序的总称，包括会期制度、提案制度、审议制度、表决制度等。除宪法、全国人民代表大会组织法等法律中对全国人大和全国人大常委会的议事制度作了一些规定外，全国人民代表大会议事规则和全国人大常委会议事规则对此作了专门规定。全国人民代表大会议事规则，主要规定了全国人大会议的举行，议案的提出和审议，审议工作报告、审查国家计划和国家预算，国家机构组成人员的选举、罢免、任免和辞职，询问和质询，调查委员会，发言和表决，公布等。全国人大常委会议事规则主要规定了全国人大常委会会议的召开、议案的提出和审议、听取和审议工作报告、询问和质询、发言和表决、公布等。

2. 全国人民代表大会主要有哪些会议形式？

根据宪法和有关法律，全国人民代表大会每年召开一次会议，在每次大会会议中，主要有下列几种具体的会议形式：（1）预备会议，即为代表大会做准备而召开的由全体代表参加的会议，选举本次会议的主席团和秘书长，通过本次会议的议程和其他准备事项的决定；（2）全体会议，即由全体代表参加的正式会议，主要是听取国务院、全国人大常委会、最高人民法院、最高人民检察院的负责人作工作报告，听取有关法律案等有关议案的说明等；（3）主席团会议，即由全国人大主席团全体成员参加的会议，主要是决定会议日程，听取和审议秘书处和有关专门委员会关于各项议案和报告审议、审查情况的报告，决定是否将议案和决定草案、决议草案提请会议表决等；（4）代表团全体会议，即代表团全体代表参加的会议；（5）代表团小组会议，即将代表团代表分成若干小组召开的会议；（6）代表团团长会议，即由各代表团团长参加的会议。

3. 全国人大会议主席团常务主席如何产生，有哪些职权？

主席团常务主席由主席团第一次会议推选，主要职权有：召集并主持主席团会议；对属于主席团职权范围内的事项向主席团提出建议，并可以对会议日程安排作必要的调整；召开代表团团长会议，就议案和有关报告的重大问题听取各代表团的审议意见，进行讨论，并将议论的情况和意见向主席团报告；就重大的专门性问题，召集代表团推选的有关代表进行讨论，国务院有关部门负责人参加会议，汇报情况，回答问题，会议讨论的情况和意见应当向主席团报告。

4. 哪些主体可以向全国人大会议提出议案？

（1）主席团、全国人大常委会、全国人大各专门委员会、国务院、中央军事委员会、国家监察委员会、最高人民法院、最高人民检察院，可以向全国人大提出属于全国人大职权范围内的议案，由主席团决定列入会议议程。

（2）一个代表团或者30名以上的代表联名，可以向全国人大提出属于全国人大职权范围内的议案，由主席团决定是否列入会议议程，或者先交有关的专门委员会审议、提出是否列入会议议程的意见，再决定是否列入会议议程，并将主席团通过的关于议案处理意见的报告印发会议。代表联名或者代表团的议案，可以在全国人大会议举行前提出。

5. 委员长会议主要行使哪些职权？

根据两个议事规则的规定，委员长会议主要行使以下职权：（1）拟订常委会会议议程草案，提请常委会全体会议决定；（2）常委会举行会议期间，需要调整议程的，由委员长会议提出，经常委会全体会议同意；（3）确定若干常委会分组会议的召集人；（4）向常委会提出属于常委会职权范围内的议案；（5）决定将议案提请常委会审议；（6）根据工作需要，委托常委会的工作委员会、办公厅起草议案草案，并向常委会会议作说明；（7）同意提案人撤回列入常委会会议议程的议案；（8）决定将工作报告交有关的专门委员会审议，提出意见；（9）决定将质询案交由有关的专门委员会审议或者提请常委会会议审议；（10）决定由受质询机关的负责人在常委会会议上或者有关的专门委员会会议上口头答复，或者由受质询机关书面答复。

委员长会议也有一些与大会会议相关的职权。一是遇有特殊情况，全国人大常委会可以决定适当提前或者推迟召开会议。提前或者推迟召开会议的日期未能在当次会议上决定的，常委会可以另行决定或者授权委员长会议决定，并予以公布。二是大会预备会议前，委员长会议根据各代表团提出的意见，可以对主席团和秘书长名单草案、会议议程草案以及关于会议的其他准备事项提出调整意见，提请预备会议审议。

6. 全国人大及其常委会如何进行表决？

（1）全国人大全体会议表决议案，由全体代表的过半数通过。宪法的修改，由全体代表的三分之二以上的多数通过。表决结果由会议主持人当场宣布。表决议案采用投票方式、举手方式或者其他方式，由主席团决定。宪法的修改，采用投票方式表决。

（2）常委会表决议案，由常委会全体组成人员的过半数通过。表决结果由会议主持人当场宣布。交付表决的议案，有修正案的，先表决修正案。任免案逐人表决，根据情况也可以合并表决。常委会表决议案，采用无记名方式、举手方式或者其他方式。

7. 全国人大常委会对列入会议议程的法律草案如何审议？

列入会议议程的法律草案，全国人大常委会听取说明并初步审议后，交有关专门委员会审议及宪法和法律委员会统一审议，由法律委员会向下次或者以后的常委会会议提出审议结果的报告，并将其他有关专门委员会的审议意见印发常委会会议。有关法律问题的决定的议案和修改法律的议案，法律委员会审议后，可以向本次常委会会议提出审议结果的报告，也可以向下次或者以后的常委会会议提出审议结果的报告。

8. 如何向全国人大常委会提出质询案，对质询案的处理程序是什么？

（1）质询案的提出。在全国人大常委会会议期间，常委会组成人员10人以上联名，可以向常委会书面提出对国务院及国务院各部门和最高人民法院、最高人民检察院的质询案。质询案必须写明质询对象、质询的问题和内容。（2）质询案的审议。质询案由委员长会议决定交由有关的专门委员会审议或者提请常委会会议审议。专门委员会审议质询案的时候，提出质询案的常委会组成人员可以出席会议，发表意见。（3）质询案的答复。质询案由委员长会议决定，由受质询机关的负责人在常委会会议上或者有关的专门委员会会议上口头答复，或者由受质询机关书面答复。在专门委员会会议上答复的，专门委员会应当向常委会或者委员长会议提出报告。质询案以书面答复的，应当由被质询机关负责人签署，并印发常委会组成人员和有关的专门委员会。

图书在版编目（CIP）数据

宪法及宪法相关法学习问答 / 许安标主编. -- 北京：中国法治出版社，2025.8. -- ISBN 978-7-5216-5048-8

Ⅰ.D921.05

中国国家版本馆 CIP 数据核字第 2025UY3897 号

| 策划编辑：王雯汀 | 责任编辑：王雯汀 | 封面设计：蒋 怡 |

宪法及宪法相关法学习问答
XIANFA JI XIANFA XIANGGUANFA XUEXI WENDA

主编/许安标
经销/新华书店
印刷/三河市国英印务有限公司
开本/880 毫米×1230 毫米　32 开　　　　　　　　印张/ 13.5　字数/ 314 千
版次/2025 年 8 月第 1 版　　　　　　　　　　　　2025 年 8 月第 1 次印刷

中国法治出版社出版
书号 ISBN 978-7-5216-5048-8　　　　　　　　　　　　　定价：55.00 元

北京市西城区西便门西里甲 16 号西便门办公区
邮政编码：100053　　　　　　　　　　　　　　　传真：010-63141600
网址：http://www.zgfzs.com　　　　　　　编辑部电话：010-63141824
市场营销部电话：010-63141612　　　　　　　印务部电话：010-63141606

（如有印装质量问题，请与本社印务部联系。）

6. 人大代表如何处理好执行代表职务与从事本职工作的关系？

人大代表是人民推选到国家权力机关代表人民讨论和决定国家大事、管理国家事务的，代表执行职务活动中的一言一行都关系着人民的利益。人大代表的人民性和政治地位，决定了代表必须以对人民和国家负责的高度责任感，认真履行宪法和法律赋予的职责，协助宪法和法律的实施，不能无故不出席会议，不能对人大会议审议的议题漠不关心，不能不参加大会闭会期间的代表活动，不能"代表代表，会完就了"。

我国的人大代表绝大多数都是兼职的，有的是党政机关的领导干部，有的是企业事业组织的负责人，有的是生产工作在社会主义现代化建设第一线的工人、农民和知识分子，基本都有自己的本职工作，这就难免与执行代表职务产生矛盾。怎么办？一方面，代表本人要正确处理好两者的关系。代表出席本级人民代表大会会议，参加闭会期间统一组织的活动，应当提前安排好本人的工作，优先执行代表职务。另一方面，还必须对代表所在的单位提出一定的要求，保障代表执行职务的时间、物质待遇等。同时要注意，代表职务属于公职，应当公私分明。代表应当正确处理从事个人职业活动与执行代表职务的关系，不得利用执行代表职务干涉具体司法案件或者招标投标等经济活动，从中牟取个人利益。需要强调的是，各级党委、人大常委会、政府、监委、法院和检察院都应加强同人大代表的联系，为他们联系群众、开展活动、履行职责提供方便和条件。代表所在单位等一切组织和个人都应尊重代表的权利，支持其执行代表职务。任何人阻碍代

5. 人大代表如何处理好行使职权与接受监督的关系？

代表法第五条规定："全国人民代表大会和地方各级人民代表大会代表应当坚持以人民为中心，践行全过程人民民主，始终同人民群众保持密切联系，忠实代表人民的利益和意志，自觉接受人民监督。"第五十七条规定："代表应当坚定政治立场，履行政治责任，加强思想作风建设，自觉接受监督，自觉维护代表形象。"人大代表是国家权力机关的组成人员，代表职务绝不仅是一种荣誉称号，更是一种国家职务。宪法和法律规定的代表权利，不同于普通公民的权利，实质上是一种"公权"。代表在享受权利的同时，实际上同国家行政机关、监察机关、审判机关和检察机关的工作人员执行职务一样，代表国家行使职权，只是行使职权的方式不同。人大代表行使职权的权威性和严肃性，决定了代表行使职权必然产生一定的法律后果，国家和社会必须给予必要保障，并按法定程序办理。

国家的一切权力属于人民。任何国家机关及其工作人员的权力，都是人民赋予的，都要接受人民的监督。在我们社会主义国家里，没有不受监督的特殊权力。人大代表由人民通过直接或者间接的方式选举产生，必须对人民负责，受人民监督。代表法规定，代表应当采取多种方式经常听取人民群众对代表履职的意见，回答原选区选民或者原选举单位对代表工作和代表活动的询问，接受监督。这就要求代表在平时密切联系人民群众，反映人民的意愿，倾听人民的呼声，主动汇报自己行使职权的情况，接受人民的监督。